普通高等教育"十三五"规划教材

大学生创新与创业教育

主 编 ◎ 金 新
副主编 ◎ 张 健 王 宏 王 冠

中国轻工业出版社

图书在版编目（CIP）数据

大学生创新与创业教育/金新主编.—北京：中国轻工业出版社，2019.8

普通高等教育"十三五"规划教材

ISBN 978-7-5184-2518-1

Ⅰ.①大… Ⅱ.①金… Ⅲ.①大学生—创业—高等学校—教材 Ⅳ.①G647.38

中国版本图书馆CIP数据核字（2019）第133410号

责任编辑：张文佳　　责任终审：劳国强　　封面设计：锋尚设计
版式设计：砚祥志远　　责任校对：晋　洁　　责任监印：张　可

出版发行：中国轻工业出版社（北京东长安街6号，邮编：100740）

印　　刷：北京君升印刷有限公司

经　　销：各地新华书店

版　　次：2019年8月第1版第1次印刷

开　　本：787×1092　1/16　印张：14

字　　数：260千字

书　　号：ISBN 978-7-5184-2518-1　定价：38.00元

邮购电话：010-65241695

发行电话：010-85119835　传真：85113293

网　　址：http://www.chlip.com.cn

Email：club@chlip.com.cn

如发现图书残缺请与我社邮购联系调换

190300J1X101ZBW

前言

Preface

就业是民生之本，创业是就业之源、发展之基。大学生是国家精心培养的高素质人才，是国家建设的重要战略资源，是潜在创业能力最强的群体。加强大学生的创新创业教育旨在不断强化他们的创新意识，培养他们的创业精神，增强他们的创新创业实践能力，以满足经济社会对复合型创新人才的需求。

国务院办公厅《关于深化高等学校创新创业教育改革的实施意见》（国办发〔2015〕36号）（以下简称《意见》）要求各地从2015年起全面深化高校创新创业教育改革。到2017年取得重要进展，形成科学先进、广泛认同、有中国特色的创新创业教育理念，形成一批可复制可推广的制度成果，普及创新创业教育，实现新一轮大学生创业引领计划预期目标。到2020年建立健全课堂教学、自主学习、结合实践、指导帮扶、文化引领融为一体的高校创新创业教育体系，人才培养质量显著提升，学生的创新精神、创业意识和创新创业能力明显增强，投身创业实践的学生显著增加。根据国务院《意见》的精神，结合创业创新的教学实践，我们精心组织编写了《大学生创新与创业教育》这本书。

本书从创新精神、创业基础知识着手，阐述新时期大学生创新成果转化的方式，列举了一系列国家级、省级创新创业竞赛以及实际案例，旨在通过普及创新创业知识，提高大学生的创新创业意识，帮助有创业愿望的学生实现理想；旨在通过对大学生进行创新与创业教育，挖掘大学生的创新能力和创新思维，培养大学生的创业意识和创业理念。

本书参考了部分文献资料，在此向各位作者深表谢意！由于编者水平有限，书中难免有疏漏或不足之处，敬请各位读者批评指正。

编者

2019.6

目录
Contents

第一章 创新思维
- 第一节　创新概述 / 2
- 第二节　创新思维概述 / 9
- 第三节　创新思维障碍及对策 / 17

第二章 创造力开发
- 第一节　创新力的概念及特征 / 24
- 第二节　创新力开发的途径与方法 / 27
- 第三节　创新型人才的重要性及培养 / 31

第三章 科技创新与科研能力
- 第一节　科技创新概述 / 39
- 第二节　科学研究的原理与方法 / 45
- 第三节　科研课题的申报及完成 / 52

第四章 创新成果提炼
- 第一节　专利的撰写与申请 / 70
- 第二节　论文的撰写与发表 / 91

CONTENTS 目录

第五章 大学生创业基础
第一节 大学生创业环境 / 105
第二节 大学生创业所具基本能力及硬件 / 108
第三节 大学生创业方法与途径 / 111

第六章 大学生创新创业类竞赛
第一节 国家级比赛 / 141
第二节 省级比赛 / 154

第七章 大学生创新创业实例
第一节 音乐防丢狗创业策划方案（精选）/ 171
第二节 【我 fun】大学生服务平台创业计划（精选）/ 181
第三节 菁英教育创业策划方案（精选）/ 201

参考文献 / 215

第一章 创新思维

内容摘要

首先,本章介绍了创新的基本概念与原理,提出了对大学生进行创新教育的意义;其次,通过对创新思维的含义、特征和类型的阐述,探讨了培养大学生创新思维的重要性;最后,通过对创新思维障碍影响因素的简单梳理,明确了突破这些障碍的对策,以达到培养大学生创新意识的目的,并使大学生能够突破传统思维模式,提高其创新思维能力。

学习目标

1. 了解创新思维障碍的突破对策。
2. 熟悉创新思维的特征以及影响创新思维的主要障碍。
3. 掌握创新的基本概念及原理,创新思维的含义及类型,创新思维的意义,以及运用创新思维解决实际问题的方法。

导入案例

"快乐伤口"创可贴

在日本一家叫米多尼的公司内,老板会田正昭正眉头紧锁,思考着公司的发展前景。米多尼公司是一家生产创可贴的专业厂家。由于创可贴的生产工艺极其简单、原料易得,所以,蜂拥而上的厂家特别多,市场竞争越来越激烈,米多尼公司的市场份额也每况愈下。

面对创可贴销售日趋疲软的现状，会田正昭整天冥思苦想，寻找有什么好办法使公司不致倒闭。会田正昭在翻阅了大量的市场调查问卷后，突然悟出："要使人们产生新的购买冲动，必须拓宽思路，延伸产品的用途，让它们满足人们的某种心理需求。"会田正昭迅速召集研发部的人员来到办公室，把自己的想法告诉了他们，让他们通过市场调研，开发出一些符合人们精神需求的新产品。

很快，一种名为"快乐伤口"的新式创可贴便被米多尼公司开发出来推向市场。

身上有了伤口，本已痛苦，又何来快乐呢？原来，这种新式创可贴摒弃了传统产品的肉色色彩，一反常态地采用了鲜艳的桃红、橘黄、天蓝、翡翠等花哨的颜色。外形设计也不再是单调的条状，而是采用了"心形""五角星形""十字架""香蕉形""卡通人物形"等各种形状。此外，新式创可贴的外表还印上了颇具幽默色彩的"花头巾""好疼啊""我快乐极了""别烦我"等文字，真是令人忍俊不禁。

这种新式创可贴一经推出，就受到人们的热烈欢迎，尤其是孩子们对它情有独钟。好动的孩子有了伤口，不仅不再拒绝创伤膏药，而且以贴这种快乐贴为荣。甚至一些顽皮的孩子还故意在自己的手上、胳膊上弄破点皮，闹着要父母去买快乐创可贴。女士们手上、脸上有了伤口，贴上造型别致的快乐创可贴后也不再感到难堪。

快乐创可贴在上市不到一年的时间里，就销出了830万盒，销售额高达15亿日元，效益非常可观，令竞争对手们毫无招架之力。

问题：1. 米多尼公司在新型创可贴的设计中使用了什么样的创新思维？

2. 这种创新思维有哪些特点？

第一节　创新概述

中华民族要想在21世纪中叶基本实现现代化，建成富强、民主、文明、和谐的社会主义国家，达到全面振兴的理想目标，关键就在于能不能创新。而创新的关键在人才，而人才的成长靠教育，即教育肩负着提高全民素质和培养创新人才的重要使命。新中国成立70年，特别是改革开放以来，教育事业的改革与发展取得了举世瞩目的成就。但是，由于主观和客观等方面的原因，我国的教育对学生的创新精神和创造能力的培养是一个突出的薄弱环节。面对世界科技飞速发展的挑战，高校作为培养高级人才的基地，必须加强创新教育，为国家培养大批高素质的创新人才，这也是时代的呼唤。

本节就创新的内涵、主要特征以及原理、意义加以概述。

一、创新的内涵及主要特征

(一) 创新的内涵

1. 创新的来源

从词源上来说,"创新"是一个非常古老的词,意思是创立或创造新东西。最早出现于《南史·后妃传》:"据《春秋》,仲子非鲁惠公元嫡,尚得考别宫。今贵妃盖天秩之崇班,理应创新。"又《魏书》有"革弊创新",《周书》有"创新改旧"。萧乾《一本褪色的相册》(十二)有"语言创新方面,享有特权的诗人理应是先驱"。

而在英文中,创新(Innovation)一词起源于拉丁语。它有三层含义:第一,更新,就是对原有的东西进行替换;第二,创造新的东西,就是创造出原来没有的东西;第三,改变,就是对原有的东西进行发展和改造。

"创新"真正作为一种理论最初是由美籍奥地利经济学家约瑟夫·熊彼特(Joseph Alois Schumpeter)提出的。它在《经济发展理论》一书中指出,"创新"就是"创建一种新的生产函数",也就是企业家将生产要素和生产条件以一种从未有过的"新组合"引入生产系统以获得"超额利润"的过程。它从企业的角度提出了创新的五种情况:

(1) 引入一种新产品或产品的一种新特性。

(2) 采用一种新的生产方法,这种新的方法并不必然建立在科学新发现的基础之上,它也可能指商业上处理一种产品的新方式。

(3) 开辟一个新的市场。

(4) 掠取或者控制原材料或半制成品的一种新的供应来源,不论这种来源是已经存在的,还是第一次创造出来的。

(5) 引入一项新的制度来代替原来的制度,以适应制度对象的新情况、新特性,并推动制度对象的发展,如造成一种垄断地位或者打破一种垄断地位。

自 20 世纪 50 年代以来,随着科技进步对经济增长的贡献日益明显,熊彼特的创新理论日益受到重视,并形成了创新研究的两个重要方向,即技术创新经济学和制度创新经济学。

2. 创新的含义

创新是以现有的思维模式提出有别于常规思路的见解为导向,利用现有的知识和物质,在特定的环境中,本着理想化需要或者为满足社会需求而改进或创造新的事物、方法、元素、路径、环境，并能获得一定有益效果的行为。具体来说，创新是指人为了一定的目的，遵循事物发展的规律，对事物的整体或其中的某些部分进行变革，从而使其得以更新与发展的活动。

关于创新的标准，通常有狭义与广义之分。狭义的创新是指提供独创的、前所未有的、具有科学价值和社会意义的产物的活动。例如，科学上的发现、技术上的发明、文学艺术上的创作、政治理论上的突破等。广义的创新是对本人来说提供新颖的、前所未有的产物的活动。也就是说，一个人对问题的解决是否属于创新性的，不在于这一问题及其解决方法是否曾有别人提出过，而在于对他本人来说是不是新颖的。

具体来说，创新主要包括以下四种情况：

（1）从生物学角度来看，创新是人类生命体内自我更新、自我进化的自然天性。生命体内的新陈代谢是生命的本质属性。生命的缓慢进化就是生命自身创新的结果。

（2）从心理学角度来看，创新是人类心理特有的天性。探究未知是人类心理的自然属性。反思自我、诉求生命、考问价值是人类客观的主观能动性的反映。

（3）从社会学角度来看，创新是人类自身存在与发展的客观要求。人类要生存就必须向自然界索取需要，人类要发展就必须把思维的触角伸向明天。

（4）从人与自然关系的角度来看，创新是人类与自然交互作用的必然结果。

（二）创新的主要特征

创新既是由人、新成果、实施过程、更高效益四个要素构成的综合过程，也是创新主体为实现某种目的所进行的创造性的活动。它的主要特征包括以下几个方面。

1. 创造性

创新与创造发明密切相关，无论是一项创新的技术、一件创新的产品、一个创新的构思，还是一种创新的组合，都包含有创造发明的内容。创新的创造性主要体现在组织活动的方式、方法以及组织机构、制度与管理方式上。其特点是打破常规、探索规律、敢走新路、勇于探索。其本质属性是敢于进行新的尝试，包括新的设想、新的试验等。

2. 目的性

人类的创新活动是一种有特定目的的生产实践。例如，科学家进行纳米材料的研究，目的在于发现纳米世界的奥秘，提高认识纳米材料性能的能力，促进材料工业的发展，提高人类改造自然的能力。

3. 价值性

价值是客观满足主体需求的属性，是主体根据自身需要对客体所做的评价。创新就是运用知识与技术获得更大的绩效，创造更高的价值与满足感。创新的目的性使创新活动必然有自己的价值取向。创新活动源于社会实践，又向社会提供新的贡献。创新从根本上说应该是有价值的，否则就不是创新。创新活动的成果满足主体需要的程度越大，其价值就越大。一般来说，有社会价值的成果，将有利于社会的进步，如伦琴射线与X光透视。

4. 新颖性

新颖性，简单理解就是"前所未有"。创新的产品或思想无一例外是新的环境条件下的新的成果，是人们以往没有经历过、没有得到和使用过、没有贯彻实施过的东西。

但是，用新颖性来判断劳动成果是不是创新成果时有两种情况：一是主体能出前所未有的成果的特点。科学史上的原创性成果，大多属于这一类。这是真正高手水平的创新。二是指创新主体能产生出相对于另外的创新主体来说具有新思想的特点。例如，相对于现实的个人来说，只要他产生的设想和成果是自身历史上前所未有的，同时又不是按照书本或者别人教的方法产生的，而是自己独立思考或研究成功的成果，就算是相对新颖的创新。二者没有明显的界线，只有一条模糊的边界。正如照相机的发明者埃德·兰德（Edwin Herbert Land）所说："一个人若能达到发明者或思考对自己来说是新东西的程度，那么就可以说他完成了一项创造性行为。"

5. 风险性

由于人们受所掌握的信息的制约和对有关客观规律的不完全了解，人们不可能完全准确地预测未来，也不可能随心所欲地左右未来客观环境的变化和发展趋势，这就使任何一项改革创新都具有很大的风险性。

二、创新的原理

在创新活动中，创新原理是运用创造性思维分析问题和解决问题的出发点，也是人们使用各种创造方法、采用各种创造手段的凭据。因此，掌握创新原理是人们能否取得创新成果的先决条件。但创新原理不是包治百病的"灵丹妙药"，不能指望在涉及创新原理之后，就能对创新方法了如指掌并运用自如，就能解决创新的任何问题。只有在深入学习并深刻理解创新原理的基础上，人们才有可能有效地掌握创新方法，才有可能成功地开展创新活动。

1. 综合原理

综合原理就是把事物的不同方面联系或组合在一起。首先，需要对事物进行分析，并按类别、层次、因素、成分等进行分项研究，包括优缺点、经济性、可靠性、社会性、先进性等。其次，按照客观指标进行可行性的综合处理。例如，近年来以计算机为中心的多媒体本身的发展、互联网、物联网、区块链、人工智能的发展即是一个综合过程，而综合后的产品常表现为体制上的创新，更注重宏观主体的发展和前景。

2. 组合原理

组合原理是将两种或两种以上的学说、技术、产品的一部分或全部进行适当组合，用以形成新学说、新技术、新产品的创新原理。组合既可以是自然组合，也可以是人工组合。在自然界和人类社会中，组合现象是非常普遍的。

爱因斯坦曾说："组合作用似乎是创新思维的本质特征。"组合创新的机会是无穷的。有人统计了20世纪以来的480项重大创造发明成果，经分析发现：30～40年代是以突破型成果为主，而以组合型成果为辅；50～60年代两者大致相当；从80年代起，组合型成果占据主导地位。这说明组合原理已成为创新的主要方式之一。

3. 分离原理

分离原理是把某一创新对象进行科学的分解和离散，使主要问题从复杂现象中暴露出来，从而理清创造者思路，便于抓住主要矛盾。分离原理在创新过程中，提倡将事物打破并分解，将研究对象予以分离，创造出全新的概念和全新的产品，如隐形眼镜是眼镜架和镜片分离后的新产品。

4. 还原原理

还原原理要求我们要善于透过现象看本质。在创新过程中，能回到设计对象的起点，抓住问题的原点，将最主要的功能抽取出来并集中精力研究其实现的手段和方法，以取得创新的最佳成果。任何发明和革新都有其创新的原点。创新的原点是唯一的，寻根溯源找到创新原点，再从创新原点出发寻找各种解决问题的途径，用新的思想、新的技术、新的方法重新创造该事物，从本原上去解决问题，这就是还原原理的精髓所在。

5. 移植原理

移植原理是把一个研究对象的概念、原理和方法运用于另一个研究对象并取得创新成果的创新原理，"他山之石，可以攻玉"就是该原理能动性的真实写照。移植原理的实质是借用已有的创新成果进行创新目标的再创造。

创新活动中的移植根据重点不同，可以是沿着不同物质层次的"纵向移植"，也可以是在同一物质层次内不同形态间的"横向移植"，还可以是把多种物质层次的概念、原理和方法综合引入同一创新领域中的"综合移植"。新的科学创新和新的技术发明层出不穷，其中有许多创新是运用移植原理取得的。例如，用纸造房屋，经济耐用；用塑料和玻璃纤维取代钢来制造坦克的外壳，不但减轻了坦克的重量，而且具有避开雷达的隐形功能。

6. 换元原理

换元原理是指创造者在创作过程中采用替换或代换的思想或手法，使创新活动内容不断展开、研究不断深入的原理。它通常指在发明创新过程中，设计者可以有目的、有意义地去寻找替代物，如果能找到性能更好、价格更廉的替代品，这本身就是一种创新。

7. 迂回原理

创新在很多情况下，会遇到许多暂时无法解决的问题。迂回原理鼓励人们开动脑筋、另辟蹊径。不妨将处在某个难点上的僵持状态暂停，转而进入下一步行动或进入另外的行动，带着创新活动中的这个未知数继续探索创新问题，不要钻牛角尖、走死胡同。因为有时通过解决侧面问题或外围问题以及后继问题，可能会使原来的未知问题迎刃而解。

8. 群体问题

大学生创新小组就是群体原理的一种运用。科学的发展，使创新越来越需要发挥群体智慧，才能有所建树。早期的创新多是依靠个人智慧和知识来完成的，但随着科学技术的进步，要想"单枪匹马、独闯天下"去完成像宇宙飞船、空间试验室和海底实验室等大型高科技项目的开发设计工作是不可能的。这就需要创造者们能够摆脱狭窄的专业知识范围的束缚，依靠群体智慧的力量，依靠科学技术的交叉渗透，使创新活动从个体劳动的圈子中解放出来，并焕发出更大的活力。

三、创新的意义

茫茫宇宙自然存在着、演化着。地球只是宇宙中微小的自然存在物，人类仅是地球上千万种生物之一。自然先于人类而存在，人类本身不仅是自然界的组成部分，而且是自然界进化的客观产物。当具有自我意识思维与主观能动性的人类诞生之后，人类就一刻也没有停止过对产生他的自然界以及整个宇宙进行认识和利用，以造福自身。迄今已走过自然、农业形态进入工业、知识文明形态。从刀耕火种的远古到知识价值增值的今天，其动力是什么？

正如400年前的今天，英国哲学家弗朗西斯·培根（Francis Bacon）向世人庄严宣告的:"凡不应用新良方者,必将遇到新的邪恶,因为时间是伟大的创新者。"

《中共中央关于制定国民经济和社会发展第十一个五年规划的建议》中也提出:"必须提高自主创新能力。实现长期持续发展依靠科技进步和劳动力素质的提高。要深入实施科教兴国战略和人才强国战略,把增强自主创新能力作为科学技术发展的战略基点和调整产业结构、转变增长方式的中心环节,大力提高原始创新能力、集成创新能力和引进消化吸收再创造能力。"

创新是一个民族进步的灵魂,是国家兴亡发达的不竭动力。但是创新的关键在人才,而人才的成长靠教育。创新人才的培养呼唤创新教育。创新教育是以培养人的创新精神、创新意识、创新思维和创新能力为基本价值取向,创新教育强调教会大学生主动探求知识、调动大学生自主学习的积极性、主动性与创造性。创新教育也要求在教学过程中发现、发掘和强化大学生的创造潜力,启迪大学生的创新性思维,培养大学生的创新精神。实施创新教育必须深化教育教学改革,大力加强对高等教育规律的探索与实践,改变教育观念、更新教育理念、改革教学内容和教学方法、以构造创新氛围。

总之,如果一个国家和民族没有大批创新人才,没能发挥创新能力,又没能将科技成果及时转化为生产力,是很难立足于世界先进民族之林的。

登上赛柯屋脊的世界第一人

1978年7月8日,美国探险家考克斯创造了登山运动的奇迹,成为登上科罗拉多州赛柯屋脊的世界第一人。

登上赛柯屋脊只有唯一的一条道路,多年来即使是最有经验的登山者,也认为要跨越这条道路是不可能的。因为有一个难以逾越的关卡正处于悬崖突出处,它的突起向外斜冲的角度,给登山者在攀崖时带来了巨大困难,而突出的高度却又恰巧超过人的手臂的长度,这使得许多登山者无功而返。考克斯则征服了这个关卡,解决的办法令人惊奇。他把自己的身子倒挂起来,挂在悬崖的一侧,就在那块突起的下方,他用一只脚钩住突起处。由于脚比手长,他的这一尝试顿时就产生峰回路转之效。随后,他以脚当手,曲起身体,直到伸展手臂直接抓住那块突起的石头,从而顺利越过关卡,成功登上赛柯屋脊。

考克斯经过长期思考而设计出来的这一登顶方案,再加上他为之进行的艰苦训练,使他成为登上赛柯屋脊的第一人。

第二节 创新思维概述

创新思维是在已有的知识与经验的基础上进行想象，加以构思，以新的方式解决前人未解决的问题。培养大学生的创新思维对大学生早成才、快成才、多成才有着深远的意义。

一、创新思维的含义及特征

（一）创新思维的含义

创新思维是相对于常规思维而言的，是指以新颖的、独特的方式来解决问题的高级的思维过程。它不仅能够揭示客观事物的本质及其内在联系，而且能够在此基础上产生新颖的、前所未有的思维成果，即创造出新事物、新产品，新理论，发现新规律等。

与直接和具体反映客观事物的感觉和知觉不同，作为人类认识的最高形式的思维，创新思维是对客观事物的见解和概括的反映。心理学界目前对创新思维的理解有广义和狭义之分，一般认为人们在提出问题和解决问题的过程中，一切对创新成果及作用的思维活动，均可视为广义的创新思维。狭义的创新思维是指在发明创新中直接导致创新方式的思维活动形式。

简而言之，凡是突破传统思维习惯，以超常规甚至反常规的方法、视角去思考问题，以新颖独创的方法解决问题的思维过程，都可以称为创新思维。这种独特的思维常使人产生独到的见解和大胆的决策，进而获得意想不到的效果。

（二）创新思维的特征

创新思维的特征是指个体在创新思维活动中智力特征上的差异，主要包括以下几个方面。

1. 独特性

思维的独特性，又称新颖性、求异性，是指与别人看到同样的东西却能想出不同的事物。创新思维活动是独特的思维过程，它打破传统和习惯，解放思想，向陈规戒律挑战，对常规事物怀疑，否定原有的条框，锐意改革，勇于创新。在创新思维过程中，人的思维极其活跃，能从与众不同的新角度提出问题，探索、开拓别人没认识或者没完全认识的新领域，以独到的见解分析问题，用新的途径、方法解决问题，善于提出新的假说，善于想象出新的形象，思维过程中能独辟蹊径、标新立异、革新首创。可以说，思维的独特性是创新思维的本质特征与重要标志。

2. 批判性

创新思维的批判性可以称之为反思性。创新思维必以怀疑乃至否定为前提，没有怀疑就不会有对传统思维模式和传统指导思想或理论体系的反思与批判。创新思维的批判性是创新思维的本质规定之一，因为所谓创新就是通过对传统思维框架进行批判性的反思而产生的，创新思维必须有反思的批判性，否则就不能称之为创新思维。只有通过对传统思维模式的反思和批判，不断地反思前人设定的界限，才能突破旧有认识，框架和现有的认识范围，才能有所创新，才能开拓出新的认识天地。所以创新思维作为创新意识，首先就是一种反思意识或批判意识，乃至是一种怀疑与否定的意识；而作为一种以创新为取向的思维活动，它是一种反思型的思维活动、批判性的思维活动。没有这一规定性，创新思维，就只能是一种抽象概念，而不可能实现自身、完成自身、证实自身为创新思维。

因此，创新思维的前提就是批判、反思旧的东西，用怀疑、批判的眼光去审视前人的成果。可见，创新思维是一个在肯定中否定，在否定中开拓前进的发展过程，它必然以批判性为前提特征。

3. 流畅性

创新思维的流畅性是思维对外界刺激作出反应的能力，它是以思维的量来衡量的，要求思维活动畅通无阻、灵敏迅速，能在短时间内表达更多的概念。在短时间内产生的观念越多，思维流动性就越大；反之，思维就缺乏流畅性。

吉尔福特（Guilford）认为思维流畅性可以分为四种形式：①用词的流畅性；②联想的流畅性；③表达的流畅性；④观念的流畅性。

4. 变通性

创新思维的变通性是指摒弃以往的习惯性思维方法，开创不同思维方向的能力。心理学的研究表明，富有创造力的人的思维比一般人的思维出现的想法散布的方面广、范围大，而缺乏创造力的人的思维通常只想到一个方面而缺乏灵活性。

创新思维在结构上的变通性，对于探索未知、创造技术都是不可或缺的，只有多方法、多渠道、高效益、多反馈地进行多方探索，反复试验，才能提高成功的概率。

5. 多向性

创新思维不受传统的单一的思想观念限制，思路开阔，从全方位提出问题，能提出较多的设想和答案，选择宽广。思路若受阻或遇到难题，能灵活变换某种因素，从新角度去思考，调整思路，善于巧妙地转变思维方向，产生适合时宜的新办法。

6. 跨越性

创新思维的思维进程带有很大的跨越性，省去了思维步骤，思维跨度较大，具有明显的跳跃性和直觉性。

创新思维是为了跨越传统思维，这种跨越是一种对传统思维的摒弃，而非简单否定和彻底拒绝。创新思维的跨越性表现在创新思维必须为认识提供新的视角、新的切入点，或称之为新的立足点，也就是说必须为理论思维提供新的具有跨越性的思维原则。这是创新思维的又一本质规定性。没有这一本质规定性，创新思维徒有其名而无其实。

二、创新思维的类型

创新思维的类型，主要有以下几种。

（一）多向思维

所谓多向思维就是沿着不同的方向、不同的角度思考问题，从多方面寻找解决问题答案的思维方式，因此又叫发散思维、多维思维或辐射性思维。多向思维的概念，最早是由伍德沃斯（Woodworth）于1918年提出，以后由斯皮尔曼（Spearman）和卡特尔（Cattell）作为一种"流畅性"因素而使用过。心理学家吉尔福特在"智力结构的三维模式"中，便明确地提出了发散性思维，即多向思维。多向思维是从给定的信息中产生新的信息，其着重点是从同一的来源中产生各种各样的为数众多的输出。多项思维的特性范式如图1-1所示。

（二）逆向思维

所谓逆向思维，就是将原有结论或思维方式予以否定，而运用新的思维方式进行探究，从而获得新的认识

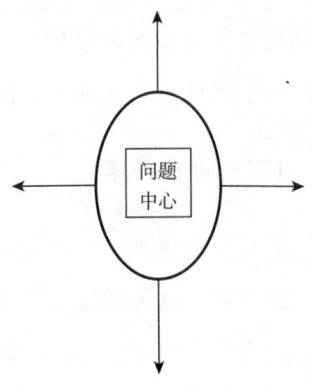

图1-1　多向思维范式图

的思维方式。哲学研究表明，任何事物都包括对立的两个方面，这两个方面又相互依存于一个统一体中。人们在认识事物的过程中，实际上是同时与其正反两个方面打交道，只不过由于日常生活中人们往往养成一种习惯性思维方式，即只看到其中的一方面，而忽视了另一方面。如果逆转一下正常的思路，从反面想问题，便能得出一些创新性的设想，如管理中的"鲶鱼效应"需改变传统的"对固定路径的依赖"。逆向思维具有普遍性和新颖性两个特点。

1. 普遍性

逆向思维在各种领域、各种活动中都有适用性，由于对立统一规律是普遍适用的，而对立统一的形式又是多种多样的，有一种对立统一的形式，相应地就有一种逆向思维的角度，所以，逆向思维也有无限的多种形式。例如，性质上对立两极的转换，即软与硬、高与低等；过程上的逆转，即气态变液态或液态变气态、电转为磁或磁转为电等；结构、位置上的互换、颠倒，即上与下、左与右等。不论哪种方式，只要从一个方面想到与之对立的另一方面，都是逆向思维的普遍性，逆向是与正常比较而言的。正向是指常规的、常识的、公认的或习惯的想法与做法。逆向思维则恰恰相反，是对传统、惯例、常识的反叛，是对常规的挑战。它能够克服思维定式，破除由经验和习惯造成的僵化的认识模式。

2. 新颖性

按照循规蹈矩的思维和传统方式解决问题虽然简单，但容易使思路僵化、刻板，摆脱不掉习惯的束缚，得到的往往是一些司空见惯的答案。其实，任何事物都具有多方面属性。由于受传统经验的影响，人们容易看到熟悉的一面，而对另一面却视而不见。逆向思维能克服这一障碍，往往是出人意料，给人以耳目一新的感觉。逆向思维的特性范式如图1-2所示。

图1-2　逆向思维范式图

（三）侧向思维

所谓侧向思维，就是从一类现象转到另一类内容与之相距甚远的现象进行思考的一种思维方式。这种思维方式不受消极的心理定式所束缚，能从其他领域的事物中汲取灵感，从而产生新设想，即所谓的"触类旁通"。

科学家凭借侧向思维在科学上创造了不少奇迹，如1903年莱特兄弟由飞鸟得到启示，把飞机送上天；美国舞蹈家邓肯，从海浪的起伏波动、棕榈树枝的摇摆、鸟儿飞翔中汲取灵感，设计出新的舞蹈动作。

当我们在一定的条件下解决不了问题或虽能解决但只是用习以为常的方案时，可以用侧向思维来产生创新性的突破。具体运用方式有侧向移入、侧向转换、侧向移出三种。

1. 侧向移入

这是指跳出本专业、本行业的范围，摆脱习惯性思维，侧视其他方向，将注意力引向更广阔的领域或者将其他领域已成熟的、较好的技术方法、原理等直接移植过来加以利用，或者从其他领域事物的特征、属性中得到启发，引出对原来思考问题的创新设想。例如，威尔逊因移入大雾中抛石子的现象，设计了探测基本粒子运动的云雾器等。大量的事例说明，从其他领域借鉴或受启发是创新发明的一条捷径。

2. 侧向转换

这是指不按最初设想或常规直接解决问题，而是将问题转化成为它的侧面的其他问题，或将解决问题的手段转为侧面的其他手段等。这种思维方式在创新发明中常常被使用，如在网络热潮中，兴起了一批网络企业，但最终真正盈利的是设备提供商，像思科等企业。

3. 侧向移出

与侧向移入相反，侧向移出是指将现有的设想、已取得的发明、已有的感兴趣的技术和产品，从现有的使用领域、使用对象中摆脱出来，将其外推到其他意想不到的领域或对象上。这也是一种立足于跳出本领域，克服线性思维的思考方式，如将工程中的定位理论用在营销中。

侧向思维的特性范式如图 1-3 所示。

总之，不论是利用侧向转换还是侧向移出，关键的窍门是要善于观察，特别是留心那些表面上似乎与思考问题无关的事物与现象。这就需要在注意研究对象的同时，要间接注意其他一些偶然看到的事物与现象。也许这种偶然并非是偶然，可能是侧向移入、转换或移出的重要对象或线索。

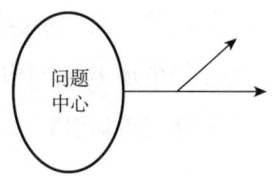

图 1-3　侧向思维范式图

（四）联想思维

所谓联想思维，就是将所观察到的某种现象与自己所要研究的对象加以联想思考，从而获得新知识的思维活动。联想思维在科技创新中有重要作用。例如，从变色龙到伪装服的研发思路，研究者从变色龙能够适应环境色彩变化改变身体颜色的特性中得到启示，研发出了用于军队的伪装服。

按照亚里士多德（Aristole）的"接近律""相似律"与"矛盾律"，可以把联想分为相近、相似、相反的三种类型，其他类型的联想都是这三类的组合或具体展开。

1. 相近联想

这是指由一个事物或现象的刺激想到与它在时间相伴或空间相接近的事物或现象的联想。

2. 相似联想

这是指由一个事物或现象的刺激想到与它在外形、颜色、声音、结构、功能和原理等方面有相似之处的其他事物与现象的联想。世界上纷繁复杂的事物之间是存在联系的，这些联系不仅仅是与时间和空间有关的联系，还有很大一部分是属性的联系。例如，学习中的"高原现象"与企业成长阶段的"瓶颈"；"狐假虎威"与"品牌联盟"等。相似联想的创新性价值很大。随着社会实践的深入，人们对事物之间的相似性认识越来越多，极大地扩展了科学技术的探索领域，解决了大量过去无法解决的复杂问题。利用相似联想，首先要在头脑中储存大量事物的"相似块"，然后在相似事物之间进行启发、模仿和借鉴。由于相似关系可以把两个表面上看似相差甚远的事物联系在一起，普通人一般不容易想到，所以相似联想易于导致创新性较高的设想。

3. 相反联想

这是指由一个事物、现象的刺激而想到与它在时间、空间或各种属性相反的事物与现象的联想，如由黑暗想到光明、由放大想到缩小等。相反联想与相近联想和相似联想不同，相近联想只想到时空相近的一面而不易想到时空相反的一面，相似联想往往只看到事物相同的一面，而不易看到正相对立的一面，所以相反联想弥补了前两者的缺陷，使人的联想更加丰富。同时，由于人们往往习惯于看到正面忽略反面，因而相反的联想又使人的联想更加多彩，更加富于创新性。

（五）直觉思维

在日常生活、科学研究和文艺创作等社会实践中，直觉的表现是无处不在的。例如，一个有经验的医生可以凭他的直觉，一下子识别某个病人所患的疾病；一个有经验的工人，可以凭他的直觉，很快发现机器的故障，并给予排除；音乐家可以根据直觉，判断某个年轻人很有音乐才能。总之，直觉的表现很多，诸如感知直觉、判断直觉、想象直觉、创作直觉等。

直觉思维是人类大脑特有的悟性，其本身的特征表现为直观性、预见性和或然性。

1. 直观性

直观性是通过洞察从整体上把握对象。没有直观对象，是难以产生直觉的。因此，直觉思维不严格遵循逻辑规则，是对对象的直接判断与猜测，其结论不是严密推理的结果。所以，直觉思维者在他已有的知识和实践经验的基础上，一眼就能看出问题的关键时，他还无法论证自己看法的正确性，还说不出其所以然来，还要用有关的理论、实践和相关事物或资料，论证其判断或猜测的正确性。

2. 预见性

预见性是凭借卓越的直觉能力，科学家能够在纷繁复杂的事实材料面前，敏锐地觉察某一类现象和思想具有重大的意义，预见到将来在这方面所要产生的创造和发明，这是一种决定科学研究发展的战略直觉能力。

3. 或然性

或然性是直觉思维对要研究的问题设想的结论，既不必然真，也不必然假。因为直觉思维往往是凭个人掌握的知识和以往的经验，直接进行判断和猜测，没有经过严格的逻辑程序，是一种敏捷的观察力、迅速的判断力，先对问题作出试探性的回答，然后运用一定的思维方式再加以证明。

许多科学家和发明家都论及过直觉思维的或然性。他们认为，直觉思维的基础和前提是必须具备一定的相关知识和经验。例如，牛顿再聪明、再伟大，他也不会产生爱因斯坦的直觉，原因就在于他受时代的局限，缺乏爱因斯坦所具备的相关知识。爱因斯坦再聪明、再伟大，他也不能像中医那样，一看患者的面色、舌苔等现象，就能判断患的是什么病，究其原因是他受职业的局限，不具备相关的知识和经验。实质上，任何直觉的产生，都是创造者综合运用相关知识和经验的结果。

把鸡蛋竖起来

发现新大陆的哥伦布在一次庆功宴上，面对王公贵族对他的新发现的嘲笑，向嘲笑者提出一个简单的问题。他拿起餐桌上的一个鸡蛋说："谁能把这个鸡蛋竖起来？"这样一个简单明确的问题，王公贵族们摆弄了一阵子，得出了一个结论：把鸡蛋竖起来，这是根本不可能的事。哥伦布从餐桌上拿过鸡蛋，往桌子上一磕，再朝上把鸡蛋置于桌面，鸡蛋稳稳地竖起来了。王公贵族们哄笑说："像这样竖鸡蛋，谁都竖得起来。"哥

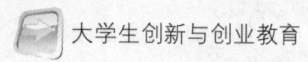

伦布答道:"的确很简单,但在这之前,你们就怎么想不到这一点呢?"王公贵族们再也不吱声了。

三、创新思维的重要性

创新思维是将来人类的主要活动方式和内容,其重要性表现如下。

首先,创新思维可以不断地增加人类知识的总量,不断推进人类认知世界的水平。创新思维因其对象的潜在特征,表明它是向着未知或不完全知的领域进军,不断扩大着人们的认知范围,不断地把未被认识的东西变为可以认识和已经认识的东西。科学上每一次的发现和创造,都增加着人类的知识总量,为人类由必然王国进入自由王国不断地创造着条件。

其次,创新思维可以不断地提高人类的认识能力。创新思维的特征已表明,创新思维是一种高超的艺术。创新思维活动及过程中内在的东西是无法模仿的。这内在的东西即创新思维能力,这种能力的获得依赖于人们对历史和现状的深刻了解,依赖于敏锐的观察能力和分析问题能力,依赖于平时知识的积累和知识面的拓展。而每一次创新思维过程就是一次锻炼思维能力的过程,因为要获得对未知世界的认识,人们就要不断地探索前人没有采用过的思维方法、思考角度去进行思维,就要独创性地寻求没有先例的办法和途径去正确、有效地观察问题、分析问题和解决问题,从而极大地提高人类认识未知事物的能力,所以,认识能力的提高离不开创新思维。

再次,创新思维可以为实践开辟新的局面。创新思维的独创性与风险性特征赋予了它敢于探索和创新的精神,在这种精神的支配下,人们不满于现状,不满于已有的知识和经验,总是力图探索客观世界中还未知的本质和规律,并以此为指导,进行开拓性的实践,开辟出人类实践活动的新领域。在中国,正是邓小平同志的创新性思维,提出了有中国特色的社会主义理论,才有了中国翻天覆地的变化,才有了今天轰轰烈烈的改革实践。相反,若没有创新性的思维,人类躺在已有的知识和经验上坐享其成,那么,人类的实践活动只能停留在原有的水平上,实践活动的领域也非常狭小。

第三节　创新思维障碍及对策

创新思维的实质是对传统思维模式的超越，是对创新主体头脑中原有知识、经验、观念、方法等进行新的组合。这种新的组合必然突破原有知识、经验、观念、方法的限制。在这种情况下，创新主体头脑中原有的知识、经验、观念、方法内部及其互相之间的组合方式或结合模式，就会本能地阻碍这种突破，成为思维创新的障碍。如果不突破这些障碍，既无法进行创新思维，也无法提高创新能力。

一、影响创新思维的主要障碍

影响创新思维的障碍很多，既有主观障碍也有客观障碍。一般来说，影响创新思维的主要障碍是存在于创新主体头脑中的传统的、固定的观念以及思维中形成的习惯和定势。

1. 传统观念

传统观念是创新思维的重要障碍，它顽强地维护着其赖以存在的实践和社会基础，反对思维对现存事物的超越。受传统观念的影响，人们会因循守旧、墨守成规，用老眼光、老办法去面对新问题。所以说，传统观念是阻碍创新思维的重要因素，是创新思维的大敌。

2. 固定观念

与传统观念一样，固定观念也是思维创新的主要障碍。所谓固定观念，是指人们在特定的领域内形成的观念。在该领域内某种观念是适用的，如果超出这个范围，它们就可能变得不再适用了。但是，由于观念在思维中的惯性作用，人们总是习惯于用固有的观念去认识、评价面对的问题，而不管这个问题是否超出了原来的领域范围。

就从大学创业这一现象来看，大学生创业所需要的不仅是知识能力，事实证明这还需要有大量的资金成本。那么，从一般大学生固定的思想观念来看，手头上没有钱，怎么办？于是很多人就放弃了自己的创业梦想，因为他所理解的这种资金成本的定义，很显然是通过观察周围的人或事所得出的结论。事实上，我们还应该看到，这种资金不应该是固定的那么简单，它还可以是流动的，也可以是一种预见性的资金等。由于我们可以看出这种固定的观念，它很强烈地依赖于人们的实践和社会环境，一旦我们所面临的问题超出了我们所熟知的认识框架,那么我们就会用老眼光、老套路去面对这个问题,这种因循守旧、墨守成规的思维模式是很难取得成果的。

3. 思维定式

思维是人脑的功能。人们对同一类事物和现象进行思考往往采用相同或相似的思维方式,得到相同或相似的思维结果。过去的思维结果如果被实践证明是正确的,或者被实践证明是错误的,人们将产生对这种思维方式和思维结果的记忆。以后再遇到类似事物和现象时,人们仅凭记忆就可以得出结论,这就是通常所说的思维定式。思维定式对于解决常规性问题和例行性工作具有积极意义,它可以使人们在以往经验和模式的基础上驾轻就熟,快速地对问题做出反应。

然而,思维定式对于创造性地解决问题,则只能成为一种障碍,它很容易造成某些主观框框,使人思路阻塞、视域狭窄,难以迸发出创新的思想火花,这便是思维定式可能导致的消极效应。在创新过程中,我们应特别注意思维定式的消极影响,尽量防止或减少以往经验和模式可能产生的束缚作用。冲破思维定式的主要途径是有意识地进行反定势思维,即注意从原有定势不同的方向和角度进行思考。例如,文学巨匠莫泊桑(Maupassant)曾说过:"应该时刻躲避那些走熟了的路,去寻找一条新路。"美国著名的管理专家伯纳姆(Burnham)也曾提出著名的"三问"。他认为对任何一件事情,都要向自己提出三个基本问题:一是能不能取消?二是能不能合并?三是能不能取代?这些发人深思的名句和格言,都说明了反定势思维对于发明创造的极端重要性,同时,对于人们进行创新思维,也具有深刻的启迪作用。

二、突破创新思维障碍的对策

创新思维障碍根源于创新主体的心智模式,并受到创新主体知识、经验和个人素质的制约。因此,突破创新思维的障碍既要注重反思和探寻创新主体的心智模式,又要加强对创新主体创新思维原理的学习和训练。对创新主体来说,突破创新思维障碍的主要途径有以下几方面。

1. 要有怀疑批判精神

由于传统观念、固定观念和思维定式都是存在于创新主体的潜意识之中,使创新主体不知不觉地受到它们的支配。因此,要想克服这些因素,就要求创新主体必须要有反思传统、习惯的自觉意识,要勇于怀疑、批判一切,不仅要有怀疑、批判别人的精神,更要有怀疑、批判自己的胆量和勇气。只有通过不断怀疑和批判,才能使创新主体冲破固定框框的束缚，在怀疑、批判中不断创新。

2. 要克服胆怯心理

破除传统习惯，克服"唯上"的倾向是需要有勇气的。因为传统的、权威的东西同时也是为多数成员所承认和接受的东西，突破它们就意味着向多数人支持的东西挑战，而这种挑战本身又不能保证次次成功，相反却经常伴随着挫败和失败。因此，这就特别需要创新主体正确对待管理创新过程中的错误和曲折，要努力克服胆怯心理，如果处处怕犯错误，害怕失败，就会陷于保守，就不敢突破原有的界限，也就谈不上开拓创新了。

3. 要学会运用创新思维的原理和方法

为帮助人们突破传统、习惯和思维定式，现代创造学总结出一些有用的原理和方法，能够帮助人们自觉地抵制和克服各种创新思维障碍。例如，创新的逆向思维方法，就是把人们通常思考问题的习惯思路反过来，从相反的方向进行思考。逆向思维可以帮助创新主体打破思维定式，寻找到解决问题的新思路。如果创新主体能够善于运用这样一些方法，就可以自觉地抵制传统观念、固定观念及思维定式等的干扰，实现思维的不断创新。

三、培养创新思维的途径及方法

创新是人脑的功能，因此人人都有创新的禀赋。"人的潜力"或"人的潜在的天赋能力"是很大的，要把"人的潜力"开发为人的创新能力，科学的思维方法具有巨大作用。因此，培养创新思维是一切有志创新者的基本功。没有创新思维，就谈不上创新，人们的创新思维一旦形成，就会成为其自觉创新的力量源泉。

1. 积累丰富知识

知识是创新的基础。尤其在知识经济时代，知识就是财富，谁掌握了知识谁就掌握了创新的源泉，谁就赢得了财富。不学无术或知识浅薄可以偶然取得成功，但不可能取得持久成功。成功与财富永远属于掌握知识、勇于创新的人。人类文明所积累的知识是由诸多知识体系组成的，各种知识体系之间纵横交错，形成一种网状结构。

随着人们对自然、社会和自身认识的日益深入，这种网状结构日益呈现出整体化、加速化趋势。由于时间有限，创新主体不可能学会天下所有的知识，只能学好一般知识体系内的一个主体系或更低层次的次亚体系。因此，创新主体在进行知识积累的过程中，要根据主观和客观条件，建立合理的知识结构，即要有一个主导专业和辅助专业。主导专业决定着知识结构的性质与功能，辅助专业对主导专业具有扶持、支撑的作用。

不仅如此,创新主体的知识面还应当尽可能广博,尽量做到兼收并蓄,这样,才能使创新主体的思维处于一种比较理想的状态,也才能够专注地进行创新思考。

2. 坚持独立思考

质疑是创新的前提,批判是创新的开始。由于人们认识的局限性,在创新过程中总不免会犯这样那样的错误。从某种意义上来说,人类社会发展的历史就是一部对错误进行批判和否认的历史。可以说,没有否认就不会有创新。而批判和怀疑的关键在于独立思考,它是突破创新障碍、提高创新能力的基本途径。

识别创新主体能否独立思考的简便有效方法,就是创新主体注意随时记录自己想表达的想法,这些想法主要是为了让他人满意或能给他人留下印象。之后,再记录自己没有表述的想法,这些想法主要是担心他人可能会不理解或不同意。过一段时间,创新主体就能够识别出自己的思维模式是"以内心为导向"还是"以他人为导向"。如果创新主体的思维模式是"以他人为导向",说明创新主体不能独立思考,反之则说明创新主体能够独立思考。

3. 冲破习惯束缚

思想僵化和呆板的人不可能具有创新思维。有的人想办法、办事情总是喜欢按照一个固定的思路,套用一个固定的框框,不敢越雷池半步。虽然在各项活动中要遵循一定的规则,但也应该看到有些规则、惯例是不适应时代发展的,如果一味地按部就班,把"规则"和"框框"绝对化,不允许有任何"出格"的行为,那么就不可能有所创新。其实"出格"就是突破了传统的规则,就是不按照常规办事,走出了新的路子。当然"出格"并非都是创新,但创新首先必须"出格"。所以,不许"出格"的思想意识是不利于激发人们的创新意识的。

创新主体只有走出固定的概念世界,打破思维模式,才会有"惊奇"的发现。如果这个惊奇地发现以及由惊奇发现产生的问题反作用于创新主体的思维,那么,便会使创新主体产生内在的创新渴望,并进而转化为创新行动。

4. 提高联想能力

联想能力是创新的驱动力,创新主体的联想能力越强,就越能把自己有限的知识和经验充分调动起来并加以利用,越能把与某种事物相关联的众多事物综合联系,越能获得别人得不到的东西,进入别人难以进入的领域。

然而,在创新实践中,由于受到过分"实际"或"务实"的影响,人们的联想能力常常会在不知不觉中退化。这就要求人们必须不断提高联想能力,要大胆地去设想,大胆地去理解,尽管有时他们是空想,可能不切实际,但是,在人们大胆的设想中,总会有创新的观点，或许有惊人的发现。而提高人们联想能力的方法，首先是增加知识和经验，知识贫乏、经验不足，难以具有丰富的联想能力；其次是采用合理的联想方法，避免杂乱无章、支离破碎地胡思乱想；再次是养成观察事物的良好习惯，善于发现事物与事物之间的联系。尤其重要的是，对一事物的观察，不仅要觉察其自身的特性，更要注意这一事物与其他事物之间的相互联系；不但要注意同时和同地事物之间的联系，还要注意当前事物与以往事物之间的联系，要注意所遇到的事物与自己的经验和知识的联系。

5. 把握直觉和灵感

在创新思维的道路上，直觉与灵感殊途同归。但直觉和灵感不是天上掉下来的，也不是人们心血来潮、灵机一动的产物，它们是以人们对解决任务的方法的不断探索为前提的，是人们长期孜孜以求的结果。直觉和灵感的本质在于，人们能够超过有意识的思考层次而直接得出结论，因为人们大脑的深层活动能够觉察到令人信服的模式或有说服力的见识，最终使人们学会发现并信任自己敏锐的直觉和灵感，并把它们与无根据的预感区分开来。

人们捕捉与把握直觉和灵感，有赖于自身知识和经验的积累及智力水平的提高，有赖于拥有良好的精神状态与和谐的外部环境。其具体方法是：一是要自觉地拓宽知识面，尽量多掌握有效信息，信息越是及时、强烈、异常，就越能产生新的思维结构；二是要做有心人，随时记录思想火花，并进行深入思考；三是对思考要深入解剖，达到熟能生巧的境界，以激活潜意识；四是一旦直觉和灵感到来，不要对它们采取游戏和不负责的态度，而要采取积极的心态，鼓励它们自由发展，对它们进行认识的完善和验证。只有这样，人们才能不断地激发出内在的创新冲动，去发展自身敏锐的直觉和灵感。

课后思考

1. 什么是创新？它有哪些原理？
2. 什么是创新思维？它有哪些特点和形式？
3. 下面是测试你思维能力的思考题，请你解答，并判断自己的思维能力如何。

（1）一个长方形的升斗，它的容积是 2 升。现在要求你只使用这个升斗，准确地量出 1 升的水。请问怎样才能做到这一点？

（2）两条火车轨道内的一段外都是平行铺设的，由于隧道的宽度不足以铺设双轨，因此，在隧道内只能铺设单轨。一天下午，一列火车从某一方向驶入隧道，另一列火车从相反方向驶入隧道。两列火车都以高速行驶，然而它们并未相撞。这是为什么？

（3）你开着你的吉普车穿越在撒哈拉大沙漠。这时遇到了一个人，他俯卧在沙滩上，死了。周围没有任何足迹。已经很多天没有起风了，因此不可能是风毁掉了足迹。你仔细查看他背上的背包，你会发现什么？

（4）安娜想尽快烤好三块牛排，不凑巧的是，她在烤架上只能放两块牛排，而且要烤熟一块牛排，正面反面都要烤上两分钟。安娜烤熟这三块牛排的最短时间是多少？

第二章 创造力开发

内容摘要

本章首先在阐述创新力概念与特征的基础上,介绍创新力开发的时代背景;接着阐述创新力开发的途径与方法;最后指出培养创新型人才的重要性以及培养方法,为大学生进行自主创业提供思想借鉴。

学习目标

1. 了解创新力开发的时代背景。
2. 熟悉创新力与创新型人才的培养和重要性。
3. 掌握创新力的概念、特征以及创新力开发的途径与方法。

导入案例

法国美容品制造师——马克

法国美容品制造师马克是靠经营花卉发家的,他从 20 世纪 60 年代初开始生产美容品,20 年后,他已拥有 900 多家分店,分布于世界各地。马克公司摘取了美容品和护肤品的桂冠。他的公司是唯一使法国最大的化妆品公司惶惶不可终日的竞争对手。

马克的成功有赖于他创造力的开发。当年,马克从一位年迈女医师那里得到了一种专治痔疮的特效膏秘方。这个秘方令他产生了浓厚的兴趣,于是,他根据这个药方,研制出一种植物香脂,并开始挨门挨户地去推销这种产品。有一天,马克灵机一动,何不在杂志上刊登一则商品广告呢?如果在广告上附上邮购优惠单,说不定会有效地促销产

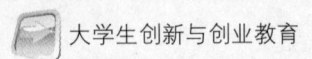

品。这一大胆尝试让马克获得了意想不到的成功。

如果说用植物制造美容品是马克的一种尝试，那么，采用邮购的销售方式，则是他的一种创举。

时至今日，邮购商品已不足为奇，但在当时，却是前所未有的。

马克创办了他的第一家工厂，并在巴黎开设了他的第一家商店后，开始大量生产和销售美容品。为了更好地服务于顾客，他打破销售学的一些常规，采用了邮售化妆品的方式。公司收到邮购单后，几天之内即把商品邮给买主，同时赠送一件礼品和一封建议信，并附带制造商和蔼可亲的笑容。马克式邮购手续简单，顾客只需寄上地址便可加入"马克美容俱乐部"，并很快收到样品、价格表和使用说明书。这种经营方式对那些工作繁忙或离商业区较远的妇女来说无疑是非常理想的。如今，通过邮购方式从马克俱乐部获取口红、描眉膏、唇膏、洗澡香波和美容护肤霜的妇女已达6亿人次。

这种优质服务给公司带来了丰硕成果。公司每年寄出邮包达900多万件，相当于每天3万件。公司的销售额和利润持续增长，到20世纪80年代时，公司营业额超过了25亿元，销售额远远超过了法国境内的其他化妆品公司。如今，马克公司已经成为拥有400余种美容系列产品的大公司。

问题：马克是靠什么来获得成功的？

第一节 创新力的概念及特征

在知识经济时代，一个国家、一个民族的竞争力的强弱，取决于其国民创新能力的高低，特别是原创能力的高低。为了提高国家竞争力，必须唤醒全民族的创新意识，不断提高国民的创新能力。大学生是未来社会发展的中坚力量，因此，培养大学生的创新能力尤为重要。

一、创新力的概念

（一）创新力的来源

对于创新力的来源诸学说不同，解释也不同，主要有以下几种。

1. 个性说

这种观点认为，创新力是人的自然属性，是与生俱来的品质，人类拥有各种各样的天赋和能力，只是不同的人在程度上有所差异。许多东西都可以掌握，然而作为一种常理状态，或许开展创新性活动的能力就难以掌握了，因为它属于人的个性心理特征。天才似乎天生具有创新思维的能力，而其他人却没有。但是，通过训练，人的创新力的状况是可以改善的。我们要做的是消除存在于人们心理的创新力的障碍。

2. 恩赐说

这种观点认为创新力是一种神秘的东西。顿悟、想象、启发以及直觉似乎来无踪迹。有人甚至认为创新力带有魔幻色彩，认为它是外在于人类的一种东西，是一种超常的力量。天才现象为这种观念提供了例证。富有创新力的艺术家、音乐家以及作家似乎都具有这种非凡的潜质。从这种意义上说，创新力是天赐的礼物。

3. 偶然说

这种观点与恩赐说相对，它认为创新力的出现纯属偶然。安德尔（Andel）以各种偶然发现为证据，借以说明偶然说的基本主张。免疫系统的发现起因是工作的暂时中断，放射性现象的发现来源于错误的假设等，所有这些实例都成了偶然说的佐证。

4. 联结说

这是最为流行的理论学说。按照这种观点，把一个领域的知识运用到另一个领域，就可能带来新颖的联结。这样的联结有可能成为创新思想的基础。

（二）创新力的内涵

创新力是人的能力的最高形式。具体来说，它是指人在顺利完成以原有知识、经验为基础的创建新事物的活动过程中表现出来的各种能力的总和，它包括敏锐的观察能力、深邃的洞察能力、统揽全局的战略思维能力和面向未来的开拓创新能力等。

可以说，创新力是人的能力中最重要、层次最高的一种能力，是一种不走寻常路的魄力。在优胜劣汰、竞争空前激烈的现代社会，创新力是制约个人、企业、社会生存和发展诸因素中的核心因素。创新力决定竞争力，创新力决定成败。没有创新力或创新力低下，是无法进行发明创新并取得成果的。

二、创新力的特征

创新力又称创作能力。创新能力是人们革旧从新和创造新事物的能力，包括发现问题、分析问题、发现矛盾、提出假设、论证假设、解决问题以及在解决问题过程中进一步发现新问题从而不断推动事物发展变化等。

《决策科学辞典》认为创新能力的特征包括：①综合性，它要把人的认识能力、分析能力、判断能力等集中起来，充分加以运用；②独创性，它要凭借人们的想象力构造出前所未有的形象，打破以前的密室和框架；③探究性，每一步独创，每一种想象，都存在失败的可能，因此，勇于探究是人的主观能动作用的表现，是创新能够实现的前提。

大学生创新能力作为创新能力的重要组成成分，它除了具有综合性、独创性和探究性等一般性特征外，还具有以下特征。

1. 开发性

大学生的创新能力不同于一般的创新能力，它除了依靠大学生自身的努力外，在很大程度上还与教师的努力是密不可分的。教师的有效指导是大学生的创新能力得以开发的重要条件。教师自身的学术素养、教育方法、教育观念和指导态度等因素对大学生创新能力的提高有着至关重要的影响。当然，大学生自身的主观能动性对其创新能力的提高也有很大的影响。大学生作为被开发的对象，其自身的"开发"意愿、原有的知识结构等因素都会影响到自身创新能力的提高。总之，大学生的创新能力具有开发性。

2. 新颖性

大学生创新能力的新颖性指的是大学生在已有研究的基础上，提出新方法和新观点。这种新颖性需要大学生既要有扎实的专业基础理论和综合知识素养，又要在尊重科学的基础上，充分发挥自身的主动性和能动性，从而能够进行创造性的科学研究。为了取得具有独创性的科研成果，这往往需要一些条件，如学校要为大学生的成长提供创新条件，这些条件包括良好的科研氛围、丰富的图书资料等。在目前大学生扩招、科研经费紧张以及师生比不合理的情况下，就更要想方设法为大学生的成长提供这些条件。

3. 价值性

大学生的创新能力的价值性是指大学生通过创新能力而获得的新方法、新观点要能带来一定的价值、产生一定的效益。这种价值性包括两个方面：一方面是社会价值，这是大学生创新能力的最根本价值，也是大学生创新能力价值的社会认可。社会价值包括政治价值、经济价值和文化价值。具有创新能力的大学生毕业后，进入社会各个领域，对社会政治、经济和文化都会产生重要的作用。另一方面是个人价值，这是对大学生个体的价值。总之，对大学生来说，创新能力提高的过程既是一个学习的过程，也是一个研究的过程，大学生可以从中获得很多乐趣。

第二节　创新力开发的途径与方法

人的创新能力能否通过一定的教学手段和环境改变等措施而得到发展？回答是肯定的。许多国家将创新力研究的理论运用于教育之中，经过多年的实践，形成了创新力开发的专门活动。

一、创新力开发的时代背景与理论依据

（一）创新力开发的时代背景

1. 国际背景

在知识经济时代，创新已成为决定性的要素。现在世界上技术每年的淘汰率是20%，在美国过去的30年中，淘汰了8000多种职业，同时也诞生了6000多种新的职业。也可以说，在知识经济时代，将是少数人用较少的时间生产出足够的物质产品，而大多数人将用较多的时间去从事知识的生产和传播。

世界首富比尔·盖茨就是知识化的典型，他最多的时候有1000多亿美元资产，是美国知识经济的标识性人物。有个玩笑说，比尔·盖茨口袋掉下来2000美金，他不捡，他认为花5秒钟去捡2000美金不合算，他每秒钟创造的财富是3000美金。盖茨公司研发的Windows2000、Windows XP等软件，全世界都在使用，其实不就是一张光盘吗？光盘的物质材料是什么？是聚碳酸酯，成本只有几毛钱，微不足道，可他卖出去上千倍的价格。可见，一个成果的创新可以带来无限的财富。

因此，21世纪知识经济呼唤创新能力的开发已迫在眉睫。

2. 国内环境

（1）中华民族面临的挑战。中外历史上的科学发现和技术突破，无一不是创新的结果。新中国成立70年，特别是改革开放以来，我国的科技创新能力得到了极大的提高，建立了比较完整的学科体系：生物、纳米、航天、CPU芯片和计算机操作系统等重要领域的研发能力已经跻身世界先进行列。这些成就，为我国建设创新型国家奠定了坚实的基础。

但我们也要清醒地看到，我国自建设创新型国家这一重大战略过程中，还将面临诸

多挑战：科技投入增长滞后于科技发展需要；许多自主创新技术和产品由于缺乏政策环境支持，"叫好不叫座"，出现"国外的再贵也要买，国产的再好也不用"的非正常现象；人才总体规模很大，但高层次人才十分短缺；企业难以掌握核心技术，重引进、轻消化吸收再创新的问题一直未能有效解决等。

所以，为了将这些困难和问题加以解决，我们应当抓住机遇，迎接挑战。当然，我们也应该明白我们最缺少什么。我们最缺少的不是资源，不是美元，而是创新意识、创新精神、创新能力和鼓励创新、保护创新的社会环境。

（2）建设创新型国家的需要。目前国际学术界已有基本共识，将那些把科技创新作为基本战略，大幅度提高科技创新能力，形成日益强大的竞争优势的国家称为创新型国家。建设创新型国家，是中国共产党在综合分析国内和国际发展形势的基础上提出的重大指导方针，是推动我国经济社会发展转入科学发展轨道的正确选择。

我国建设创新型国家的战略目标的总体目标是：到2020年，使我国的自主创新能力显著增强，科技促进经济社会发展和保障国家安全的能力显著增强，基础科学和前沿技术研究综合实力显著增强，取得一批在世界上具有重大影响的科学技术成果，进入创新型国家行列，为全面建设小康社会提供强有力的支撑。因此，为了实现这个战略目标，我国首先需要开发全民的创新能力。

（二）创新开发的理论依据

创新力的开发是以下述理论为依据的。

1. 人人都具有创新力

创新力，是每个正常人都具有的自然属性与内在潜能，普通人和天才之间并无不可逾越的鸿沟。与传统的看法不同，不少心理学研究根据调查得出结论：创新力在人群中呈正态分布，创新力很强和很差的人均属少数，大多数人都具有中等程度的创新力。

2. 创新力和智力是不同的范畴

大量研究表明，创新力和智力是两种不同的心理品质，智商低的人其创新力也同样低，但是智商高的人其创新力则有高有低。因此，开发智力不能完全替代创新性的形成。

3. 创新力可以通过后天的培养来提高

创新力虽说不是靠教育得到的，但是通过合适的环境和教育是可以提高的。创新力的高低，先天因素一般只决定了一半，后天的教育和环境的熏陶有时会更重要。例如，与传统的教学方法相比，创新性教学方法能够取得更好的教学效果，即使教学内容相同，创新性学习也能明显提高学习效果。创新性学习还容易调动学生的积极性与自主性。研究表明，具有创新的意识和精神是创新活动的主要动力。

尽管很多人主张"人人都具有创新力"的观点，但是不同人的创新力是有大小、高低之分的。在科技发展史上，时常出现不同研究者围绕相同课题从不同角度分析攻关，并且同时取得成功的例子。

英国人斯旺（Swan）从1848年开始，研制灯泡30余年，并研制出碳丝灯泡。美国人爱迪生（Edison）也试验过多种材料制造灯泡，却屡遭失败，直到1879年在《科学美国人》杂志上读到斯旺制成碳丝灯泡的消息，才受到启发并转而研究碳丝灯泡。可是，斯旺长期只带一名助手孤军奋战；爱迪生却组建了研究所，与许多人合作。斯旺只停留在实验室研究阶段；爱迪生则注意其应用方面，如为了使电灯具有实用价值，他改革了电路连接方式，研制了碳丝灯泡、变压器、供电网等系列成果。斯旺在研制出第一个碳丝灯泡32年后首次申请了一项专利；爱迪生却在研制碳丝灯泡后的4年内获得了与电灯相关的147项专利。相比之下，爱迪生的创新意识、创新方法、创新能力都大大超过了斯旺。电灯发明者的桂冠也理所当然地戴到了爱迪生的头上。

总之，创新力开发的活动，不能只满足于教授创新技法和思维训练，还要进行深层次的人格培养。只有具备让创新之花自由生长的文化沃土，才能使创新成为社会文明之舟。

二、创新力开发的途径与方法

开发当代大学生的创新力主要应从以下几点入手。

（一）实施创新教育

实践证明，实施创新教育是开发创新力最根本、最有效的一种途径。与传统教育相比，实施创新教育有很大难度，它要求有与其配套的教学系统，如需要有创新性的教师、创新性的教材、创新性的教学方法和管理方法、创新性的评价标准和考核方式等。创新教育是以提高学生创新力为重要目标的一种教育，因而它对于创新力的开发必然有着特殊的意义。

(二) 训练创新性思维

从某种意义上讲,创新力的核心是创新性思维。一个不善于进行创新性思维的人,就很难发挥自己的创新力。创新性思维是可以通过训练而得到提高的,因而,人们的创新力也是可以通过训练而被开发出来的。

1. 学习吉尔夫特策略

大学生应该多去学习诸如吉尔夫特提出的培养创新思维的策略。吉尔夫特策略是在总结了大量的有关创新性思维的文献和实验的基础上,提出了一套前后有序的培养创新性思维的策略。它主要包括:拓宽问题;分析问题;常打问号;快速联想和中止评判;延长努力;列举属性;形成联系;尝试灵感。

2. 要重视平时知识经验的积累

大学生应该尽可能地扩大自己的知识面,使自己具有丰富的知识基础,为日后直觉和灵感的创新构建广阔的知识背景。

3. 要多思善想

直觉和灵感,乍看起来是发生在瞬息之间的事,实际上它们来自于平时对问题的勤奋思索。灵感,它总是要在人们对某一问题经过一段苦思冥想之后,思维接近于临界点,才有可能在某种因素的作用下被诱发出来,使问题顿然领悟而得到解决。所以,多思甚至沉思是灵感产生的一个必要条件。作为学生,要养成这种勤于思考的好习惯。同时还要善于思考,注意思维的技巧和灵活性。如果学生的思维流畅、灵活而快速,遇到问题便会迅速地做出反应和判断。

(三) 培养创新者个性素质

爱因斯坦曾说:"智力上的成就在很大程度上依赖于性格的伟大,这一点往往超出人们通常的认识范围。"这句话透彻地指出了一个人的性格与其创新的关系。一个人要想更有效地开发创新力,就应该注意培养自己与创新相关的个性素质,如坚毅和刚强、乐观和幽默、勇敢和献身等。

现代心理学研究表明,人人都有创新力,都有创新的可能性,只是在程度上有所不同而已。同时,心理学的研究还表明,人们的创新力是可以通过教育、训练、实践而提高的,对于大学生来说,尤其是这样。总之,大学生通过培养和训练可以在创新方面达到一个很高的水平。

第二章 创造力开发

老字号的衰落

"北有王麻子,南有张小泉"。北京"王麻子"在长江以北地区几乎家喻户晓,"王麻子"的剪刀以质量好、服务佳而远近闻名,赢得了美誉,不同地区的人们都慕名争相选购。经过几百年的发展,"王麻子"剪刀更是名扬四海。但是,2003年初,始创于1651年,已经有300多年历史的王麻子剪刀厂宣布破产。

有关资料显示,1997年,该厂在岗职工697人,退休职工却已达500多人。企业机制、管理方式、产品开发及外部环境等方面的不足与制约,导致"王麻子"处境日趋艰险。而且,"王麻子"在宣传上投入较少,更多地依赖于老消费者的口碑传播,知名度已呈降低的迹象。1995年,王麻子剪刀厂与北京市文教器材厂等毫不相干的十几个厂子合并成立王麻子工贸集团公司,并重新注册了王麻子商标,应被视作"王麻子"品牌延伸和盲目扩张的一大败笔。"王麻子"的品牌联想在于刀剪产品,而合并后的新"王麻子",在产品的商标使用上,新、老商标紊乱,市场上"王麻子"产品混乱无章,造成"王麻子"品牌资产严重分流和破坏,以及削弱消费者对"王麻子"品牌的忠诚维系,直接导致产品滞销,仅合并当年就亏损100多万元。

由于"王麻子"在经营中没能紧跟市场的变化,巩固住自己的品牌,产品创新跟不上,盲目地进行品牌延伸,导致最后以破产收场。

第三节 创新型人才的重要性及培养

21世纪需要创新型人才。而创新型人才的培养是中国教育始终关心的问题,也是新世纪教育面临的战略任务。当代大学生作为未来社会发展的中坚力量,其创新能力的激发与培养尤为重要。因此,对创新型人才的培养,应该从基础教育抓起,学校应负担起培养具有创新品质的创新型学生的责任。

一、创新型人才的含义及重要性

(一) 创新型人才的含义

所谓创新型人才,就是具有创新精神和创新能力的人才,通常表现出灵活、开放的个性,具有精力充沛、坚持不懈、注意力集中以及富于冒险精神等特征。

(1) 创新意识,如有很强的好奇心和求知欲望等。

(2) 创新思维,如想象力丰富等。

(3) 创新能力,如有很强的自我学习与探索的能力。

(4) 知识基础,如在某一领域或某一方面拥有广博而扎实的基础知识,有较高的专业水平。

(5) 创新人格,如有良好的道德修养,能与他人合作或共处;有良好的体魄和心理素质,能承担艰苦的工作等。

总之,创新型人才需要具备人格、智能和身心三方面基本要素,同时,具有为真理献身的精神和良好的科学道德,是人类优秀文化遗产的继承者、最新科学成果的创造者和传播者、未来科学家的培养者等。

(二) 培养创新型人才的重要性

从时代环境的角度来说,培养当代大学生的创新能力是时代发展的需要。21世纪知识经济的到来是生产力和生产方式的战略性变革,而作为知识载体的人才以及人才的创新能力则成为推动知识经济的核心和决定未来竞争成败的关键所在。另外,知识经济社会的不稳定性、不可测性、跳跃性和复杂性等特点要求人们不仅要适应原有的生活规律,更需要改造和创造新的生活条件以不断完善自我,需要强调创新精神、创新观念和创新行为。因此,人们只有培养创新意识,进行创造性学习,才有可能在知识经济的浪潮中立足。

从个体自身的角度来说,创新力的激发与培养同时也是人自身全面发展的需要。创新力是人的生命力和人类本质的最高表现,符合个体全面发展的需要,它是人性和谐发展的必不可少的组成部分。马克思主义从实践的根本观念出发,确认了人的创造性是人的本质属性,也是人的一种生存状态,即人之本性的自然延伸。人只有在创造活动中才能成为真正意义上的人,真正的人性无非就是人的无限创造的活动。然而这种潜能的实现必然需要教育来支持。例如，1996年国际21世纪教育委员会的报告《教育——财富蕴含其中》曾把创新力培养视为教育的最高目标："教育的任务是毫不例外地使所有人的创造才能和创造潜力都能结出丰硕的果实——这一目标比其他所有的目标都重要。"

从创新力的本质来说，创新力人人皆有，是每个人与生俱来的能力，正如法国哲学家亨利·伯格森（Henri Bergson）指出的那样："创造能力是人类生命本身的特性，对尚未形成稳定的创造能力外在表现的人来看，它只不过是还处于一种潜在的状态罢了。"美国心理学家瑞普（Ripple）教授也认为创新能力本质上是人重新认识和解决问题能力的表现，从这层意义上讲，人人皆有创新力。然而创新力是有层次的，即创新力有高低之分。因此，对大学生的创新力进行培养是很有意义的。

二、创新型人才的培养

大学生是高校为国家培养的高级专门人才，为了适应面向现代化、面向世界、面向未来的新时代要求，大学生应自觉地培养和提高自己的创新力，使自己成为一名合格的大学生，为建设中国特色社会主义事业做出应有的贡献。创新型人才的培养可以从以下几个方面着手。

（一）营造环境

要注重创新型人才的培养，学习必须从人才强国战略的高度，真正树立人才资源是第一资源和最重要战略资源的理念，要深化教育教学改革，实施创新教育，更需要为创新型人才的成长创造良好的环境。

1. 校园环境的影响

校园是个大熔炉，校园文化以巨大的无形力量浸润着学生。学校有什么传统、什么学风，校园文化是什么格调、什么品位，学生就会深受什么样的影响，而且这种影响是极其深远的。为了营造创新教育的环境，学校管理要变封闭型为开放型，要改变以往管得过多、过死的做法，创建健康有序、宽松和谐、激励奖赏的育人环境。例如，积极开辟第二课堂，成立学生社团和科技兴趣小组，强化技能训练，广泛开展科技与技能竞赛活动，鼓励创新精神，培养创新意识，锻炼创新能力。

2. 教师的影响

在学校中，教师对学生的影响是最大、最直接、最深远的。要培养一批有创新能力的学生，首先要有一个具有创新精神和创新能力的师资队伍。教师在"传道、授业、解感"的过程中不断地熏陶、感化、影响着学生。而创新教育又特别强调为学生营造一种宽松的氛围，鼓励学生质疑、提问、标新立异，提倡学术面前无权威，真理面前人人平等。这就要求教师既要以严谨的教学态度传授知识，教导学生举一反三、闻一知十的思维能力，又要在学术研究和科技活动中勇于创新，为学生作表率，更要注意克服"师道尊严"的旧传统，贯彻教学民主，在教学和科技活动中建立民主、平等的师生关系，满腔热情地鼓励学生创新等。

3. 教学计划的影响

为了培养学生创新能力，必须在教学计划的制定中突出创新教育，要把培养学生具有不断追求科学知识、实事求是、独立思考、勇于创新的科学精神作为学校培养目标的一项重要内容；要对学生应达到的创新能力有明确的要求；要建立有利于培养创新能力的课程体系。但是，有了自我支配的时间和空间，只是为发展大学生健全个性提供了前提条件，并不能自发培养其创新能力，这就要求学校精心组织教学，提供指导力量，创造各种创新实践基地，提供有关创新实践条件，使不同的学生都能获得发挥创新能力的机会。此外，还应使学生在选课、选专业、转系、转学等方面有较大的自由度，使教学计划更有弹性、教学内容更多样化。要增加学生学习的自主性，使学生能够根据自己的条件及个性特点适当调整学习内容和学习方法，在教学诱导训练中逐渐形成创新人格。

（二）培养创新人格

学校必须在健康人格培养的基础上，注重对大学生创新人格的培养。

首先，兴趣和好奇心是大学生力求认识自然界、人类社会和自身，渴望获得科学知识和不断探求真理而带有情绪色彩的意向活动。在他们参与科学探究、技术创新活动的动机中，最现实的成分之一就是兴趣和好奇心。因此，教师在组织教学，学校各部门在组织课外活动时，要抓住他们的好奇心，启发其求知欲，激发他们探索科学的兴趣。

其次，要注重培养大学生实事求是、敢于质疑、敢于探索和创新的科学精神，这是他们持续参与创新活动，最终成长为创新型人才的至关重要的因素。

（三）培养心理素质

心理学的研究表明，良好的心理素质是创新能力发展的基础。很难想象一个缺乏明确而远大的理想，没有探索热情、意志薄弱、性格懦弱的人会有很高的创新能力。因此，在学校教育中，有意识地提高学生的心理素质，会对学生创新能力的发展起到独特而重要的作用。

首先，注意培养和强化学生耐挫折的心理品质。现在的学生许多都是在顺境中长大的，普通缺少吃苦耐劳的精神，耐挫折心理素质薄弱。而在创新活动中，总是会遇到各种各样的困难和挫折。创新活动就是一个不断克服困难和障碍的过程，如果不注意对学生进行挫折教育，学生遇到困难和挫折就会垂头丧气，不敢迎着困难前进，缺少战胜困难的信心和勇气，经受不住失败的考验，这样是无法进行创新活动的，更谈不上创新能力的培养。因此，在教育过程中，教师应适当地对学生进行抗挫折教育，让学生品尝失败的痛苦，了解探索的艰辛，从而提高他们的心理承受能力。

其次，培养学生良好的人际适应能力和团结协作精神。创新活动需要广泛的合作与交流，需要相互启发、相互激励、相互支持、相互帮助，需要发挥集体的智慧，集思广益，博采众长。创新能力强的人，也一定要同时具备与他人合作共事的良好素质和能力。因此，要培养学生的创新能力，就要帮助他们形成良好的人际适应能力，帮助他们掌握与他人同心协力解决问题的方法和技巧，培养他们的团结协作精神。

最后，培养学生良好的情绪和情感。心理学的研究表明，良好的情绪和情感不仅可以促进生理的健康，而且也可以促进心理的健康发展。具有良好情绪和情感的人，对生活充满热爱，对自己充满信心，好奇心和求知欲强烈，思想活跃，爱好广泛，行为积极主动，富于想象，从而可使自己的创新能力得到提高。反之，不良的情绪和情感，不但危害身体健康，而且还会影响神经系统的功能，破坏大脑皮层的兴奋与抑制的平衡，使人的认识范围变窄，分析判断能力减弱，思路受到阻塞，创新性想象受到抑制，导致创新能力下降。因此，在学校教育中，教师应注意培养学生良好的情绪和情感。

（四）激发创新精神

一个人要想从事创新活动，首先要具有创新精神。创新精神体现在强烈的创新动机以及对事物的批判、革新的精神上。

1. 激发强烈的创新动力

首先，大学生应提高对自己创新力的期望值，想象自己有创新力，并能够通过这种创新力实现自己的远大理想。现代心理学研究认为，每个人在某种强度上都具有创新的禀赋，但是，只有心理正常的人才会把创新潜力付诸实现。这里所谓"心理正常"的人，首先是相信自己是"有创新精神、有创新意识"的人。创新能力的前提是具有良好的创新意识，其核心前提就是自信，相信自己有创新能力。大学生有着较高的文化知识水平，更应当相信自己有创新能力。

大学生还应树立崇高的人生目标，对高成就进行不懈的追求。因为仅仅有自信心而没有很强的进取心和创新欲，创新活动也不可能进行，遇到困难容易退缩，创新力难以得到提高。所以，大学生要珍惜大好时光，勤奋好学，有明确的奋斗目标，努力培养自己的才能，只有这样才能保证创新动机在巨大的激励下得以实现。一些创新发明家的成功就说明了这一点。例如，美国的电话发明家贝尔（Bell），少年时期智力表现平平，而且贪玩，但后来受到祖父的影响，激发了努力奋斗、克服学识浅薄的雄心，并对发明创新产生兴趣，从而在少年时代便设计了一种比较轻快的水磨，被誉为少年发明家。

其次，大学生要善于发现创新的实际需要。研究表明，引起某一创新冲动的关键是认识"需要"。一般来说，人的需要可大体分为物质需要和精神需要。前者如生产的需要，衣、食、住、行的需要，后者如阅读的需要、娱乐的需要、艺术的需要等。不过"需要"有时并不明显地呈现在人们面前，需要通过一系列实践活动才能发现它。当人们一旦把"需要"转化为个体想要解决的问题时，就产生了某种创新行为的动机。例如，久负盛名的英国邓禄普轮胎的问世，就是发明人约翰·邓禄普（John Boyd Dunlop）担心儿子骑自行车受伤——当时的自行车没有内胎，他儿子在鹅卵石路上骑自行车颠簸得厉害，他希望车轮富有弹性。后来，终于研制成世界上第一个橡胶内胎。因此，大学生要善于发现创新的实际需要。在平时，也要学会关心他人，关注社会，积极参加社会实践活动，从社会生活的实际需要中激发自己发明创新的动机。

2. 培养批判的精神

培养大学生的创新精神除了激发动机以外，还应注意培养他们批判的精神。

任何创新力总是在解决问题的过程中表现出来、发展起来的，而要解决问题，首先要发现问题、提出问题。要想发现问题、提出问题，就必须具有批判的精神。具有批判精神的人，善于独立思考，使自己不受传统观念的束缚，而以科学的眼光去看待各种事物。他们往往能从别人认为不足为奇的现象中发现新问题，如俄国著名生物学家巴甫洛夫，由于他善于抓住人们常见的"狗见到食物就流口水"的现象作深入的研究，终于创建了条件反射学说。

大学生应怎样使自己具有批判的精神呢？关键是要培养自己的问题意识。所谓"问题意识"实际上就是爱"打破砂锅问到底"，喜欢问"为什么"。现实中，有些大学生在学习中不善于质疑，提不出问题，原因就在于缺乏"问题意识"，心理上受到"传统观念""学术权威"的约束，有些人则是过多地考虑自尊心、面子问题。鲁迅先生曾经说过："要进步或不退步，总需时时自出心裁。至少也必取材异域，倘若各种顾忌，各种小心，这么做违了祖宗，那么做又像了夷狄，终生惴惴如在薄冰上，发抖尚且来不及，怎么会做出好东西来。"

因此，大学生要大胆地克服这些阻碍创新性的心理障碍，坚持用实事求是的科学态度去对待一切事物，摆脱传统观念和习惯性思维方式的影响，培养勤学好问、善于钻研、独立思考的良好品质。

课后思考

1. 什么是创新力？它有哪些特征？
2. 创新力开发的途径有哪些？
3. 作为在校的大学生，你怎样培养和提升自己的创新能力？

第三章 科技创新与科研能力

内容摘要

本章依次通过阐述科技创新的理论与方法，科技创新的意义，科学研究的基本方法，以及申报并完成科研课题的途径等，使学生对科技创新有一些基本了解，并使学生的科研能力得到提高。

学习目标

1. 了解科技创新的理论与方法。
2. 熟悉科研能力培养的重要性，科研课题申报及完成的程序。
3. 掌握科技创新的意义与途径，以及科学研究的基本方法。

导入案例

阳光集团的发展

浙江阳光集团股份有限公司创建于1975年，是中国最大的节能灯生产和出口基地之一，国家级高新技术企业。"浙江阳光"的股票已于2000年7月在商海证券交易所成功上市，"阳光"成为中国照明行业唯一的民营板块上市企业。

公司现有员工4000余人，各类专业技术人才1250多人，总资产30亿元。其主要产品及生产规模为：年产一体化电子灯3亿只、紧凑型稀土节能荧光灯管3.5亿支、T5直管大功率节能荧光灯及配套灯具1200万套、T5灯管2000万支、户外灯及LED配套灯具20万套，被认为是我国照明电器行业的排头兵、国内主要的节能灯生产和出口基地之一。

浙江阳光照明电器集团股份有限公司一直坚持科技兴业方针，积极开展产学研合作。在技术、质量、工艺管理上配备十分全面的过程制品分析检测设备，并有专人全程跟踪记录质量信息。公司严格按照ISO 9001质量保证体系组织生产，对产品的进料、生产工序和成品实行严密的质量检测，以自检互检和巡检等生产质检方式提高产品质量。成立了国内一流的电光源监测站，进行严密的试验检测，全方位保障产品的优良品质。

企业以中国第一支H型节能灯的生产者，首开中国节能照明先河33年的专业节能照明制造。企业共开发新产品、新材料200多项，获专利66项，是国内电光源行业获专利最多的企业。企业自行研制、开发的T5大功率节能荧光灯及配套灯具，填补了国内空白。企业通过清洁生产审核，获"绿色企业"称号，并通过ISO 14001环境体系认证。"阳光牌"紧凑型荧光灯获"中国名牌产品"；室内灯具和荧光灯荣获"中国名牌产品"。公司获"全国守合同重信用企业""重点高新技术企业"、国内照明行业首个博士后科研工作站、国内照明行业首家中国出口免检企业。

公司博士后科研工作站是国内照明行业首个博士后科研工作站，于2001年12月经国家人事部发〔2001〕121号文件批准设立的国家级企业博士后科研工作站。它以阳光在电光源行业强大的科研力量为基础，依托国家级灯具检测中心等科研机构，全面推进阳光的技术创新和产业进步。

2008年，企业依托国内照明行业首个国家级企业中心和博士后科研工作站，在取得世界各国20多项国际标准认证的基础上，以中国照明行业国家标准主要制定者之一的身份，继续发挥节能照明在技术上领先的优势，依托核心创新技术，以国家专利产品为先导，大力开发更为新颖、实用的优质节能照明产品。

在"阳光"的历史上，所有产品从没有因质量问题而有被退货和被投诉的记录，创办企业37年，年年盈利，连续3年产品出口年年递增，阳光集团由此迈入了国际电光源行业先进水平的行列。

问题：30多年前还是一家名不见经传的小企业，现在已经发展成中国最大的节能灯和出口企业，并成为国内照明领域唯一的高科技民营企业，原因何在？

第一节 科技创新概述

在知识经济时代，科技创新日益成为促进现代生产力发展的决定力量，经济增长的动力源泉，产业竞争优势演化的内部诱因。

一、科技创新的基本理论

（一）科技创新的概念

科技创新是原创性知识创新和技术创新的总称，是指创造和应用新知识、新技术和新工艺，采用新的生产方式和经营管理模式，生产新产品，提高产品质量，提供新服务的过程。科技创新可以分成三种类型：知识创新、技术创新和现代科技引领的管理创新。

原始性的科学研究或知识创新是提出新观点（包括新概念、新思想、新理论、新方法、新发现和新假设）的科学研究活动，并涵盖开辟新的研究领域，以新的视角来重新认识已知事物等。原始性的知识创新与技术创新结合在一起，使人类知识系统不断丰富和完善，认识能力不断提高，产品不断更新。信息通信技术发展引领的管理创新作为信息时代和知识社会科技创新的主题，也是当今时代科技创新的重要组成部分。

从微观上讲，科技创新有助于企业占据市场并实现市场价值，从而提升企业核心竞争力乃至区域竞争力；从宏观上讲，科技创新能推动技术创新发展，促进整个社会生产力的提高，同时减少环境污染，满足社会需求，解决社会问题。

（二）科技创新的特征

1. 科技创新的核心是创新

20 世纪 90 年代初，我国引入"创新"一词，形成知识创新、技术创新、科技创新、国家创新系统等概念。科学的本质在于探索未知世界的规律，技术的本质在于发明改造客观世界的手段。它们共同的特点是通过新的发现，达到新的认识，创造新生事物。所以说，科技的本质是创新，科技创新的核心也是创新。

2. 科技创新的基石是科技

科技创新是基于科技的创新，是知识产权意义上的新，而不是时空意义上的新。科技创新强调自主创新。科技创新不单纯地停留在科学创新、知识创新阶段，也不割断技术创新的技术来源，而主要包括基础研究、应用基础研究等知识创新活动，也包括应用技术研究、试验开发、市场开发、商业化应用等系列活动。

3. 科技创新的根本目的是提高生产率

科技创新能够提高生产率，科技创新的根本目的也是为了提高生产率。一方面，生产率决定竞争力；另一方面，提高生产率的一个根本途径是依靠科技创新。科学的发展、技术的进步能够带动劳动者素质和技能的提高，使得劳动手段不断改进，最终提高劳动生产率。另外，新技术、新材料、新设备、新工艺等应用也能够大幅提高生产率。可以说，当代的科技创新已经成为提高劳动生产率和整个经济增长的源泉。

(三) 科技创新的过程

科技创新活动包括两大阶段和五个环节。两大阶段是指知识创新和技术创新。其中，知识创新又包括科学发现和技术发明两个环节；技术创新又包括技术开发、生产开发和市场开发三个环节，如图 3-1 所示。

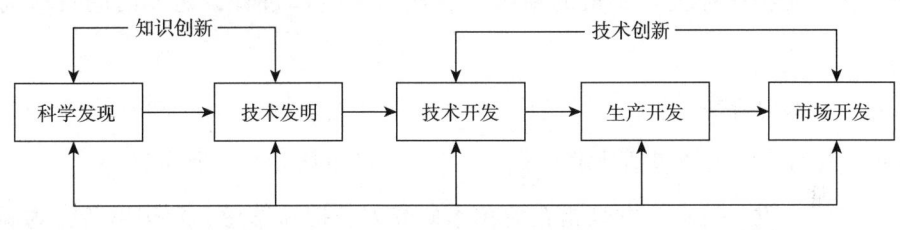

图 3-1　科技创新的过程

1. 知识创新

知识创新是通过科学研究，包括基础研究和应用研究，获得新的自然科学、社会科学和技术科学知识的过程。知识创新的目的是追求新发现、探索新规律、创立新学说、创造新方法、积累新知识等。

科学发现和技术发明是知识创新的两个主要环节。知识创新是没有止境的。同时，人类社会的一切发现、发明和创造都是知识创新的成果。

(1) 科学发现。科学发现是指在世界上首次发现新现象、新规律或新理论未知事物或规律的揭示，表现为发现新事物、新现象、新特性、新原理和新定律，提出新假说、新理论，形成新学科。科学发现本质上是以探索未知为目的，寻求或寻找已有的客观存在着的而对人类来说是前所未知和前所未有的东西。科学发现是一个过程，可分为四个阶段：第一，提出并确立问题的阶段；第二，为解决问题而搜集科学事实的阶段；第三，对科学事实进行思维加工整理的阶段；第四，提出科学假说与建立科学理论的阶段。

(2) 技术发明。技术发明是指在世界上首次创造出新产品或新工艺的构思或蓝图，其结果是首创或创造出自然界和社会前所未有的新产品、新工艺、新流程和新方法，成果具有可感知性和创造性。技术发明本质上是以把自然科学的成果转化为直接生产力为宗旨，以改造自然、造福人类为目的。

2. 技术创新

技术创新是科技创新的一个阶段，是指企业家抓住新技术的潜在盈利机会，更新组织生产条件和要素并首次引入生产系统，从而推出新的产品、新的工艺，开辟新的市场，获得新的原材料来源，以及由此而引发的金融变革、组织变革和制度变革的各种活动。

技术创新与技术发明有联系，但又有区别。技术创新离不开技术发明，但技术发明不一定都导致技术创新。只有发明实现了商业化应用才是技术创新。技术创新强调的是第一次，是把一种生产要素的新组合首次引入生产过程，是发明的首次商业化应用。

因此，技术创新是一个过程，是从新产品、新工艺的构想、研究和开发到首次商业化应用的全过程。它具体包括技术开发、生产开发和市场开发三个环节。

（1）技术开发。技术开发是指企业技术研究人员把新思想、新构思转变为新的产品模型或样品的过程。技术开发是技术发明的第一次商业化。技术开发阶段的重点是产品的技术创新，即采用新能源、钻研新技术、进行设备改造及产品结构和性能的创新等。可以借鉴国外的新产品，也可以在老产品的基础上，部分采用新材料、新技术、新工艺，使产品的风格、功能及经济指标显著提高。另外，产品的规格、型号、款式等变化也能派生出新产品。

（2）生产开发。生产开发是指企业把新的产品模型或样品转变为新产品的过程。它是企业在确定将要投放市场的产品原型呈样板之后，即技术开发结束之后，到新产品正式投入批量生产之前，而进行的工艺流程设计、产品标准制定、工作方法与劳动定额确定等一系列工作。它是新产品开发不可或缺和不可忽略的环节。因为要实现新产品开放必然离不开批量生产，也就离不开生产开发。

（3）市场开发。市场开发是指企业把新产品转变为市场上所需要的新商品的过程，从构思开始，到新产品正式投放市场之前所作的市场调查与研究、市场测试与评价及制订市场营销计划等各项工作。只有重视市场开发，才能真正给企业带来效益，形成企业的竞争优势，并在市场推广中捕捉到新产品开发的新的信息，找准开发的方向。

Google 眼镜问世

谷歌公司于 2012 年 4 月 4 日在其社交网络 Google+ 上公布了命名为"Project Glass"电子眼镜产品计划,此款眼镜正处在调整和测试过程中,还未在店铺中推出。谷歌眼镜包括了一条可横置于鼻梁上方的平行框架,一个位于镜框右侧的宽条状电脑,以及一个透明显示屏。显示屏的控制依靠一个镜框处的"鼠标","鼠标"的移动仅需使用者稍稍侧倾脑袋。著名 IT 评论家赛思·温特劳布(Seth Weintraub)透露称:"这个系统(谷歌眼镜的操作系统)目前是靠轻微的摇头晃脑来实现鼠标的活动及其按键功能。我们被告知,这种操作方式简单易学。"谷歌眼镜的佩戴者可以像戴着普通眼镜一样走路、写字,处理他们的日常事务。当他们想上网时,仅需头部轻晃一下。谷歌在 Google+ 上写道:"我们共享电子眼镜信息的目的是希望与用户进行沟通,听取您的宝贵意见。"Google+ 页面上公布了一段两分半钟的视频,展示了佩戴"Project Glass"眼镜后眼前的景象。佩戴者走在纽约街头,通过声音控制眼镜进行拍照并将照片发布到 Google+ 上,获得地图和天气信息,并在一个朋友接近时弹出窗口提醒。

二、科技创新的时代意义

当今,我国必须以科技创新为龙头来带动全国科学技术的发展和振兴,带动整个经济社会的发展和振兴,这是新世纪加快实现现代化的必由之路。

1. 科技创新对推动人类社会发展的作用

从某种意义上来说,人类社会发展的历史就是一部科学技术的发展史,人类社会往前迈进的每一步都闪耀着科学技术的光芒。一方面,人类不断征服自然界的进程推动了科学技术的进步;另一方面,科学技术的创新为人类社会的发展提供了强有力的智力支撑,成为社会生产力发展的决定性因素。随着知识经济时代的到来,科学技术对社会发展的巨大推动作用日益彰显。

2. 科技创新为经济增长提供强大动力

目前,提高国民经济整体素质,加快经济结构尤其是产业结构的调整和升级,显著增强我国经济、科技的国际竞争力,都迫切要求加速科技创新和进步。发展高科技，实现产业化，是带动产业结构升级、缔造高技术产业和知识产业与信息产业、大幅度提高劳动生产率和经济效益的根本途径。调整和优化经济结构尤其是产业结构在不断调整、优化的过程中，科技创新和高科技产业化始终是最主要和最直接的基础与动力。

3. 科技创新为开发人才资源提供广阔的舞台

科技实力和国民教育水平始终是衡量综合国力和社会文明程度的重要标志，也是一个国家走向繁荣昌盛的两个不可缺少的重要方面。科技创新的关键是人才，尤其是站在世界科技发展前沿的顶尖人才。各个领域的学科带头人和创新创业领头人，在科技创新中起着不可替代的决定性作用。大力发展教育事业必须依靠创新，依靠科学创新、技术创新和知识创新，弘扬创新精神，培养创新能力。只有创新才能发展新时代的教育，只有创新的教育才能为我们培养出适应时代需求的创新人才，这是全面推进我们现代化事业的必然选择。

4. 科技创新为保障国家安全提供重要的支撑

与科技革命相对应，科技实力和科技创新能力已经成为国家安全的重要基础。以军事安全为核心的传统安全观已经拓展为包括经济安全、军事安全、社会安全、生态安全和文化安全等在内的现代大安全观。在这样的背景下，科技创新、科技实力和高科技发展水平在很大程度上决定了各国在世界经济政治舞台上的地位。没有强大的科技实力，就没有新世纪国家安全的保障。实践表明，现代国家安全观是建立在科学技术现代化的基础之上的，以现代科技装备的经济产业才是经济获得巩固、稳定、持续发展的基础。当前，发展与安全有赖于新兴的产业革命，有赖于知识经济对世界经济的刺激和推动，更有赖于抗风险产业担负起振兴民族经济的重任。

三、培养大学生科技创新能力的途径

1. 积极为大学生创造能够培养科技创新意识的环境

营造良好的学术氛围，力争为大学生创建一种良好的教风和学风，使其养成勤奋学习、刻苦钻研的良好风气。要营造一种宽松、民主的学术氛围，建立平等的师生关系，互相交流、互相切磋，鼓励学生积极发表不同意见，鼓励学生思考和提出新观点。要淡化书本的权威，淡化教师的权威，让大学生们尽情地在广阔的知识海洋里畅游。只有在无"权威"束缚和民主、自由的环境中，才能创新。

2. 积极培养大学生的实验以及社会实践能力

要使大学生主动、独立地发展,就要逐步提高他们的创新能力,必须给予学生亲手实践的机会。例如,增加实验指导教师的数量,及时解答学生提出的问题;适当增加实习的课时数,使学生能有更多的机会发现生产实践中的创新点;学校要有计划地组织大学生利用假期深入社会;学生组织与专业教师可以为学生出一些科研题目,让学生有目的地到社会实践中考察自己的能力、培养自己的创新能力。

综上所述,培养大学生的科技创新能力是新时期高等教育所面临的极其重要的使命,它是国家生存的需要,社会发展的需要,提高广大人民群众生活水平的需要,也是实现大学生自身价值的需要。大学生的科技创新能力的培养一定要注重综合素质的培养。只有德、才、能全面发展的大学生层出不穷,我国的综合实力才能增强,才能巍然屹立于世界民族之林,才能不愧大国、强国的称谓。

第二节　科学研究的原理与方法

科学研究是人们探索自然现象和社会现象的一种认识活动。它是人们有目的、有计划、有意识、有系统的在前人已有认识的基础上,运用科学的方法,对客观事实加以掌握、分析、概括,揭露其本质,探索新规律的认识过程。科学研究的目的在于探索前人未知的知识,解决前人没有解决或尚未完全解决的问题。前人已经解决的问题或者已经取得的经验,我们通过学习可以掌握。但很多问题,前人没有实践,也没有经验,那么就需要人们去探索、去寻找,这个过程可以称为研究。

一、科学研究的类型

根据研究工作的目的、任务和方法不同,科学研究通常划分为以下几种类型。

1. 基础研究

这是对新理论、新原理的探讨,目的在于发现新的科学领域,为新的技术发明和创造提供理论前提。

2. 应用研究

应用研究是把基础研究发现的新理论应用于特定的目标的研究,它是基础研究的继续，目的在于为基础研究的成果开辟具体的应用途径，使之转化为实用技术。

3. 开发研究

开发研究又称发展研究，是把基础研究、应用研究应用于生产实践的研究，是科学转化为生产力的中心环节。

基础研究、应用研究、开发研究是整个科学研究系统三个互相联系的环节，它们在一个国家、一个专业领域的科学研究体系中协调一致地发展。科学研究应具备一定的条件，如必须有一支合理的科技队伍、必要的研究经费、完善的科研技术装备，以及科技试验场所等。

二、科学研究的基本方法

科学研究的基本方法主要包括以下几个方面。

（一）观察法

人们在探索自然界的本质和规律的过程中，开始总是有目的、有计划地通过观察方法获取大量的感性材料和自然信息，并加以积累、归纳与整理；同时，为了证实人们的认识和科学的发展，也是通过观察方法在自然界中加以检验。因此，科学观察是人们获得知识的一个主要步骤。它的任务在于长期地、全面地、系统地考察研究对象，从复杂纷繁的现象中，区分偶然和必然、个性和共性、特殊和普遍、本质和现象，从而揭示出大自然的奥秘。

（二）调查法

调查法在科学研究中也是一种收集科学事实、获取感性材料的重要的经验方法之一。它是研究人员面向群众、面向现场进行了解情况、收集资料的一种研究方法。

（三）数学法

数学是反映客观事物的数、关系和空间形式及其变化规律的科学研究方法。数学法是对客体进行定量研究的方法。客体不仅有质的规定，而且有量的规定。只有对客体进行定量的研究，才能精确地把握客观事物的质。

（四）理想化法

理想化法是指人们在研究自然界及其发展规律时运用思维的能动作用，按照一定的逻辑规则进行推导，对客观事物进行简化和纯化，使其达到完全理想化的境界从而揭露事物本质的一种方法。一些著名的科学家对理想化方法十分重视，如奥地利物理学家恩斯特·马赫（Ernst Mach）认为理想化法是科学研究的重要途径。可见理想化法是自然科学研究中的一个重要方法。

（五）假说法

假说法是自然科学研究的一种广泛应用的方法。它是根据已有的事实材料和科学原理，对尚未认识的一些客观现象发生的原因及其规律作出假定性的解释。

（六）移植法

在科学研究中，经常运用其他学科的概念、理论和方法研究本学科存在的问题，这种方法叫移植法。

（七）规划法

"规划"这个词通常有两层含义：一个是指发展规划，如经济发展规划、科学技术发展规划、城市建设发展规划等。在这个意义上，规划是指一定时期内各项事业发展的战略目标和重大措施的设置；另一个是指数学规划，如线性规划、非线性规划、动态规划等，在这个意义上，它是指最优化技术，即在一定条件的约束下，为达到某种最佳状态，各变数之间应该保持的一定关系。

（八）信息法

信息法，就是运用信息的观点把某个系统的运动过程当作信息传递和转换的过程，然后通过对信息流程的分析和处理，来达到对这一复杂系统规律性认识的一种科学方法。

三、科学研究的一般过程

科学研究是追求知识和解决问题的活动。谈到活动，就一定要涉及活动的步骤或程序。科学研究十分强调追求知识和解决问题的程序，因为严密的程序能保证研究活动有目的、有计划、顺利地进行，也才能使研究取得较为科学的结论。科学研究必须遵循什么样的研究程序呢？从辩证唯物主义的认识论来看，科学研究所遵循的程序也就是人类认识事物的基本程序。这一程序可以用图 3-2 来表示。

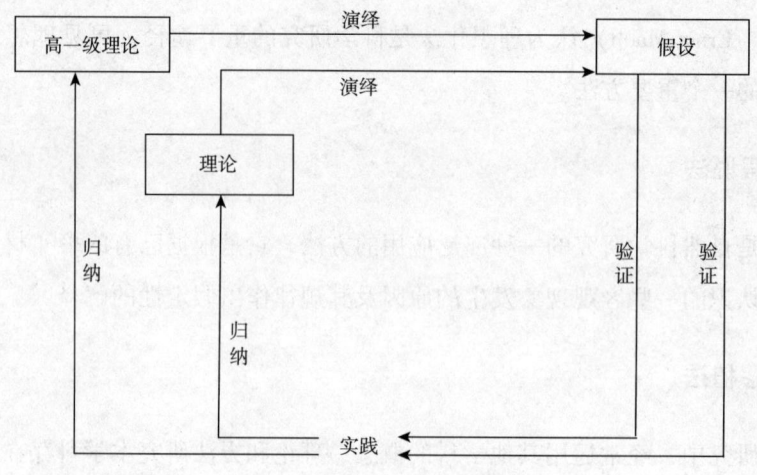

图 3-2　科学研究的基本程序

图 3-2 告诉了我们科学研究的基本程序。这里涉及两个专用词汇：归纳和演绎。所谓归纳，指的是从个别的特殊的现象中总结出事物的一般规律；所谓演绎，指的是从一般规律出发，提出一些可能的假设，在实践中加以验证。科学研究活动也是一个不断地归纳和演绎的循环过程。因为科学研究活动有很强的目的性，它以解决问题为目标，以形成规律为暂时的终点，所以科学研究的主要程序又可以分为以下四个步骤。

（一）提出问题和建立假设

科学研究的目的，在于解答实践活动中所遇到的问题。要解决的问题是什么，这应当是科学研究的出发点。所以科学研究的第一步，是要能提得出需要解决的问题。如果你发现不了问题，提不出需要进行研究的问题，那么就谈不上进行科学研究了。

针对所要解决的问题，研究者应当事先对问题的结果或问题的发展变化趋势有一个大致的估计，这就是建立假设。所谓"假设"，就是对有待解决的问题所提出的预先的暂时的或尝试性的答案。假设的设置为解决问题提出了具体的目标，整个研究活动就是在为证实这个目标而努力。这里要强调的是，假设虽然只是一个暂时的或尝试性的答案，是研究者的猜想，但因为假设是研究的起点，所以也不能无根据地胡乱设置假设。

目前也有一些研究不一定十分明确地提出假设，但在该研究的前言或者结论中，研究者用论述的方式将其研究的方向、研究可能出现的结果、事物的变化趋势等一一陈述出来，其实质也类似于提出假设，这在研究中特别是在社会行为科学的研究中也是行得通的。

（二）收集资料

这里所说的资料，是指客观存在的，通过各种具体研究方法所获得的材料，它们可以是定性的描述性的材料，也可以是数量性的材料，还可以是对前人研究结果的总结，这些材料为整个研究工作提供参考，并作为下结论的依据。

收集资料是一个活动过程，即通过调查、观察、实验、测量等具体的手段去收集、研究所需要的有关材料的过程。收集资料的目的是为了用这些资料有效地验证假设。所以，收集的资料必须尽量针对所要检验的假设，而不能漫无边际地胡乱收集。在研究目的和研究假设确定之后，需要收集什么内容的资料，资料是定性的还是定量的，都应依据研究的目的和假设来确定。例如，要研究家庭结构对儿童心理健康的影响，那么至少应当针对不同家庭结构来收集儿童心理健康状况的资料，单亲家庭、核心家庭、主干家庭的儿童都可以作为研究的对象。另外心理健康又怎样确定呢？用什么标准来确定儿童心理健康的水平呢？这些都要一一确定下来。然后通过对生活在不同家庭结构中的儿童心理健康水平的比较，才能对所提出的假设加以验证。

为了能使收集资料的工作顺利进行，研究者事先必须制订一个研究计划。在科学研究中，所制订的研究计划被称作"研究设计"。研究设计的主要目的，就是设置一些适当的验证情景，以便使研究的事件得以出现、发生变化，使研究者能有效地进行调查、观察和测量。

（三）分析资料

分析资料就是对收集到的材料进行分类、统计处理，使资料系统化、简要化、明了化。单纯的收集资料不能称之为科学研究，因为只凭调查、观察和测量得到的材料通常是杂乱无章的，无法直接用来验证假设或解决问题。分析资料的目的在于使资料变得有序，突出其间的规律性和内在的联系，以达到研究的目的。科学研究中的统计处理是一门相当复杂的学问，对于不同性质的资料，处理的方式方法也有差异。

（四）获得结论

科学研究的结论就是通过对最初提出来的假设作过一系列的验证后，对所研究的对象或现象本身的特征、事物间的联系、影响事件发生发展的因素作出的判定，也就是对事先提出的假设作出肯定或否定的结论。

获得结论是科学研究程序中的最后一步,可以说是这项研究工作暂时的结束。结论是建立在上面三项研究程序的基础之上的,它是客观的结果,不能注入研究者个人的情绪。但应当注意到,尽管科学研究是一项十分严密的工作,而且研究者主观上也作了相当大的努力,但难免还会有忽略和疏漏之处,所以下结论时必须持十分慎重的态度。如果研究结果对假设作出了肯定的回答,那么在结论中应明确地指出肯定的是哪些方面,哪些方面还存在出入,并作出实事求是的解释;如果研究结论是否定假设,那么对适用的范围、可以推广的情景都应作说明。另外,为了对整个研究负责,在给研究下结论时,还应对研究结果的有效性、可靠性和精确度作些说明。

从科学研究的四步程序中我们不难看出,提出问题和建立假设实际上就是前面所提到的演绎过程,即从某个理论或某种设想中推演出可以加以验证的各种假设;而收集资料、分析资料和获得结论其实质就是一个归纳过程,通过对事实的分析、综合、概括,归纳出事物的内在联系和规律,获得问题的解决。科学研究就是这样一个不断提出问题、解决问题的循环过程,人类在此循环过程中不断总结、提高和发展。

四、科学研究能力培养的重要性

科学研究能力,简称科研能力,是指属于各科学领域研究者共同具备的一种能力,即从事具体科学研究工作的能力,主要包括创新能力、观察能力、实际操作技能等。随着社会进步,科技水平的快速提高,人们对科研能力有了更广义的要求,即除了能从事具体的科研工作外,还融入了许多社会人文科学的内容,其中包括组织管理能力、团结协调能力、文字和语言的表达能力等要素。作为培养人才基地的高校,尤其需要明确培养大学生科研能力的重要意义,并应针对自身的特点采取有效措施,培养学生的科研能力。

(一)有助于增强大学生的学习能力

大学生的学习能力是素质教育的重要方面和体现,而科研活动对大学生学习能力的增强有着很大的促进作用。科学研究要有扎实、丰富的基础知识和比较深厚的理论功底,这些都需要通过不断地学习而获得。参加科研活动要求大学生具有自主性探究式学习能力。大学生在学好本专业知识的同时,要不断拓展学习的领域,学习邻近学科的知识,以解决知识交叉渗透的问题;对本专业领域前人的经验进行总结、归纳,充分认识本专业在社会生活中的作用;了解本专业领域最新的科研动态和专业发展前景,明确研究目标。对自己研究方向范围内的知识有着较为深刻、透彻的了解,知道自己该学习和该掌握哪些知识。树立起明确的研究目标后,学习的积极性、自觉性、主动性就会增强。在科研实践中,教师指导大学生独立进行文献查阅、实验方案设计、研究结果归纳、论文写作等一系列活动,通过全过程的尝试与摸索,大学生将慢慢体会到哪些方法是科学的,哪些方法是适合自己的,哪些方法是可以综合运用的,在不断的积累和启发中逐步提高自己学习能力和研究能力。

(二)有利于培养大学生的创新能力

知识经济时代所需要的高素质人才,不仅要有丰富的知识基础、较强的实践能力,还要具有较强的创新精神和创新能力。参加科研活动有助于培养学生求异思维的能力。学而能疑,才是思考性学习。培养大学生的科研能力,使思维经常处于活跃状态,不断思考问题,扩大思路,寻求突破,这有利于创新性思维的形成;对获取的各种资料和信息以及众多的事实或实验数据进行分析和综合,运用逻辑思维能力将一切信息资料联系起来加以思考,在新的联系中发现研究对象新的属性,提出有一定创新意义和研究价值的问题,这有利于其创新性思维的发展。

(三)有利于磨炼大学生的意志和品质

大学生科研能力的培养,并不是注重大学生取得多少科研成果,重要的是通过科研活动挖掘他们的潜能,使他们有信心也有能力去从事科学研究,这也会对大学生毕业后的工作产生深远的积极影响。同时,大学生参加科研实践也是对其品质的锻炼。科学研究是一项艰苦的工作,要求具有坚韧不拔的毅力和顽强拼搏的作风,谦虚、主动、认真、严谨的态度,甘于寂寞、锲而不舍、持之以恒的精神。大学生参加科研实践尽管是一种学习意义上的实践活动,但在这个过程中坚守上述品质对于养成自觉学习、主动进取、严谨求实的学风有着十分积极的影响。

(四)有利于提升大学生的团结协作能力

科学研究大多数时候不仅是个人的行为,还需要一个团队共同努力协作去完成。因此,大学生参加科研活动可以增强其团队意识,有助于培养大学生的合作精神。在科研实践过程中,大学生要处理各种人际关系,如与课题组成员、与指导老师等的关系,通过合作逐渐建立起与他人友好合作的人际关系,乐于同不同风格、个性的学生和老师交往、交流,善于听取各种不同的学术见解,包括反对自己的意见。通过团队学习,大学生会树立应有的道德意识和责任心,学习、继承和发扬老一辈科学研究者的精神,学习他们献身科学、严于律己、博学修德、严谨治学的精神和作风,不断提高自身的学术道德素质和自律意识,促进自己综合素质全面提升。

第三节　科研课题的申报及完成

科研课题是研究者为了获得对某一自然现象的认识,或为了解决某个特定任务,经过选择确定下来的、用科学术语表达的一个或一组问题。

一、科研课题的选择和确定

进行任何一项科学研究之前,都必须首先对科研课题进行选择并加以确定。

(一) 选题在科学研究中的意义

科研课题的选择和确定,集中地体现着选题者的科学思维、理论认识、实验能力以及要达到的预期结果,因此是科研工作中带有根本性、战略性的环节。

1. 科研课题是科研工作的起点,规定着科研工作的总任务、总方向和进展速度

在探索未知的科学研究中,解决问题是以发现问题和提出问题为前提的。没有课题便没有探索目标和方向,也就无法进行研究。所以,选择和确定课题,便成了科学研究的第一要素。同时,选题还决定科研工作的最终结果和进展速度。如果课题本身不科学、不合理、不切实际,就会导致整个工作或者毫无意义,或者长期得不到结果,甚至徒耗精力。相反,如果课题选得准、方向正确、符合客观实际,即便困难重重、屡遭挫折,但只要顽强努力,终会取得胜利。

2. 科研课题是研究人员有目的、有计划地充实自己的专业知识和调整知识结构的前提与根据

科研成果的获得离不开科研人员的专业知识和知识结构。一般来说,其知识储备越丰富、知识结构越完整,创造性也就越大,成果也就越大。因此,在知识更新节奏不断加快的情况下,科研人员只有不断补充、调整和更新自己的知识和知识结构,才能胜任科研工作。但这种不断学习主要是采用定向积累方式,不同于青年学生打基础时的非定向积累方式。课题的选择和确定,正是为这种定向积累准备前提和根据。

3. 科研课题在一定程度上决定着科学研究中所使用的方法和手段

方法和手段是为目的、任务服务的。不同的科研课题要求使用不同的方法和手段。例如，分析经济形势既不能用显微镜也不能用化学试剂，而细胞学研究则离不开显微镜，化学定性分析则离不开试剂。

4. 有创见的科研课题的提出，对于自然科学本身的发展会产生深远的影响

好的科研课题抓住了自然界某一问题的症状，反映了学科发展的必然趋势。因此，它一旦为某一科学家提出后便会对其他科学家或迟或早产生巨大的吸引力，造成连锁反应，最终导致新的学科或学科分支的建立，引出无数节的学科链条。自孟德尔（Mendel，1822—1884）对遗传因子研究以来，100多年的遗传学的发展，就是这一情形的生动例证。

（二）科研课题的基本来源及确定原则

1. 科研课题的来源

科研课题的来源十分丰富，概括起来有以下两点。

（1）社会实践的需要。每一特定时代的科学研究总是为当时的经济发展和政治需要服务的。正是这方面的实践活动向科学家、发明家提出了大量亟待解决的任务和问题，要他们去思考、去研究并做出科学的回答。正如恩格斯（Engels）曾说："社会方面一旦发生了技术上的需要，则这种需要就会去十所大学，把科学推向前进。"

（2）自然科学本身的逻辑发展。科学的发展有其相对独立性。许多重大选题都是来自科学本身发展的逻辑要求。在科学实验中发现了前所未见的新现象、新事物时，需要加以研究，以揭示其内在奥秘；在科学发展的一定阶段，由于在某些问题上或对某种现象已经累积了足够的材料和实验数据，就需要加以整理、概括，以找出其规律性；当已建立的科学假说和科学理论与实验事实产生矛盾时需要对前两者重新审查，或更换，或修改，或补充，使之逐渐完善起来。此外，寻求经验公式的理论意义，将定性理论发展到定量理论，解决理论中的逻辑矛盾以及长期未能解决的难题、猜想，应用新的理论或技术重新考察过去的研究对象等，也都是科学本身发展所必须的。

除了上述两大来源之外，人类生活的其他需要，如文化、艺术等方面的需要，也是科研课题的重要来源。

2. 确定科研课题的一般原则

科研课题的来源和科学研究本身的职能，决定了选择和确定科研课题时必须遵循的一般原则。

（1）服务原则。选择课题必须着眼于社会经济发展的需要，为社会经济的发展服务。从社会经济发展的根本需要出发选择和确定科研课题，首先是因为发展学术和进行科学研究的根本目的在于满足社会经济发展的需要。离开了这个根本目的，科学技术工作就会失去方向和发展的强大动力。其次是因为科研课题只有为社会所需，才能得到社会的承认，尽快地转化为社会生产力。此外，研究人员明确意识到进入的研究工作为社会所需要，可以从中受到鼓舞和激励。

（2）创造性原则。创造性是科学研究的灵魂。选择科研课题应立足于有所发现、有所发明、有所创造、有所前进。课题应当是前任没有解决或没有完美解决的，有别于前人的方法和路线，能够深化或发展前人工作的。要做好科研课题，就需要科研人员必须掌握科学技术发展的一般规律、特点和发展趋势；必须做好文献资料的调查研究，探寻到研究的突破，必须广泛听取各方面的意见，集思广益，发挥集体的智慧；必须具备对自然界的"进攻性"的素质。

（3）科学性原则。所选课题在理论上应有道理，在本质上应有客观依据。

（4）可行性原则。选课要难易适度，有被解决的可能性。进行一项科学研究之前，一定要充分估计到科研课题实际发展的各种可能性。例如，背景知识的可能性；时间、空间的可能性；时间是否够用，等等。如果研究工作不是建立在可能性的基础上，而是勉强承担某一课题，那就难免失败。

（5）价值性原则。理论价值（学术价值）指课题对检验、修正和发展教育理论，建立科学教育理论体系的作用；应用价值指选定的研究课题及其成果可直接运用于教学实践，具有指导教学实践的意义。

在选题时，除了这些基本原则之外，还有其他一些应该注意的原则，如发挥优势原则、应用研究、发展研究、基础研究、协调发展的原则等。简而言之，研究者应选择那些客观上迫切需要、条件许可、自己能担负起来的课题。

二、科研课题申请书的填写

（一）申请书的基本内容

（1）简表。

（2）摘要。

（3）立项依据。

（4）课题设计方案。

（5）研究基础。

（6）进度与分工。

（7）经费预算。

（8）可行性预测。

（9）专家推荐或同行评议意见。

阅读材料

课题编号	课题类别

×××大学生科学研究课题

申请书

课题名称＿＿＿＿＿＿＿＿＿＿＿＿＿＿＿

申请单位＿＿＿＿＿＿＿＿＿＿（盖章）

申 请 人＿＿＿＿＿＿＿＿＿＿＿＿＿

指导老师＿＿＿＿＿＿＿＿＿＿＿＿＿

申请日期＿＿＿＿＿＿＿＿＿＿＿＿＿

×××科研处　编制

简表

课题名称					
申请单位		申请者		类别	A. 基础研究 B. 应用基础研究 C. 应用研究 D. 发展（开发）研究
申请金额		起止年月		成果形式	
课题负责人		性别		出生年月	班级

课题组主要研究人员情况（含课题负责人）	姓名	性别	出生年月	班级	分工	现承担其他项目情况

研究课题主要内容和意义摘要	（不超过300字）

一、立项依据（包括研究意义、国内外研究现状、立论根据、创新之处、主要参考文献目录及出处）

二、课题设计方案
　　1. 本课题研究内容、研究目标及拟解决的关键问题

　　2. 拟采取的研究方法、技术路线、实验方案及可行性分析

　　3. 项目的特色与创新之处

　　4. 预期成果

三、研究基础
　　1. 以往研究情况

　　2. 技术力量

　　3. 已具备的实验条件，尚缺少的实验条件和拟解决的途径

四、进度与分工

五、经费预算

支出科目	金额（元）	计算根据及理由
合　计		

六、可行性预测

七、专家推荐意见（包括项目意义、研究方案、经费预算及申请者业务素质等）

专家签名（盖章）

年　月　日

八、专家审核意见

专家签名（盖章）

年　月　日

九、科研处审批意见

科研处（盖章）

年　月　日

(二) 基本内容的填写要点

1. 简表

按《项目指南》或《项目分类目次及代码》或指定的书籍、文件要求填写。

(1) 选择性栏目：按提示符 A、B、C、D 等相应填入栏中。

(2) 项目性质（类别）：应分清基础研究、应用研究与发展（开发）研究。基础研究系指以认识自然现象、探索自然规律为目的，不直接考虑应用目标的研究活动；应用基础研究系指有广泛应用前景，但以获取新知识、新原理、新方法为主要目的地研究；应用研究系指以增加科学技术知识，并以某种特定实际目的，探讨新知识应用而进行的研究；开展（开发）研究系指运用基础研究和应用研究以及实验的知识开发新材料、新产品、新装置、新方法或对现有材料、方法做重大改进而进行的研究活动。

(3) 报审学科系：指申请项目所属最基础的学科，如涉及多学科可填写 2 个，并先填主学科。

(4) 申请资助金额：以万元为单位，用阿拉伯数字表示，注意小数点。

(5) 起止年月：从申请的次年 1 月至完成年度的 12 月止。

(6) 参加单位数：指项目组成员所在单位数，包括主持和合作单位。

(7) 项目组主要成员：指在项目组内，对学术思想、技术路线的制定、理论分析及对项目的完成起主要作用的人员。需要特别指出的是，项目申请者和主要合作者的水平、能力和知识、专业、年龄结构，是决定申请项目是否能得到资助的重要因素。申请者的专业和过去工作基础应该与申请项目的学科领域相近或相同。项目组成员的专业应包括项目所涉及的主要学科。

2. 摘要

摘要概括内容、方法、意义，应简明扼要地介绍申请项目的主要研究内容、目的和意义，鲜明地突出研究内容和独创性和特色。

3. 立项依据

(1) 研究的意义。对项目的研究意义应从其科学意义、应用前景、应用效果等方面进行恰如其分的评价。

(2) 国内外进行动态分析及主要参考文献。填写此栏，需查阅尽可能全的文献资料。研究新课题、新思路、新设想，一方面来源于科技和生产的实践活动，另一方面应在查阅大量文献资料的基础上，认真分析国内外研究现状，以获得解决各种技术难题，建立新方法，确定技术途径、研究方案的依据，避免重复。

对那些前人已有过研究而尚未成功的项目，要分析其挫折或失败的原因及拟采取的技术措施和对策；对他们正在研究的项目应避免重复，或注重研究方法的比较；对那些尚无前人或他人涉足的课题，应着重审查文献的完整性和可靠性，防止疏漏，并慎用"前人或他人未研究此课题"的提法。

只有对研究项目的有关领域的国内外研究水平、动向和关键问题全面了解，表达清楚，并进行实事求是的分析和评价，才能使选题和研究方案具有充分的依据。

4. 课题设计方案

（1）研究内容。项目研究的内容要具体、全面、完整和适度。目前一般项目资助强度偏低，研究周期 2~3 年，在较少的经费资助和有限的时间内，要解决过多的研究内容是不现实的。因此，研究内容要适度。

（2）研究目标。研究的目标要先进明确，但要求不能千篇一律。基础性研究，其研究目标是发现规律，探求新理论、新原理、新知识，没有具体的应用目的，或仅有较广泛的应用前景，强调选题在科学上的重要意义；应用研究和发展研究，必须有明确的应用范围和目标，研究项目各有不同，应详细分析。

（3）拟解决的关键问题。拟解决的关键问题，是指对整个研究起决定性作用、具有较高技术难度的问题，每个研究项目各有不同，应详细分析。

（4）研究方法与方案。研究方法与方案是完成研究内容，达到预期目标，取得预期结果的重要保证，也是判断项目申请有无可行性的主要依据。应根据需要，使其设计周密，方法先进，技术手段可行，研究方案合理。对于拟解决的关键问题，此处都要有相应的解决方法和方案。

（5）技术路线。最好用明晰的技术路线框图表达，使人一目了然。

（6）项目的特色和创新之处。这是科技项目的价值所在。应表明项目与国内外同类研究的比较，在研究目标、研究内容、研究方法和其他方面的特色独创之处，要求实事求是、恰如其分。

（7）预期的成果。预期的成果指该科技项目研究后期待得到的结果和表达形式。基础研究的成果表达形式为论文或论著；应用研究成果的表达形式为论文、论著或专利等。

5. 研究基础

本栏应详细填写。申请的项目，一定要有前期工作基础并进行过预实验，仅仅是一个设想而要列入高级别的科技计划是不可能的。

（1）以往研究的情况。此项是指与项目有关的研究工作积累和已取得的成绩。

（2）技术力量。申请者、项目主要成员的学习和研究工作简历，近期发表与项目有关的论著目录、获得的学术奖励情况及在本项目中承担的任务等。对申请者和项目组主要成员的业务反应，在项目中承担的任务要具体明确，并根据需要和承担者的能力合理分工。

（3）仪器设备。已具备的实验条件、尚缺少的实验条件和拟解决的途径。

对缺少的实验条件要尽可能地利用国家、部门、省市的重点和开放实验室，而不应寄希望于项目资助而重建。

6. 进度与分工

内容要明确、具体，符合实际。

7. 经费预算

项目研究经费包括科研业务、实验材料费、仪器设备费、实验室改装费、协作费、管理费等。

项目经费的预算应根据项目研究的实际需要，按照经费的开支范围和各种科技计划的有关规定，逐项安排。年度预算，要考虑当年研究内容的需要，申请经费要实事求是，计算方法要有充足理由，数额要适中，既不巧立名目多要，也不要少算；同时，要适当考虑物价上涨因素，对仪器设备费、实验室改装费、管理费应严格控制。

8. 可行性预算

可行性预算要有充分的根据，有说服力。

9. 专家推荐或同行评议意见

推荐者或同行评议者应认真负责地介绍申请者及其项目组成员的业务基础、研究能力、科研态度，研究的意义、基础、条件、可行性，以及申请书填写的评价等。

（三）填写申请书的注意事项

（1）选择要新，主攻方向和重点要明确。

（2）课题题目及其内容应符合要求。

（3）立意依据要充分，要有重要科学意义；用于指导实践时应有较好的应用背景。

（4）学科和代码要认真选择对口的，具体到三级学科。

（5）起点要高，学术思想力求新颖，与国内外同类工作比较具有先进性和创新性。

（6）技术路线要清楚明了，研究方案要合理可行，研究方法力求先进。

（7）申请人和主要合作者已有的研究基础和条件要充分写出，使人确信承担者有能力和条件完成此项科研任务。

（8）预期结果要明确具体，已有预试验者，应将预试验结果写出来。

（9）科研组人员结构要合理，技术要求齐全，科研工作时间要有足够的保证，能满足本项研究工作的需要。

（10）申请金额要适度，预算开支要合理。

三、科研课题的结题报告

（一）结题所需的材料

科研结果是整个课题研究的工作总结，是对研究成果的鉴定。对一个科研课题的结题工作，需要哪些材料呢？一般需要准备如下材料：

（1）结题申请报告。

（2）课题立项申请报告。

（3）课题立项批复通知。

（4）课题研究的阶段性总结。

（5）课题研究终结性结题报告（一般包含课题研究报告和课题工作报告）。

（6）附件（课题成果、课题的有关研究材料等）。

（二）结题专家组结构

对一个课题的结题，主要是对这一个课题的成果进行鉴定，所以，结题也需要成立一个专家组，以完成对课题成果的鉴定工作。专家组的构成一般由学科专家，具有一定科研能力和水平的人员构成，人员一般在3~7人为适。不同级别的课题，专家组成员的来源也是不同的。例如，市级课题的结题，一般是由市级科研主管部门根据课题研究的领域来联系相关专家组成专家组；省级课题则是由省级科研主管部门负责召集；县（区）、校级课题的专家组成员可由课题组或当地科研主管部门合作联系，等等。

（三）结题材料的提交和审阅

1. 结题材料的提交

在提交结题申请报告后，经科研会进行审核，同意后即可提交结题材料。在提交结题材料时，一般要专家组人手一份，以利于专家组对材料的审阅。

2. 专家组审阅结题材料

在收到课题提交的结题材料后，即由专家组对结题材料进行审阅。一般而言，专家组主要是审核材料中对课题的研究情况，主要包括以下几个方面的内容：

（1）课题提出的意义是否得当；

（2）课题的研究设计是否科学、合理；

（3）课题的研究过程，包括管理过程是否科学有效；

（4）课题的研究方法是否正确，特别是有关变量的投放、控制，资料和数据的收集是否充分、科学等；

（5）课题的研究成果如何，特别是有无充分的数据、资料加以说明所取得的成果，包括定性分析和定量分析；课题研究成果的价值如何等；

（6）课题研究的特点如何；

（7）课题研究还存在哪些问题，对课题的进一步研究有什么建议等。

专家组在完成上面几个方面的工作后即可要求召开结题论证会议。专家组一般应在开结题论证会前一个星期对材料进行审阅。

（四）召开结题论证会

在专家组审阅完结题材料后，就可以召开结题论证会议了。结题论证会议一般由专家组组织召开，由课题组负责提供会场及会议接待工作。结题论证会议议程一般如下。

专家组听取课题小组对课题研究的简要说明或简要介绍，也可以对结题材料进行补充说明。

（1）如有必要，专家组也可以进行听课或到有关科室查阅核实有关数据，也可以召开小型教师、学生座谈会等。

（2）在专家组完成听课或召开小型座谈会，听取课题组简要介绍后，就可以要求课题组就课题研究的有关问题进行答辩了。

（3）在完成答辩会后，专家组召开会议，进一步讨论对课题研究成果的评价。

（4）专家组向课题组公布及提交对课题研究成果的评价结果，专家组的评价结果可以作为课题研究的成果认证依据，也可以作为有关科研评奖依据。

以上是结题论证会的一般议程，依课题的级别及类型不同，论证会议程也存在差异。

（五）结题工作的几点注意事项

（1）课题组在提交结题申请前，应先对结题材料进行充分准备，特别是结题报告的撰写。

（2）对课题的研究结果要客观、如实地进行反映，正确认识课题研究过程中存在的问题，即使失败也有积极意义，它是对同类课题进一步研究的宝贵经验。

（3）专家组亦应客观、公正地对课题成果给出恰当的评价，不能以偏概全、一叶障目，要实事求是、科学合理地揭示课题研究的价值与意义。

×××大学×××项目

结题报告

项 目 名 称：_____

项 目 负 责 人：_____

所 在 专 业：_____

所 在 院（部）：_____

填 报 日 期：_____

×××大学　科研处

二〇××年制

填报说明

1. 本"结题报告"用于×××大学×××项目结题验收工作。请用 A4 纸打印一式三份，于左侧装订成册，由项目负责人指导教师签署意见后报送科研处。科研处最终审查和批准同意结题后，分别由科研处、项目负责人保管。

2. 研究工作总结是全面反映本项目研究工作的学术性总结报告。要求简明扼要，实事求是，一般控制在 2000 字以内。如需要，可另加页。研究工作的主要内容有：

（1）主要研究内容及研究方法；

（2）主要研究成果，特别要说明主要的科学发现和创新之处，并列出具体的内容和必要的数据；

（3）研究成果的科学意义和应用前景，学术界的反映和引用，转入国家其他科技计划的情况；

（4）与预期计划和目标比较，说明完成情况与存在的问题。

3. 评审专家根据"项目协议书"、研究成果及有关材料，对研究任务完成情况、成果的研究水平等进行评审和提出评审意见。

4. 院（部）审核意见公章必须是项目负责人所在院（部）公章。

5. 将该项目完成的成果材料复印后与结题报告一并上交，同时带原件以便审核。

一、结题简表

项目名称							
项目负责人		年级			指导老师		
计划时间	从 年 月至 年 月				实际完成时间		年 月
研究人员	姓名	年级		专业	完成项目研究的主要内容		
研究类别（打√）	基础研究			研究经费	申请经费		万元
	应用研究				批准经费		万元
					使用经费		万元
	试验发展				审核人（签章）		

二、研究工作总结

（可另加页）

项目负责人（签章）：

年 月 日

三、课题组的主要阶段性成果

序号	成果名称	成果形式	作者	出版社及出版时间或发刊物及刊物年期
1				
2				
3				
4				
5				
6				
7				
8				
9				
10				

注：（1）课题组的主要阶段性成果，请按项目负责人、课题研究任务主要承担者、课题组一般成员的顺序填写。

（2）主要阶段性成果的重要转摘、引用和应用情况可加页说明。

四、指导教师意见

指导教师签字：

年　月　日

五、专家评审意见

（提出建议和意见，并给出评审结论，是否适合结题等）

专家签字：

年　月　日

六、项目负责人所在院（部）审核意见

（审核该项目是否完成申报计划，报告格式是否合理，是否同意推荐结题）

主管领导签字：　　　　　院（部）（公章）：

年　月　日

七、科研处审核意见

主管领导签字：　　　　科研处（公章）：

年　月　日

? 课后思考

1. 什么是科技创新？
2. 科学研究的基本方法有哪些？
3. 如何进行科研课题？
4. 试填一份科研课题申请书。

第四章 创新成果提炼

内容摘要

本章介绍了专利的概念、特点、种类，专利的撰写与申请，论文的撰写与发表以及文献检索相关内容。使大学生了解创新成果提炼的方式，不至于在拥有创新成果时手足无措，不知该如何保护创新成果。同时，学会专利申请可以尽快将专利和创新成果转化为创业项目，寻找资金平台，进行市场化运作，从而取得应得的经济效益。

学习目标

1. 了解专利的概念、特点、种类。
2. 掌握专利的撰写与申请、论文的撰写与发表。
3. 了解专利、论文资源检索的方法。

第一节 专利的撰写与申请

一、专利的概念、特点、种类

1. 专利的概念

专利（patent）一词来源于拉丁语，意为公开的信件或公共文献，是中世纪君主用来颁布某种特权的证明。"专利"这个概念目前没有统一的定义，被人们普遍接受的一种说法是：专利是专利权的简称，是由专利机构依据发明申请所颁发的一种文件。这种文件叙述发明的内容，并且产生一种法律状态，即该获得专利的发明在一般情况下只有得到专利所有人的许可才能利用，专利的保护有时间和地域的限制。

在我国，专利的含义主要有以下几种。

第一，专利权的简称，指专利权人对发明创造享有的专利权，即国家依法在一定时期给予发明创造者或者其权利继受者独占使用其发明创造的权利，这里强调的是权利。专利权是一种专有权，这种权利具有独占的排他性。非专利权人要想使用他人的专利技术，必须依法征得专利权人的授权或许可。

第二，指受到专利法保护的发明创造，即专利技术，是受国家认可并在公开的基础上进行法律保护的专有技术。"专利"在这里具体指的是技术方法——受国家法律保护的技术或者方案。（所谓专有技术，是享有专有权的技术，这是更大的概念，包括专利技术和技术秘密。某些不属于专利和技术秘密的专业技术，只有在某些技术服务合同中才有意义。）专利是受法律规范保护的发明创造，它是指一项发明创造向国家审批机关提出专利申请，经依法审查合格向专利申请人授予的在该国规定的时间内对该项发明创造享有的专有权，并需要定时缴纳年费来维持这种国家的保护状态。

第三，指专利局颁发的确认申请人对其发明创造享有的专利权的专利证书或指记载发明创造内容的专利文献，指的是具体的物质文件。

这里，专利的前两个意思虽然意义不同，但都是无形的，第三个意思才是指有形的物质。"专利"这个词语可以仅指其中一个意思，或者包含两个以上的意思，具体情况必须联系上下文来看。对"专利"这一概念，在生活中人们一般笼统地认为：它是由专利机构依据发明申请所颁发的一种文件，由这种文件叙述发明的内容，并且产生一种法律状态，即该获得专利的发明在一般情况下只有得到专利所有人的许可才能利用（包括制造、使用、销售和进口等）。

2. 专利的特点

我国专利权是由国务院专利行政部门依照法律规定，根据法定程序赋予专利权人的一种专有权利，属于知识产权的一部分。它是无形财产权的一种，与有形财产相比，具有以下主要特征。

（1）排他性。也称独占性、垄断性或专有性。专利权是由政府主管部门根据发明人或申请人的申请，认为其发明成果符合专利法规定的条件，而授予申请人或其合法受让人的一种专有权。它专属权利人所有，专利权人对其权利的客体（即发明创造）享有占有、使用、收益和处分的权利，其他任何人未经许可都不能对其进行制造、使用和销售等，否则属于侵权行为。

（2）地域性。所谓地域性，就是对专利权的空间限制。它是指一个国家或一个地区所授予和保护的专利权仅在该国或地区的范围内有效，对其他国家和地区不发生法律效力，其专利权是不被确认与保护的。如果专利权人希望在其他国家享有专利权，那么必须依照其他国家的法律另行提出专利申请。除非加入国际条约或双边协定另有规定之外，任何国家都不承认其他国家或者国际性知识产权机构所授予的专利权。

（3）时间性。时间性是指专利只有在法律规定的期限内才有效。专利权的有效保护期限结束以后，专利权人所享有的专利权便自动丧失，一般不能续展。发明便随着保护期限的结束而成为社会共有的财富，其他人便可以自由地使用该发明来创造产品。专利受法律保护的期限的长短由有关国家的专利法或有关国际公约规定。目前世界各国的专利法对专利的保护期限规定不一。我国《专利法》第四十二条规定："发明专利权的期限为 20 年，实用新型和外观设计专利权的期限为 10 年，均自申请日起计算。"

（4）实施性。除美国等少数几个国家外，绝大多数国家都要求专利权人必须在一定期限内，在给予保护的国家内实施其专利权，即利用专利技术制造产品或转让其专利。

3. 专利的种类

在我国，专利主要有三种类型：发明专利、实用新型专利以及外观设计专利。

（1）发明专利。我国《专利法实施细则》第二条第一款对发明的定义是："发明是指对产品、方法或者其改进所提出的新的技术方案。"

所谓产品是指工业上能够制造的各种新制品，包括有一定形状和结构的固体、液体、气体之类的物品。所谓方法是指对原料进行加工，制成各种产品的方法。发明专利并不要求它是经过实践证明可以直接应用于工业生产的技术成果，它可以是一项解决技术问题的方案或是一种构思，具有在工业上应用的可能性，但这也不能将这种技术方案或构思与单纯地提出课题、设想相混同，因为单纯的课题、设想不具备工业上应用的可能性。

（2）实用新型专利。我国《专利法实施细则》第二条第二款对实用新型的定义是："实用新型是指对产品的形状、构造或者其结合所提出的适于实用的新的技术方案。"

同发明一样，实用新型保护的也是一种技术方案。但实用新型专利保护的范围较窄，它只保护有一定形状或结构的新产品，不保护方法以及没有固定形状的物质。实用新型的技术方案更注重实用性，其技术水平较发明而言要低一些，多数国家实用新型专利保护的都是比较简单的、改进性的技术发明，可以称为"小发明"。

（3）外观设计专利。我国《专利法实施细则》第二条第三款对外观设计的定义是：

"外观设计是指对产品的形状、图案或者其结合以及色彩与形状、图案的结合所作出的富有美感并适于工业应用的新设计。"

外观设计与发明、实用新型有着明显的区别，外观设计注重的是设计人对一项产品的外观所作出的富于艺术性、具有美感的创造，但这种具有艺术性的创造，不是单纯的工艺品，它必须具有能够为产业上所应用的实用性。外观设计专利实质上是保护美术思想的，而发明专利和实用新型专利保护的是技术思想；虽然外观设计和实用新型与产品的形状有关，但两者的目的却不相同，前者的目的在于使产品形状产生美感，而后者的目的在于使具有形态的产品能够解决某一技术问题。例如一把雨伞，若它的形状、图案、色彩相当美观，那么应申请外观设计专利，如果雨伞的伞柄、伞骨、伞头结构设计精简合理，可以节省材料又有耐用的功能，那么应申请实用新型专利。

二、专利撰写指南

专利文件填写或撰写的质量高低直接影响到审批程序的长度、保护范围的宽度，有时甚至影响到专利申请能否被授予专利权。一份完整的专利申请应该具有请求书、说明书、说明书摘要、权利要求书等文件。下面主要介绍撰写专利请求书中需要注意的问题和一些实用技巧。

1. 专利请求书

专利请求书应当写明专利的名称、发明人、申请人、地址以及其他事项。专利请求书有 3 种类型，分别为发明专利请求书、实用新型专利请求书，以及外观专利请求书（可上百度网下载），按照自己申请的专利类型选择对应的请求书。一般发明专利请求书有 26 个栏目，实用新型有 22 个栏目，填写的要求基本相同，下面主要以发明专利请求书为例，说明各栏目的填写要求与注意事项。一般作为学生在校申请专利，建议将专利文件填好递交给校方专门负责专利申请的部门，这样少走很多弯路。①

2. 专利说明书

（1）专利说明书的基本要求。

①说明书应当对发明或者实用新型做出清楚、完整的说明；②说明书中用词要保持一致性，多用该技术领域通用的名词或术语，不得使用行话；③说明书中的单位使用应遵守国家法定计量单位规定，以国际单位制计量单位和国家选定的其他计量单位为准，

---

① 范宝成，罗鹏. 大学生课外科技创新参赛指南 [M]. 北京：冶金工业出版社，2014.

必要时可以在括号内同时标注本领域通用的其他计量单位。④说明书中可以有化学式、数学式，必要时可以用附图说明；⑤商业性宣传用语，例如"最新式的……""世界名牌……"不能出现在说明书的题目和正文中，同时也不能出现不确切的语言，例如"相当轻的……""……左右"等；不允许使用以地点、人名等命名的名称；商标、产品、广告和服务标志等也不允许在说明书中出现；⑥说明书中不允许存在对他人或他人的发明创造加以诽谤或有意贬低的内容。

（2）结构和内容及其表述方法。发明或实用新型专利申请的说明书，除发明或实用新型本身的特殊情况需要以其他方式说明外，通常应当按照下列顺序和要求撰写。下面举例一项由同济大学学生撰写的发明专利［国别：中国，专利号：201110105 0009.5］，要是同等条件下申请实用新型专利，将发明专利说明书中"本发明涉及……本发明的目的……"改为"本实用新型涉及……本实用新型的目的……"即可。

①发明或者实用新型的名称，必须与请求书中的名称一致，应当清楚、简要、全面地反映要求保护的发明或者实用新型的主题和类型（产品或者方法），应当采用所属技术领域通用的技术术语，最好采用国际专利分类表中的技术术语，不得采用非技术术语。字数一般不得超过 25 个字。特殊情况下，例如化学领域的某些申请，最多可以允许 40 个字。名称应书写在说明书首页正文的上方居中位置。举例如下：

发明名称：一种腔镜手术腔内打结持针钳

②技术领域。指技术方案所属的技术领域或直接应用的具体技术领域。值得注意的是，这里所指的技术领域是特定的技术领域，而不是发明或实用新型本身以及相邻的技术领域。

例如，一项关于挖掘机悬臂的发明，其改进之处是将背景技术中的长方形悬臂截面改为椭圆形截面。其所属技术领域可以写成"本发明涉及一种挖掘机，特别是涉及一种挖掘机悬臂"（具体的技术领域），而不宜写成"本发明涉及一种建筑机械"（相邻的技术领域），也不宜写成"本发明涉及一种截面为椭圆形的挖掘机悬臂"（发明本身）。举例如下。

技术领域：本发明涉及外科手术器械领域，尤其是涉及一种腔镜手术腔内打结持针钳。

③背景技术。引用现有技术进行对比，客观指出背景技术存在的问题或不足，适当引用一项同类产品的专利，进行全面论述，但不能诽谤他人成果，刻意贬低。举例如下。

背景技术：在现今临床外科的腔镜手术中，对血管等管道的闭合多采用钛夹夹闭的方式。在平面缝合的时候，同时要用到 Endo-Stich 缝合器。如果要像普通直视手术那样打外科结，则必须在体外打结，再推送到体内去。无论以上哪种方法，都有各自的缺点，如价格昂贵、不良反应多、闭合不牢固、不适用于非平面缝合、耗时长等。

关于本项发明的关键技术，仅仅是外科结的构造。外科结是现今外科手术中打结的标准，包括一个正结和一个反结。通过观察，申请人发现，只要在空间上牵拉缝线的一端，运行一个单结的轨道，即呈现一个结；运行一个反方向的结的轨道，即呈现一个反结；运行一正、一反两个单结的轨道，即呈现一个完整的外科结（又称方结）。为了解决缝线在缠绕后必须交换牵拉的问题，本项发明采用了纵轴长开口的空心轨道，轨道中间断开。实质上，在拉线导丝向体外方向越过轨道断端的时候，就已经完成了所谓的线端交换。本项发明将打结的曲线运动转化成了操作上的牵、拉直线运动。

④发明内容：此部分是全文的重点，应该包含所要解决的技术问题、采用的技术方案和取得的有益效果。针对现有技术缺陷，说明该发明或实用新型要解决的技术问题，语言应该尽可能简洁，不能用广告式宣传语言，也不能采用言过其实的语言。然后清楚、简明地写出发明或实用新型的技术方案，使所属技术领域的普通技术人员能够理解该技术方案，并能够利用该技术方案解决所提出的技术课题，达到发明或实用新型的目的。最后清楚而有根据地说明发明或实用新型与现有技术相比，所具有的优点和积极效果，可以从方法或者产品的性能、成本、效率、使用寿命以及方便安全可靠等诸方面进行比较，评价时应当客观公正，不能以贬低现有技术来抬高自己的发明创造。举例如下。

本项发明是一种附带打结功能的持针钳。外径10mm，尺寸上适合临床常用Trocar套管。整个器械的构造从头部开始，包括持针钳夹头、拉线导丝、打结导丝、打结轨道、推结导丝以及手柄。

1. 持针钳夹头

本发明的持针钳夹头（如图1所示），外形设计模仿直视手术持针钳，依然是两个夹头，夹头对合面存在交叉线条纹理，以确保被夹持的缝针不会滑脱。两部分夹头拖尾部（如图2所示）有共同的固定轴。在拖尾部的固定轴后，是固定形状的、有角度的空当。夹头的力量根本施加源于手柄，直接施加源于施加杆前部的中轴。中轴在向前滑动的时候，会同时按照夹头拖尾部的空当形状，将夹头的头部向两端分开；同理，在中轴向后滑动的时候，会将持针钳夹头头部两端趋向闭合；中轴继续后拉，当到达成角空当时，持针钳夹头完全闭合；越过此位置后，再向后拉中轴，则夹头头部闭合愈紧。在中轴达到最后的位置时，参考固定轴的位置，夹头部受力力矩与拖尾部施力力矩之比为1∶2，相当于一省力杠杆。两夹头头部开口最大角度为14°。

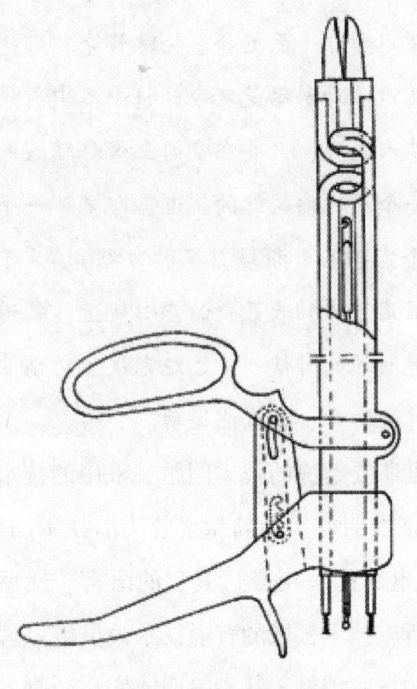 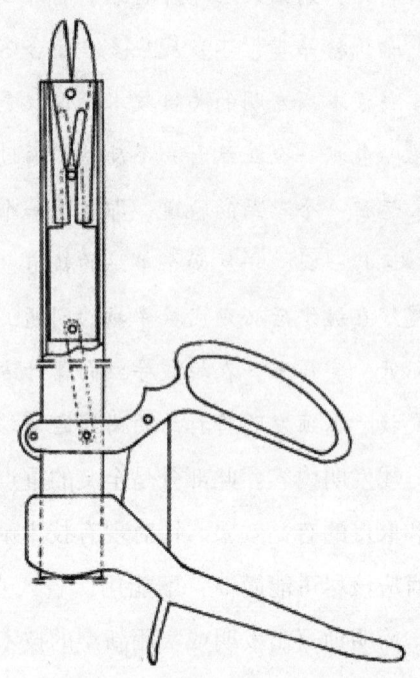

图 1　持针钳夹头　　　　　　　　图 2　两部分夹头拖尾部

2. 拉线导丝

整体的横截面是矩形，包括拉线导丝外圈与拉线导丝内嵌紧固条。拉线导丝外圈与拉线导丝内嵌紧固条均沿整个器械的纵轴做往复运动，不发生偏移。拉线导丝外圈头端侧切面是弯钩状，用以牵拉缝线。由于在横向上具有一定长度，可以牵拉一根缝线，使之形成两股。此两股缝线的一股呈现在打结轨道环内，一股呈现在打结轨道环外。拉线导丝外圈有凹槽，拉线导丝内嵌紧固条内嵌于此凹槽中，可以沿拉线导丝外圈做纵向运动，不会脱位。拉线导丝外圈头部内侧，以及拉线导丝内嵌紧固条头部具有交叉线条纹理。内嵌紧固条相对于拉线导丝外圈向下压紧，可以紧固缝线。

3. 打结导丝

整体横截面是圆形，包括打结导丝内丝与打结导丝外套。打结导丝内丝前端为打结导丝夹头。若以器械前端为下，以器械尾部为上，则此夹头的纵剖面为正梯形，恰好嵌于打结导丝外套前端的梯形空间。夹头对合面存在交叉线条纹理，在梯形空间时，对合紧密。打结导丝内丝可以沿打结导丝外套做纵向往复运动。在打结导丝内丝前端移动出打结导丝外套后，原本的弹性使夹头两部分分开，可以接过线头并拉入打结导丝外套。在打结导丝夹头夹线并内嵌于梯形空间后，被夹线头即被牢固牵拉。

4. 打结轨道

打结轨道共有两个。若以器械前端为下，以器械尾部为上，则其一打结轨道是一段顺时针环形一周向上的轨道，另一打结轨道是一段逆时针环形一周向上的轨道。轨道下端均开口于器械头部。轨道横切面是"C"形，"C"形开口方向向环轨圆心，开口大小容许缝线通过，但不允许打结导丝通过。打结轨道的"C"形开口从下端开始，到完成环状一周后止。从止点向上的轨道横截面为"O"形。轨道必与拉线导丝有交会，此交会处为一空当。打结导丝可以沿打结轨道内做往复运动。打结导丝向上牵拉缝线沿打结轨道运动，在运行到弯道时，打结导丝仍旧按照打结轨道运动，但是被牵拉的缝线会从"C"形开口脱出。在打结导丝夹头运行到"C"形开口止点时，被牵拉的缝线即被卡在此位置，继续牵拉打结导丝，缝线沿"O"形轨道运动，但在空间上形成的形状不会改变，这个形状即是一个单结。同理运行另一个反结轨道，生成的会是一个反结。此时，完成的结位于相应打结轨道的环状轨道的平面上。由于空当起止位置均有一段在空间上共线上的轨道，因此在打结导丝跨越空当时，打结导丝不会从此空当中脱出。

5. 推结导丝

推结导丝外形形似向下的子弹头，尖端圆滑，在两侧壁有对称的纵向长形凹槽。推结导丝可以沿整个器械的纵轴做往复运动，不发生偏移。推结导丝往复运动，通过打结轨道的环轨，无阻碍。不使用其功能时，推结导丝尖端水平位于打结轨道环上方，不阻碍成结。拉线导丝自然内嵌在推结导丝一侧的凹槽内，两者直线运动的轨迹在同一平面内，即两侧凹槽一侧面对打结轨道断端，一侧面对"C"形开口止点处。因此，在拉线导丝将缝线分成两股时，在打结轨道环内的一股线亦在推结导丝一侧的凹槽内。成结后，将推结导丝下压，被拉线导丝牵拉的一股线保持在原凹槽内不动，从结到"C"形开口止点的线将会随着结的下移，逐渐移入推结导丝的另一侧凹槽中去。当推结导丝下压到打结的目标位置，打结完成。

6. 手柄（如图1、图2所示）

手柄外形类似临床外科腔镜手术中常用的器械。手柄分前、后两部分，中间带有三级锁扣。后手柄固定，前手柄通过器械内部杠杆牵拉持针钳夹头拖尾部中轴。当使中轴运动到夹头拖尾成角空当时，持针钳夹头完全闭合，第一级锁扣咬合。从此向后的两极锁扣使持针钳夹头部夹持力度更强。在第三级锁扣咬合的同时，中轴运动到距离刚刚闭合位置10mm处，此时由于锁扣运动轨道的封闭，两手柄不能继续产生对夹头施力的相对位移。

⑤附图说明。说明书无附图的，此部分省略；若必须用图来帮助说明发明的技术内容的，应有附图（实用新型必须有附图），而且应对每一幅图作介绍性说明。一般用"图1是……""图2是……"的方式进行简要说明即可。举例如下：

图1是持针钳夹头。

图2是两部分夹头拖尾部。

⑥具体实施方式。此部分应该详细描述发明或实用新型的具体实施方式，列出与发明要点有关的参数及条件；有附图的应当对照附图加以说明，描述中不能隐瞒任何实质性的技术要点。通过对具体实施方式的描述使所属技术领域的技术人员能够根据此内容实施发明创造，并且使独立权利要求中每一个技术特征的内容明确，并得到说明书的支持。举例如下。

具体实施方式：

1. 夹紧缝针，穿过 Trocar 套管，器械前端进入体腔。

2. 夹头加紧缝针穿透待缝合组织，持针钳夹头夹出缝针。

3. 将拉线导丝推出器械前端，牵拉从针到出针点间的缝线，使线相对于针的远端成为靠近持针钳夹头一侧的一股线，拉入器械内部，在长度合适时停止牵拉，并向下压紧内嵌紧固条。

4. 将打结导丝推出器械前端，夹紧线头，牵拉推结导丝外套，在打结轨道内成结。

5. 推动推结导丝，将生成的结送到打结的目标位置。

6. 同理，打第二个结，直到打结数量完成。

(3) 说明书附图。附图是说明书的一个组成部分，附图是用来补充说明说明书中的文字部分的，目的在于使人能够直观、形象地理解发明或实用新型的每个技术特征和整个技术方案。发明说明书根据内容需要，可以有附图，也可以没有附图。实用新型说明书必须有附图。附图的形式可以是基本视图、斜视图、剖视图，也可以是示意图或流程图。只要能完整、准确地表达说明书的内容即可。

有关附图的具体要求：附图应该是借助计算机绘制的黑色线条图，清晰度高，不得着色和涂改，也不得使用工程蓝图。发明创造的关键部位，或者为了表明与现有技术的差别，可以绘制局部放大图和剖视图。为了标明图中的不同组成部分，可以用阿拉伯数字作出标记。附图中作出的标记应当和说明书中的标记一一对应，申请文件各部分中表示同一组成部分的标记应当一致。

(4) 说明书摘要。摘要是发明专利或实用新型专利说明书内容的简要概括。编写和公布摘要的主要目的是方便公众对专利文献进行检索，方便专业人员及时了解本行业的技术概况。摘要的内容不属于发明或者实用新型原始记载的内容，不能作为以后修改说明书或者权利要求书的根据，也不能用来解释专利权的保护范围。摘要仅是一种技术信息，它不具有法律效力。

摘要文字部分应当写明发明或实用新型的名称、所属技术领域，并清楚地反映所要解决的技术问题、解决该技术问题的技术方案的要点以及主要用途，其中以技术方案为主。不得有商业性宣传语和过多的对发明创造优点的描述。摘要中可以包含说明发明创造技术特征的数学式、化学式。摘要的文字部分（包括标点符号）不得超过300个字。

摘要后可以提供摘要附图，也可以不提供附图。若提供，则应该提交一幅最能说明发明创造技术特征的图作为摘要附图。摘要附图的要求和说明书里的附图规定要求基本相同，应当画在专门的摘要附图页上（本发明专利未提供摘要附图）。举例如下。

说明书摘要：腔镜手术腔内打结持针钳属于外科手术器械领域。本作品解决了腔镜手术中缝合、打结困难的问题。

在外径10mm的器械内部的前端置有打结器。器械头部为改良的强力持针夹头。缝合拔针后，内部拉线丝将线拉入器械内部，再由打结导丝完成打结。之后推结导丝将结推出，置于目标位置。整个器械无须电辅助。

器械最核心部分是打结器，为环状的打结轨道——横截面为"C"形与"O"形，轨道中有断端。这种创新结构可以在器械内部生成结。该器械的问世，可简化腔镜下的缝合操作；极大范围内取代钛夹，降低手术费用，节省手术时间；还能够使许多原本的开放性手术转为腔镜手术。夹头部分的强力结构设计，使持针夹头在夹针穿透组织的时候不至于滑动。

3. 权利要求书

我国专利法规定，专利权的保护以被授权的权利要求的内容所限定的范围为准。权利要求书是专门记载权利要求的文件，它包含一项或多项权利要求，是判断他人是否侵权的根据，具有直接的法律效力。

（1）基本要求。

①权利要求书中使用的技术术语应与说明书中的保持一致，权利要求书中可以出现化学式、数学式，但不能有插图，除非绝对必要，不得引用说明书和附图，即不得用"如说明书中所述的……"或"如图1所示的……"的方式撰写权利要求。

②权利要求书应当以说明书为依据，其权利要求应得到说明书的支持，用技术特征

来清楚、简要地限定请求保护的范围，其限定的保护范围应当与说明书中公开的内容相一致。其中，技术特征可以引用说明书附图中相应的附图标记，这些附图标记应当置于方形或圆形的括号中，如"……联轴器［1］与丝杠［12］相连接……"。

③一项专利应当只有一项独立权利要求，属于一个总的发明构思。每一个独立权利要求可以有若干个从属权利要求，有多项权利要求的应当用阿拉伯数字顺序编号，但是独立权利要求应当排在最前面，从属权利要求紧随其后。

④一项权利要求要用一句话表达，中间可以有逗号、顿号、分号，但不能有句号，以强调其不可分割的整体性和独立性。

（2）撰写方法。独立权利要求按前序部分和特征部分撰写。前序部分写明要求保护的技术方案的主题名称和必要技术特征。特征部分写明专利区别于最接近的现有技术的技术特征，这些特征和前序部分中的特征共同限定专利要求保护的范围。特征部分应紧接前序部分，用"其特征是……"或者"其特征在于……"术语与上文连接。独立权利要求的前序部分和特征部分应当包含专利的全部必要技术特征，共同构成一个完整的技术解决方案，同时限定专利的保护范围。

从属权利要求按引用部分和限定部分撰写。引用部分写明被引用的权利要求的编号及专利的名称，例如，"根据权利要求1所述的……"。限定部分：写明专利附加的技术特征，它们是对前面的权利要求（独立权利要求或者从属权利要求）中的技术特征进行限定。从属权利要求的引用部分，只能引用独立权利中的。一项从属权利要求不能作为下一项从属权利要求的引用基础。举例如下。

权利要求书

本项发明在外科手术器械领域，具备其他器械所不具有的打结功能，并且打结器与持针钳相结合。打结器设计独特，从未在手术器械领域出现过类似的结构设计。本器械设计新颖，因此要求保护以下权利。

1. 要求保护打结器打结的原理以及打结器的设计。打结器原理是：牵引缝合线，在空间上的打结轨道运行成结。打结轨道共有两个，一个完成单结，另一个完成方向与之相反的结。若以器械前端为下，以器械尾部为上，则其一打结轨道是一段顺时针环形一周向上的轨道，另一打结轨道是一段逆时针环形一周向上的轨道。轨道下端均开口于器械头部。轨道横切面是"C"形，"C"形开口方向向环轨圆心，开口大小容许缝线通过，但不允许打结导丝通过。以器械前端为下，以器械尾部为上，打结轨道的"C"形开口从下端开始，到完成环状一周后止。从止点向上的轨道横截面为"O"形。轨道必与拉线导丝有交会，此交会处为一空当。空当起、止位置均有一段在空间上共线上的轨道。

2. 要求保护拉线导丝的结构设计。拉线导丝包括拉线导丝外圈与拉线导丝内嵌紧固条，两者结合起来的功能是在狭小的空间，有效地将缝线分成两股，并将一股置于打结轨道环内，另一股置于打结轨道环外。这样的拉线导丝，在进行打结、推结、收紧的时候，拉线导丝内嵌紧固条头部的咬合口可以将缝线抓牢，不松脱。拉线导丝外圈头部内侧，以及拉线导丝内嵌紧固条头部具有交叉线条纹理。内嵌紧固条相对于线导丝外圈向下压紧，可以紧固缝线。

3. 要求保护推结导丝的设计。推结导丝外形形似向下的子弹头，尖端圆滑，在两侧壁有对称的纵向长形凹槽，可以依靠缝线，将生成的结推送到打结的目标位置。推结导丝纵向两侧的凹槽，结两侧的缝线存于此。其中一侧的凹槽，可以嵌在拉线导丝的侧面，在打结结束后，不会让结发生位移。

4. 要求保护持针器夹头拖尾部分的设计。本器械空间小，结构安排紧密。现在设计的夹头拖尾部，前有固定轴，轴后有开放长孔，中轴即在此长孔中前后移动，并且左右不偏移，以控制夹头的开闭。中轴达到最后的位置时，夹头部受力力矩与拖尾部施力力矩之比为1∶2，相当于一省力杠杆。本设计的持针钳夹头能够在小空间达到大的夹持力。

5. 如权利要求1所述的可调式切割机，其特征在于锯片（13）可以是磨片，也可以是切片。

三、专利的申请

《专利法》规定：申请发明专利的应当提交：发明专利请求书、说明书（必要时应当有附图）、说明书摘要（必要时应当有附图）和权利要求书等文件；申请实用新型专利的应当提交：实用新型专利请求书、说明书、说明书附图、说明书摘要、摘要附图和权利要求书等文件。

按照《专利法》规定，国务院专利行政部门收到发明专利申请后，要经过初步审查、实质审查、授权并公告等一系列审批程序，完成这些程序所需时间的长短取决于各个环节的进展情况。一般说来，一件发明专利需要约3年时间才能获得专利权。由于实用新型只需初步审查，相对于发明专利申请程序简单，一项实用新型专利申请通常需要约1年的时间就可获得专利权。外观设计申请日确定后，获得专利权通常需要约半年到1年的时间。

一般本科生申请专利，首选大学提供的申请平台，将撰写完成的专利申请文件通过导师或其他方式提交给学校，校方有专门负责专利申请的部门，这样学生可以少走很多弯路以及减少后续的工作。但是通过大学申请的专利，专利证书上的发明人是自己，授权人是此所大学；也可以直接向专利局提交申请材料，所有的工作都是自己完成，最后专利证书上的发明人是自己，授权人也是自己；还有一种是找专利代理机构申请，支付一定费用完成申请，这样专利证书上的发明人是自己，授权人也是自己。

四、专利资源检索

1. 国内专利数据库检索系统

专利文献与其他文献最大的不同之处就在于可以免费检索、免费获取专利说明书全文。我国著名的专利数据库主要有：中国专利数据库（知网版）、中国专利全文数据库（万方数据版）、国家知识产权局专利检索平台、高校专利信息服务平台、SOOPAT 专利分析数据库、专利之星检索平台、SOPATENT 专利信息服务平台、重点产业专利信息服务平台、中国专利信息网、中国知识产权网、中国专利商标网、中国发明专利技术信息网、中华人民共和国香港特别行政区专利数据库等，下面详细介绍几个专利数据库及其检索方式。

（1）国家知识产权局专利检索平台。该平台的网址是：http://www.sipo.gov.cn/。

该检索平台由中华人民共和国国家知识产权局主办，主页设有概况、信息公开、新闻发布、专利代理管理、政策法规、国际合作、执法维权、专利申请指南、专利申请、专利检索与查询、表格下载、文献服务、统计信息、专利数据服务等栏目，在该网站中可以免费检索在我国公开申请的各类型专利，如图 4-1 所示。

国家知识产权局的专利检索平台面向公众提供免费的专利检索服务，用户可以对"发明专利""实用新型专利""外观设计专利" 3 种专利类型进行检索。

该检索平台提供简单检索、高级检索和 IPC 分类检索 3 种检索方式，可以从申请（专利）号、名称、摘要、申请日、公开（公告）日、公开（公告）号、分类号、主分类号、申请（专利权）人、发明（设计）人、地址、国际公布、颁证日、专利代理机构、代理人、优先权等多种检索入口检索到相关专利文献，同时可以浏览、下载专利说明书全文。

第四章 创新成果提炼

图 4-1 国家知识产权局主页

(2) 具体检索过程。

• 专利检索界面如图 4-2 所示。

图 4-2 国家知识产权局专利检索界面

"自动识别"检索要求：

①持二目逻辑运算符 AND、OR；

②各检索词之间用空格间隔，如智能手机；

③系统默认二目逻辑运算符是 AND，如输入智能手机，系统按照智能 AND 手机进行检索；

④日期支持间隔符"-""."，支持如下格式：YYYY-MM-DD、YYYY.MM.DD、YYYYMMDD、YYYYMM、YYYY；

⑤支持半角（）算符，如输入国产（智能手机），系统优先执行智能 AND 手机，然后将所得结果集与国产进行 AND 运算；

⑥如果检索条件中包含空格、保留关键字或运算符，需使用半角双引号，如"WILLIAMS AND LANE INC"。

- 检索示例：检索关于"智能手机"方面的专利。

①检索式：智能手机；

②检索方式：专利名称、摘要；

③输入检索词，进行检索，如图 4-3 所示。

图 4-3 检索过程界面

- 检索结果，如图 4-4 所示。
- 查看具体记录，如图 4-5 所示。

第四章　创新成果提炼

图 4-4　检索结果界面

图 4-5　具体记录界面

- 查看专利说明书全文，如图4-6所示。

(19) 中华人民共和国国家知识产权局

(12) 发明专利申请

(10) 申请公布号 CN 1054474
(43) 申请公布日 2016.03.30

(21) 申请号 201610014785.7
(22) 申请日 2016.01.11
(71) 申请人 邓磊
  地址 100000 北京市海淀区清华大学紫荆1号楼104A
  申请人 刘佳鹏 刘昊
(72) 发明人 邓磊 刘佳鹏 刘昊
(51) Int. Cl.
  G06F 21/84(2013.01)
  G06F 21/60(2013.01)
  G09G 3/20(2006.01)

权利要求书1页 说明书3页 附图2页

(54) 发明名称
  一种实现屏幕显示信息隐私保护的方法
(57) 摘要
  本发明涉及屏幕隐私保护领域，尤其，涉及一种基于显示器颜色通道分离的实现屏幕显示信息隐私保护的方法。其包括：在屏幕控制设备端运行的进行图像的颜色通道控制的显示控制模块，所述显示控制模块控制将要显示图像的多个颜色通道之中的一个或多个进行非正常输出，其余颜色通道进行正常输出或等比例减小输出；在用户侧使用的能够滤除非正常输出颜色通道所发出光线，同时保留正常输出颜色通道所发出光线的滤光片装置。本发明所述屏幕显示信息隐私保护方法具有无需改动显示器硬件、全视角隐私保护、使用方便、便于切换正常模式与隐私保护模式的特点。

图4-6 专利说明书全文

2. 中国知识产权网

（1）网站简介。中国知识产权网的网址是：http://www.cnipr.com。

"中国知识产权网"（图4-7）是国家知识产权局知识产权出版社在国家的支持下，于1999年6月创建的知识产权综合性服务网站。其宗旨是通过互联网宣传知识产权知识，传播知识产权信息，促进专利技术的推广与应用，树立知名品牌，打击、防范盗版行为，从整体上提高国内公众的知识产权保护意识、树立企业自主知识产权形象。

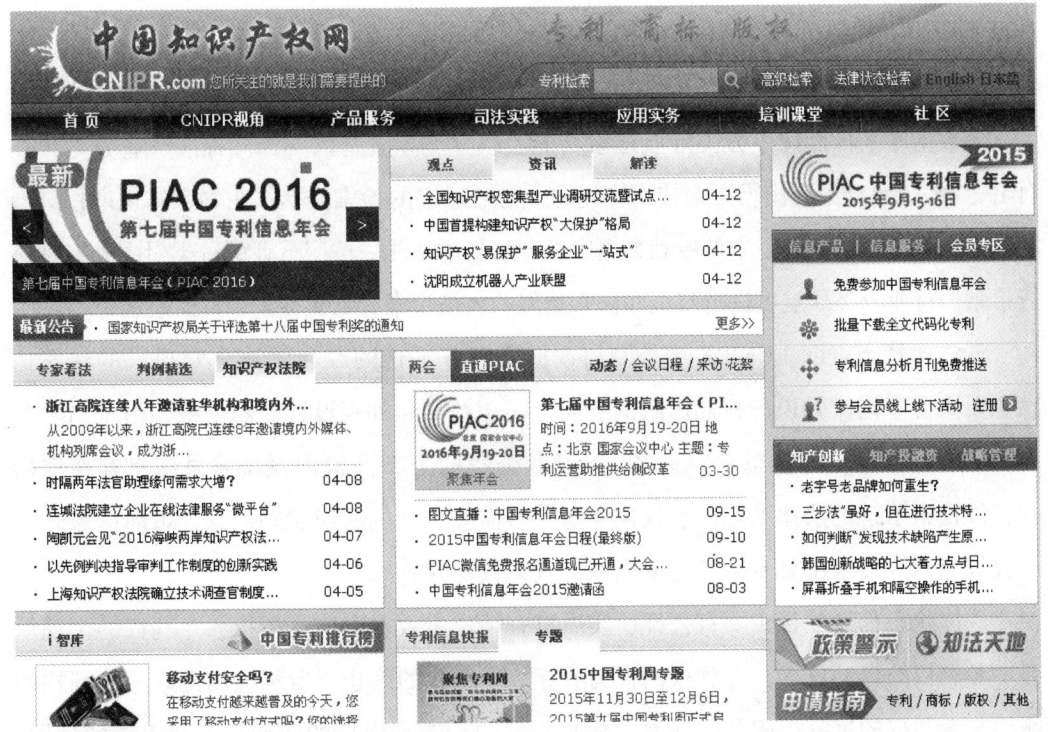

图 4-7　中国知识产权网主页

该网站除了可以检索我国的专利以外，还包括中外专利数据库服务平台、专利信息分析系统、专利管理系统、中国药物专利数据库、专利信息光盘等服务。

（2）检索功能。该数据库具有简单检索和高级检索两种检索方式。

①简单检索。简单检索的检索字段主要有：申请（专利）号、申请日、公开（公告）号、公开（公告）日、申请（专利权）人、发明（设计）人、名称、摘要、主分类号等。

②高级检索。高级检索的检索字段主要有：名~-F/TI、申请（专利）号/AN、申请日/AD、公开（公告）号/PNM、公开（公告）日/PD、申请（专利权）A/PA、发明（设计）A/IN、主分类-/PIC、分类号/SIC、地址/AR、摘要/AB、优先权/PR、专利代理机构/AGC、代理 A/AGT、主权项/CL、国际申请/IAN、国际公布/IPN、颁证 H/IPD、分案原申请日/DAN、国省代码/co、权利要求书/CLM、说明书/FT 等。

在高级检索中，还可以进行二次检索、过滤检索和同义词检索，同时还支持布尔逻辑运算符"and""or""not"和"（）"。

③IPC 分类检索。可以使用"IPC 分类表查询"浏览或"IPC 分类树"的方式，选

择用户所要作为检索条件的 IPC 分类号，选中的 IPC 分类号将会自动填写到"专利检索"的"主分类号"或"分类号"中，作为检索条件，进行专利信息查询。可以多次选择不同的 IPC 分类号，所选的 IPC 分类号将以"或"的关系成为检索条件。

④行业分类导航。为促进专利信息的广泛应用、提高检索效率、降低初学者检索难度，该数据库平台设计了分类导航检索功能。该分类导航是以《国际标准产业分类》和《国民经济行业分类与代码》为依据构建的，与之对应的检索表达式由国家知识产权局专家编写。行业分类导航是中外专利数据库平台的新增功能，按照行业的分类对中外专利进行检索。行业分类导航可进行与全库检索类似的表格检索、二次检索、过滤检索等。

⑤法律状态查询。CNIPR 中外专利数据库服务平台的专利申请（专利）的状态信息主要来源于国家知识产权局出版的发明、实用新型和外观设计专利公报。由于当专利申请（专利）的法律状态发生变化时，专利公报的公布及检索系统登录信息存在滞后性，该检索系统的法律状态信息仅供参考。若需要准确的法律状态信息，可向国家知识产权局专利局请求出具专利登记簿副本，查询其法律状态。

法律状态信息项目主要有公开、实质审查请求生效、审定、授权、专利权的主动放弃、专利权的自动放弃、专利权的视为放弃、专利权的终止、专利权的无效、专利权的撤销、专利权的恢复、权利的恢复、保护期延长、专利申请的驳回、专利申请的撤回、专利权的继承或转让、变更、更正等。除此之外，还可以进行专利权利转移检索、专利质押保全检索与专利实施许可检索等。如图 4-8 所示为法律状态查询界面。

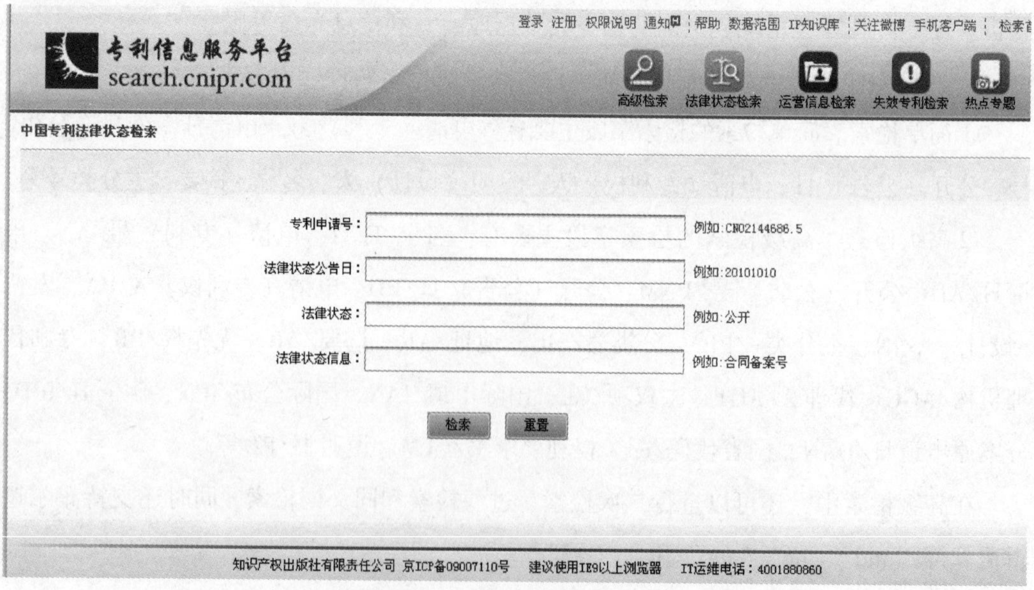

图 4-8　法律状态查询界面

(3) 具体检索过程。

①简单检索界面，如图 4-9 所示。

图 4-9　中国知识产权网专利简单检索界面

②高级检索界面，如图 4-10 所示。

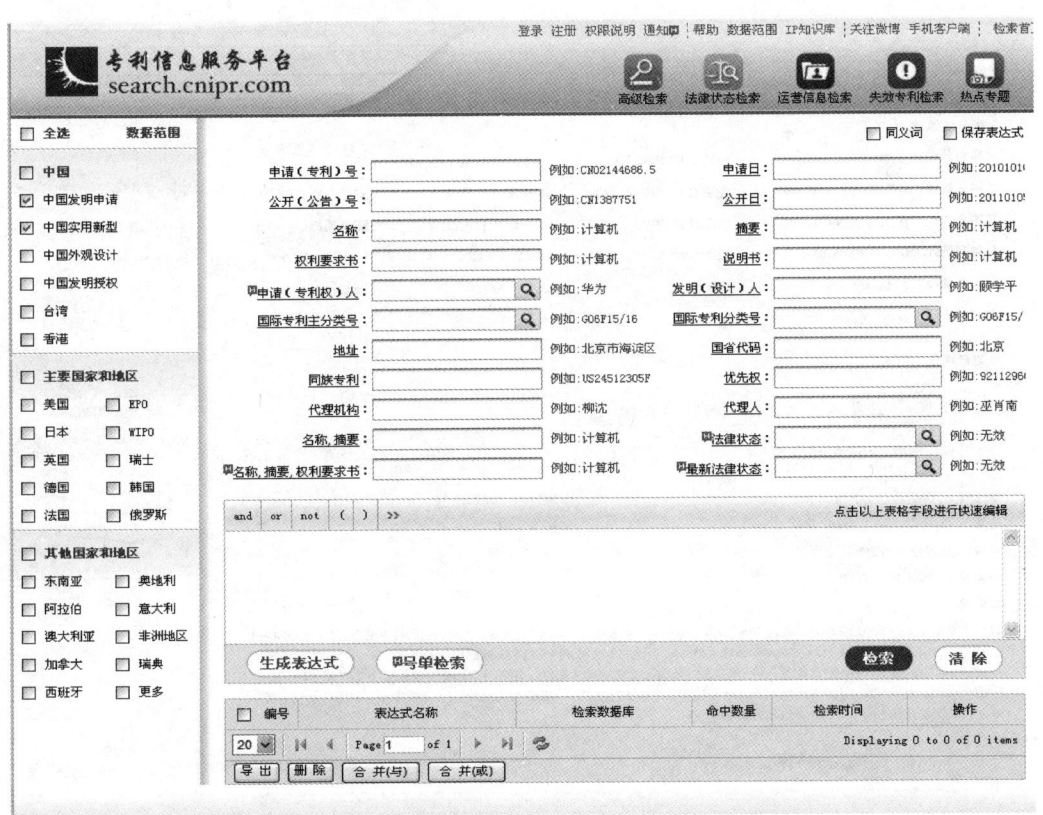

图 4-10　中国知识产权网专利高级检索界面

③输入检索词,进行检索,如图4-11所示。

图4-11 检索过程界面

(4)检索结果,如图4-12所示。

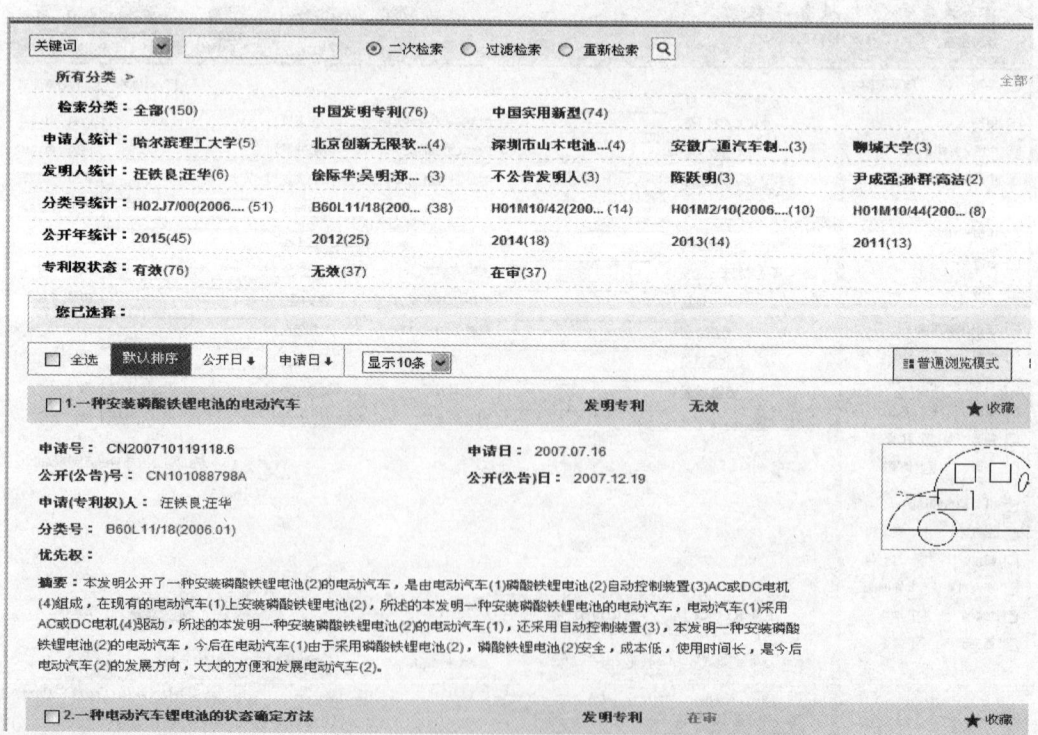

图4-12 检索结果界面

第二节　论文的撰写与发表

一、论文撰写指南

中华人民共和国国家标准 VDC 001.81、GB 7713—1987 号文件给学术论文的定义为：学术论文是某一学术课题在实验性、理论性或观测性上具有新的科学研究成果或创新见解的知识和科学记录；或是某种已知原理应用于实际中取得新进展的科学总结，用以提供学术会议上宣读、交流或讨论；或在学术刊物上发表；或作其他用途的书面文件。

1. 学术论文的特点和类别

（1）特点。在社会科学领域，人们通常把表达科研成果的论文称为学术论文，学术论文一般具有以下四大特点。

- 学术性。学术论文的科学性，要求作者在立论上不得带有个人好恶的偏见，不得主观臆造，必须切实地从客观实际出发，从中引出符合实际的结论。在论据上，应尽可能多地占有资料，以最充分的、确凿有力的论据作为立论的依据。在论证时，必须经过周密的思考，进行严谨的论证。

- 科学性。科学研究是对新知识的探求。创造性是科学研究的生命。学术论文的创造性在于作者要有自己独到的见解，能提出新的观点、新的理论。这是因为科学的本性就是"革命的和非正统的"，"科学方法主要是发现新现象、制定新理论的一种手段，旧的科学理论必然会不断地被新理论推翻"（斯蒂芬·梅森）。因此，没有创造性，学术论文就没有科学价值。

- 创造性。学术论文在形式上是属于议论文的，但它与一般议论文不同，它必须是有自己的理论系统的，不能只是材料的罗列，应对大量的事实、材料进行分析、研究，使感性认识上升到理性认识。一般来说，学术论文具有论证色彩，或具有论辩色彩。论文的内容必须符合历史唯物主义和唯物辩证法，符合"实事求是""有的放矢""既分析又综合"的科学研究方法。

- 理论性。指的是要用通俗易懂的语言表述科学道理，不仅要做到文从字顺，而且要准确、鲜明、和谐、力求生动。

（2）类别。按研究的学科，可将学术论文分为自然科学论文和社会科学论文。每类又可按各自的门类分下去。如社会科学论文，又可细分为文学、历史、哲学、教育、政治等学科论文。

按研究的内容，可将学术论文分为理论研究论文和应用研究论文。理论研究，重在对各学科的基本概念和基本原理的研究；应用研究，侧重于如何将各学科的知识转化为专业技术和生产技术，直接服务于社会。

按写作目的，可将学术论文分为交流性论文和考核性论文。交流性论文，目的只在于专业工作者进行学术探讨，发表各家之言，以显示各门学科发展的新态势；考核性论文，目的在于检验学术水平，成为有关专业人员升迁晋级的重要依据。

2. 学术论文撰写指南

根据中国国家标准 GB 7713—1987 的要求，正规的学术期刊论文的结构一般包括中英文题目、中英文作者及其工作单位、中英文摘要、中英文关键词、中图分类号、文献标识码、文章编号（由刊社提供）、引言、正文、参考文献、首页脚注等项目。下面按照论文的常规组成结构及其顺序来依次说明撰写时需要注意的问题。

（1）论文题目。论文的题目是一篇文章最先呈现给读者的，从题目中可以了解论文的大概思想，读者在检索大量文章，从中有所选择的时候，往往通过题目和摘要取舍论文。因此，作者一定要好好斟酌论文的题目。一般在写论文的时候可以先草拟一个题目，等论文完成后，再全面而仔细地拟定合理的题目。作为本科学生，初次撰写论文时，应该多和指导教师沟通。

在拟定论文题目时，应该用清晰、简练、准确的语言概括全文，避免使用缩略词、型号代号、化学分子式、口头语等。字数一般控制在 20 字以内。如果向国外投稿，论文必须符合"四性"，即：简短性（Brevity）、明确性（Clarity）、可检索性（Indexibility）和特异性（Specificity）。

（2）作者及单位。论文题目的下一行写作者，再一行写作者的单位、省、市、邮编信息。单位的名称不可以缩写，如"北京大学"不能简写成"北大"；作者名单中的顺序原则上是根据作者对研究做出贡献大小进行排序的。

如果作者有多人，且属于同一个单位的情况，撰写方法如图 4-13 所示；如果作者多人，且不属于同一单位时，撰写方法如图 4-14 所示。有的期刊要求作者之间用","隔开，也有的期刊要求作者之间用"空格"隔开，具体采用哪种，要依据目标期刊的要求而定。国内作者向外文期刊投稿署名或有必要附注汉语拼音时，必须遵守国家规定1982 年 ISO 通过的《汉语拼音方案》作为拼写中国专有名词和词语的国家标准。

范文　　王永　　李静
（山东大学机械工程学院，山东　济南　250022）

图 4-13　撰写方法一

范文[1]　　王永[1]　　李静[2]
（1.山东大学机械工程学院，山东　济南　250022
　2.东北大学机械工程学院，辽宁　沈阳　110142）

图 4-14　撰写方法二

（3）摘要与关键词。

①中文摘要及关键词的撰写注意事项。发表国内中文期刊时，中文摘要是必不可少的部分，但是英文摘要各期刊的要求不同，如《科技创新导报》期刊不要求写英文摘要。在投稿时，先查查目标刊是否要求写英文摘要等信息。中文摘要的字数一般要求 250~300 汉字，包括四个要素，即研究目的，指出在研制、研究、实验等课题所涉及的范围所要解决的问题；研究方法，即所采用的原理、理论、思想、技术、条件、材料、工艺、结构等；研究结果，即研究所得数据、被确定的关系、得到的效果和性能等；研究结论，即对结果通过分析、比较、升华所得到的具有普遍意义的规律和适用范围。

摘要的撰写要求：摘要应具有独立性和自明性，即不阅读全文，就能获得必要的信息。可以说摘要是一种可以被引用的完整短文。摘要要客观、如实地反映原文的内容，但不是正文的补充、注释、总结，也不可加进原文内容以外的解释或评论；应着重反映文章的新内容和作者特别强调的观点，不能简单地重复题目中已有的信息，要排除在本专业领域内已成常识或科普知识的内容；一般不必在摘要的开头冠以"本文"等字样，采用第三人称过去式的写法，如"分析了""讨论了""提高了"或"得出了"等；用词要精练，摘要字数有限，结构严谨，一般不分段，不得出现数学公式、化学结构式、图表等；不能进行自我评价。

除上述几点外，在确保摘要语句通顺，计量单位和标点符号正确的前提下，尽量突出新技术、新理论、新方法、新观点、针对前人的错误提出的解决性观点，弥补和发展前人成果。

关键词是从论文中提取的能反映论文内容特征的 3~8 个词或词组，能满足文献标引或检索工作的需要。按照国家标准（GB 3179—1992）规定，现代学术论文都应该在摘要后附有关键词，一般通用性比较强，要选取刊入《汉语主题词表》和专业性主题词表等词表中的规范性词（称叙词或主题词）。

②英文摘要及关键词的撰写注意事项。写完中文摘要后，切忌将中文摘要直接翻译成英文。要想写好英文摘要，作者必须知道：本文的目的或解决的问题（What I want to do）；解决问题的方法及过程（How I did it）；主要结果及结论（What results did I get and what conclusions can I draw）；本文的创新、独到之处（What is new and original in this paper）。

英文摘要尽量使用短语，所应用的时态要简练，常用一般现在时、一般过去式，少用现在完成时、过去完成时，进行时态和其他复合时态基本不用。

（4）中图分类号文献标识码。有些期刊需要作者提供中图分类号和文献标识码，《中图图书馆分类法》简称《中图法》，一般分为 5 大类：马克思列宁主义毛泽东思想邓小平理论、哲学、社会科学、自然科学、综合性图书，其中包含 22 个大类，53811 个类目（包括专用和通用类目）。上网百度"中图分类号"即可查询，如图 4-15 所示。

《中国图书馆分类法》（第四版）简表（分类号）

五大部类	22 个大类
马克思主义、列宁主义 毛泽东思想、邓小平理论	A 马克思主义、列宁主义 毛泽东思想、邓小平理论
哲学	B 哲学、宗教
社会科学	C 社会科学总论 D 政治法律 E 军事 F 经济 G 文化、科学、教育、体育 H 语言、文字 I 文学 J 艺术 K 历史、地理
自然科学	N 自然科学总论 O 数理科学和化学：01 数学 03 力学 04 物理学 06 化学 07 晶体学 P 天文学、地球科学 Q 生物科学 R 医学、卫生 S 农业科学 T 工业技术： U 交通运输 V 航空、航天： X 环境科学安全科学
综合性图书	Z 综合性图书

图 4-15　中图分类号

我国期刊出版格式要求标出文献标识码,规定如下:

A——理论与应用研究学术论文(包括综述报告);

B——实用性成果报告(科学技术)、理论学习与社会实践总结(科技);

C——业务指导与技术管理的文章(包括特约评论);

D——一般性通讯、报道、专访等;

E——文件、资料、人物、书刊、知识介绍等。

(5)首页脚注。首页脚注一般包括收稿日期、作者简介和基金项目组成,其中作者简介的结构一般是:姓名(出生年月)、性别、××省××市、学历、职称、研究方向、联系方式(手机号,邮箱)等。

作为本科生发表论文,尤其是参加比赛后,作为成果提炼,一般都不是基金项目。不同的期刊在首页脚注位置标示方式略有不同,具体查询投稿期刊的要求或模板。

(6)引言。引言,是论文的开头部分,又称前言、导言。它写在论文之前,用来说明论文研究的缘起、对象、目的、意义、研究方法及相关领域里前人的工作基础,一般篇幅比较短,常常用一小段文字来表述,最后用一两句话说明本文的目的和主要创新之处。撰写时应该言简意赅,不能写成对摘要的注释,一定要在引言中指明自己的重要发现和研究成果。

(7)正文。正文是文章的核心部分,占主要篇幅,可以包括:研究的方法,得出的研究结果和明确的结论等。对于大学生参赛后,针对作品发表相关期刊论文,首先需将作品的综合方案、解决的技术方案和一些关键性参数等有层次、客观地表述出来;其次也可以借助一些三维设计软件如Solidworks、Pro/E、UC进行零件结构分析或借助软件Ansys进行有限元分析。

(8)参考文献。参考文献是学术论文必不可少的部分,所引用的文献与论文主题必须密切相关,在文中参考文献的标注与文后参考文献的标注要一致。

常用的参考文献的类型标识码如下:

J-期刊文章(Journal);M-专著(Monograph);P-专利(Patent);D-学位论文(Degree)。

A:引用期刊文章:

[1]作者姓名,参考文献题目[J].期刊或杂志等名称,年份,卷(期数):文章起-止页码.

如:[1]王吉岱,谢勇,壬凤芹.高压输电线路巡检机器人机械本体设计[J].机械设计与制造,2007(7):124-126.

B：引用专利：

[2] 专利授权者，专利名称：专利国别，专利号［P］．公布或公开日期．

如：[2] 王骥，切割机的伸缩机构：中国，200420019396.6［P］．2005．

C：引用专著：

[3] 主编姓名．著作名［M］．出版地：出版社名称，出版日期．

如：[3] 孙林岩．人因工程［M］．北京：中国科学技术出版社，2005．

二、论文发表流程

1. 选择期刊

文章作者可以根据自己实际需求以及专利成果层次选择合适的期刊进行发表，国内、国际可以发表论文的期刊大概分为以下几种。

（1）中文核心期刊。对中国（不含港、澳、台）出版的期刊中核心期刊的认定，目前国内比较权威的有两种版本：一是中国科技信息研究所（简称中信所）每年出一次的《中国科技期刊引证报告》（以下简称《引证报告》）；另一种是北京大学图书馆与北京高校图书馆期刊工作研究会联合编辑出版的《中文核心期刊要目总览》（以下简称《要目总览》）。《要目总览》收编包括社会科学和自然科学等各种学科类别的中文期刊。其中对核心期刊的认定通过五项指标综合评估。《引证报告》统计源期刊的选取原则和《要目总览》核心期刊的认定各依据了不同的方法体系，所以二者界定的核心期刊（指科技类）不完全一致。

（2）学术期刊。学术期刊刊发的文献以学术论文为主，而非学术期刊刊发的文献则以文件、报道、讲话、体会、知识等只能作为学术研究的资料而不是论文的文章为主。由于《总览》选刊的依据是载文量多、收录量大和被引次数多，并不强调学术期刊与非学术期刊的界线，对此自然也就没有进行严格区分。具体说来，《总览》学术与非学术不分，主要表现在两个方面，一是期刊的定性，二是期刊的宗旨。

（3）CSCD 期刊。中国科学引文数据库（Chinese Science Citation Database）来源期刊简称为 CSCD 期刊。由国家自然科学基金委员会和中国科学院共同资助，中国科学院文献情报中心承建开发。中国科学引文数据库分为核心库和扩展库。核心库的来源期刊经过严格的评选，是各学科领域中具有权威性和代表性的核心期刊。扩展库的来源期刊也经过大范围的遴选，是我国各学科领域较优秀的期刊。核心库期刊：669 种；扩展库期刊：378 种（动态）。

(4) SCI 期刊。SCI（《科学引文索引》，英文全称是 Science Citation Index，是美国科学情报研究所出版的一部世界著名的期刊文献检索工具。它收录全世界出版的数、理、化、农、林、医、生命科学、天文、地理、环境、材料、工程技术等自然科学各学科的核心期刊 3700 多种。通过其严格的选刊标准和评估程序来挑选刊源，使得 SCI 收录的文献能够全面覆盖全世界最重要和最有影响力的研究成果。SCI 从来源期刊数量划分为 SCI 和 SCI-E。SCI 指来源刊为 3500 多种的 SCI 印刷版和 SCI 光盘版（SCI Compact Disc Edition，SCI CDE），SCI-E（SCI Expanded）是 SCI 的扩展库，收录了 5600 多种来源期刊，可通过国际联机或因特网进行检索。SCI 涵盖学科超过 100 个，主要涉及农业、生物及环境科学、工程技术及应用科学、医学与生命科学、物理及化学、行为科学。

(5) SSCI 期刊。SSCI 即社会科学引文索引（Social Sciences Citation Index），为 SCI 的姊妹篇，亦由美国科学信息研究所创建，是目前世界上可以用来对不同国家和地区的社会科学论文的数量进行统计分析的大型检索工具。1999 年 SSCI 全文收录了 1809 种世界最重要的社会科学期刊，内容覆盖包括人类学、法律、经济、历史、地理、心理学等 55 个领域。收录文献类型包括：研究论文、书评、专题讨论、社论、人物自传、书信等。选择收录期刊为 1300 多种。

(6) CSSCI 期刊。南京大学与香港科技大学合作研制。1997 年，南京大学提出研制开发电子版《中文社会科学引文索引》的设想，并于 1998 年作为重大项目在南京大学正式立项，1999 年该项目被列为教育部人文社会科学研究重大项目。1998 年南京大学与香港科技大学决定合作研制 CSSCI，至 2000 年 5 月，《中文社会科学引文索引》（1998 年）光盘正式出版发行。该数据库选用了我国大陆出版的中文人文科学、社会科学期刊 496 种。

2. 发表流程

国内期刊发表论文的过程一般为：投稿——审稿——用稿通知——办理相关费用——出刊——邮递样刊。国内核心期刊审核时间一般为 4 个月，必须经过初审、复审、终审三道程序。一般普通刊物（省级、国家级）审核时间为一周，高质量的杂志，审核时间为 14~20 天。

国家没有对期刊进行级别划分，但各单位一般根据期刊的主管单位的级别来对期刊划为省级期刊和国家级期刊。省级期刊主管单位是省级单位，国家级期刊主管单位是国家部门或直属部门。

三、论文案例

这篇文章是大连医科大学中山学院本科生在参加"大学生创新创业训练计划"后发表在《中华医学图书情报杂志》上的论文［侯晴，吕晓妍，黄炯炯，季微，俞胜，张思雨．大学生创建"悦读书社"的实践与存在的问题］，是对研究成果的一种提炼。

大学生创建"悦读书社"的实践与存在的问题

侯晴　吕晓妍　黄炯炯　季微　俞胜　张思雨

（大连医科大学中山学院，大连　116085）

"Happy Reading Club" established by undergraduates and its problems

HOU Qing, Lü Xiaoyan, HUANG Jiongjiong, JI Wei, YU Sheng, ZHANG Siyu

(Zhongshan School, Dalian Medical University, Dalian 116085, China)

［摘要］"悦读书社"的建立，是在校大学生打造个性化的阅读空间的尝试。分析了大学生的阅读状况，总结了"悦读书社"的创建过程，介绍了"悦读书社"开展的阅读问卷调查 DIY"树"签活动、经典书目推荐等阅读推广实践活动，指出了存在的问题。

［关键词］大学生；图书馆；阅读推广；经典阅读；书社

［中图分类号］G252；R-058　［文献标志码］A　［文章编号］1671-3982（2014）10-0044-03

［Abstract］Establishment of the "Happy Reading Club" was to create a personal reading space for undergraduates. The reading situation of undergraduates was analyzed with the creation processes of "Happy Reading Club" summarized. The reading popularizing activities were described, including questionnaire investigation of reading, sign of DIY "tree", and recommendation of classic booklist, with the existing problems pointed out.

［Key words］Undergraduates；Library；Reading popularization；Classic readings；Reading club

［基金项目］辽宁省2013年大学生创新创业训练计划省级甲类项目课题研究成果之一（201313212005）。

大学生活是大学生形成人生观、世界观、价值观的重要阶段。这个阶段的阅读至关重要，其倾向能反映出大学生对世界以及自我的看法，而且会影响其今后的自身素质[1]。笔者所在的大连医科大学中山学院（以下简称"我校"）有良好的读书氛围，每年 4 月举办的"中山杯校园读书节活动"是推动大学生阅读的有效途径之一，通过开展一系列活动搭建校园阅读文化传播平台，以营造浓郁的书香氛围[2]。但是图书馆开展的阅读推广活动具有一定的局限性，影响力和渗透力不强，单凭图书馆一己之力无法真正实现阅读推广的实效。

笔者在我校图书馆的支持下，申请并获批了以大学生阅读为主题的大学生创新创业训练计划项目。该项目组成员为学校各专业的学生，由图书馆专业人员作项目指导，旨在从大学生的视角分析和研究大学生的阅读状况，探索阅读推广，为提高大学生人文素养、促进校园文化建设提供参考依据。创建"悦读书社"是该项目的研究内容之一。

1. "悦读书社"的创建

建立"悦读书社"的初衷是打造一个温馨幽静的读书环境，为热爱读书的学生搭建一个平台，定期进行读书经验交流会、故事会、主题沙龙、阅读方法指导、"真人"图书馆等活动，形成浓厚的文化氛围，并以此带动更多的学生阅读。

项目组集思广益，共同规划和设计了"悦读书社"。书社室内设计力求节俭，用格布装饰的墙壁不单调而又有现代感，墙上的镜子彰显出空间的明亮、宽敞，图书馆提供的老式木制书柜彰显出传统、厚重的文化底蕴，书社配备了多人讨论桌、单人阅读桌，也有部分区域可供学生席地而坐、促膝交谈。室内主要分为阅读留言墙（供学生交流读书习惯、方法、励志名言、阅读心得等）、休闲阅读区（摆放由学生从图书馆馆藏中精选的各类书籍、杂志，以供学生坐下来静静品味，或彼此交流阅读感悟）、作品展示区（供学生展示心得作品、手工作品）3 个功能区。图书馆审美空间的设计、开发与利用更有助于培养读者的审美能力，促进读者之间深层次的精神交流与沟通[3]。"悦读书社"基于大学生的心理和审美特点规划设计，在质朴中营造出格调优雅、温暖自由的阅读氛围，为之后开展实践活动奠定了良好的基础。

2. "悦读书社"开展的实践活动

2.1 阅读问卷调查

以本校 2011 级和 2012 级临床医学、护理、艺术专业的本科生为调查对象，开展问卷调查，以期掌握学生的阅读现状，了解网络环境下大学生的阅读倾向、需求特点、阅读行为方式等，便于日后有针对性地开展活动。问卷内容包括阅读时间和数量、阅读目的、阅读来源，阅读过程中的疑惑、对图书馆利用的情况、书籍推荐等。共发放问卷 630 份，回收有效问卷 602 份，有效率为 95.6%。

统计结果显示，从阅读投入上看，48.4%的学生每天看书时间少于 2 小时，只有

9.1%的学生看书时间多于5小时;从阅读动机上,休闲放松者占33%,学业需求者占12.4%;在阅读内容中,阅读通俗小说者占33%,阅读专业书籍者占21.9%,阅读文学名著者占16.3%;在影响读书积极性的因素中,课业繁重占46%,缺少读书氛围占38%;对于阅读最大的困惑,不知道读什么的同学占43%,不知道怎么读的同学占15%。

分析发现,当前大学生有课外阅读的习惯,对"生活娱乐""教育心理励志"等方面的阅读比较感兴趣,说明大学生既有热爱生活和朝气蓬勃的一面,也希望通过阅读释放学习压力。但在阅读过程中浮躁的心理、"浅阅读"现象较为普遍;阅读无计划,缺乏经典阅读的指引;阅读投入时间较少,学业繁重成为读者认为最重要的一点,即使有课外时间,很多学生也会选择遨游网络,仅少部分学生选择课外阅读。本次调查结果与其他高校图书馆所作的统计结果基本一致[4]。由此可见,大学生阅读现状不容乐观,大学生阅读习惯和需求的变化对图书馆的管理和服务提出了更高的要求,而且需要多方协同才能有效提升大学生的阅读能力。

2.2 DIY"树"签活动

"悦读书社"开放之初,举办了一次生动的DIY"树"签活动,即利用落叶、塑膜、压膜器、便利贴等器材制作创意书签,将励志的话语、座右铭、推荐的书籍等写在书签上,并放在图书馆阅览室供其他同学自由取用。在制作书签过程中,大家畅所欲言、各抒己见,互相推荐自己读过的好书,交流读书过程中的习惯,分享书中经典语句。通过交流达到借鉴别人经验规劝自己、丰富自我、宣传书社的目的。

2.3 经典书目推荐活动

目前很多大学生对经典缺乏阅读热情,接触经典越来越少,这对于大学生形成正确的世界观、人生观和价值观,塑造高尚的人文素养极为不利[5]。尽管阅读是个人行为,需要自主性和自觉性,但大学生的阅读需要有针对性地计划和引导,需要对自己的读书生活统筹安排,经典阅读应当作为必要的组成部分纳入其中[6]。因此,书社将开展经典阅读推广活动作为一项长期性的工作。

书社指定专人负责该项工作,选取大家感兴趣的内容,定期推出专题书目,如与毕业设计指导和就业面试相关的书籍、医学人文经典、名师名家生平及其作品、地理常识及环球旅游等。每条书目后附有推荐理由及图书馆索书号信息,便于查找和阅读。书社还关注相关媒体或网站上的图书排行榜和好书推荐信息,如"2013中国好书"、当当网图书排行榜、新浪读书等。除了通过传统的宣传渠道如图书馆橱窗、宿舍区展板、图书馆网站发布推荐书目信息外,项目组还利用"悦读书社"微博、人人网、微信等传播渠道发布，引发更多师生的关注、评论和分享。在每期推荐书目发布后，项目组都通过图书馆检索系统跟踪这些图书的借阅情况。

经典书目导读信息受到了学生的关注，图书借阅率普遍提升，说明长期开展阅读推荐活动对于提高大学生阅读积极性有极大的推动作用。

2.4 Living Library 活动

Living Library 即"真人图书馆"[7]。项目组以"悦读书社"为阅读地点，举办了以"交流经验，起航考研""一起旅吧""大学生活知多少"为主题的 Living Library 活动。在"交流经验，起航考研"活动中，请有考研经验的教师和学生推荐考研过程中的心灵读物，使阅读成为缓解学业压力的一剂良药。这种新颖、生动的阅读活动形式得到大学生的一致认可。"悦读书社"为学生搭建了一个新颖、自由的学术交流平台，让大学生与"活人图书"在这一平台上充分交换心灵、交流体会、分享知识。

2.5 与社团联合开展读书推广活动

我校图书馆自 2009 年起每年举办读书节系列活动，由社团组织"读者协会"及图书馆共同完成宣传活动的策划和实施。项目组与读者协会和图书馆共同分享了关于大学生需求特点的调研结果，针对往届读书节举办过程中存在的问题寻找对策。

根据项目组的建议，在最新一届的校园读书节中，新增了搜书技能大比拼、唤醒沉睡的借阅卡等活动。搜书技能大比拼活动要求参赛者在规定的时间内找到图书并准确归架，检验读者是否掌握查找技巧，同时也体验图书馆员的日常工作程序；在唤醒沉睡的借阅卡活动中，免收读者读书节期间借阅卡中过期图书的罚款，唤醒滞留在读者手中的过期图书，鼓励更多的读者重新走进图书馆。此外，项目组还联系了本校其他社团组织，如广播站、空间杂志社、微博协会等，扩大了活动的影响力。

3. "悦读书社"实践存在的问题

在本次大学生创新创业项目中，项目组成员大胆尝试，首次以在校大学生的身份承担学院阅读推广活动研究项目。项目研究的重点——悦读书社，为校园里真正热爱读书的学生搭建了一个温馨而方便的交流平台，尝试通过微博、微信、人人网等社会性网络工具开展"悦读书社"的宣传推广，关注网络平台的信息转发和评论动向，参与讨论，倾听大家的心声，把积极阅读的正能量传递给更多的学生，使其能够重拾阅读热情。但是项目组也深感在创建书社和举办活动过程中存在一些问题和困难。

首先是确立活动主题。"悦读书社"各项活动由大学生组织和策划，经验不足，缺乏分析能力，导致部分活动不能抓住学生的喜好，内容缺乏深度，有些活动给人印象不深，只收获了表面的热闹。

其次，项目组虽利用微博、微信等进行宣传，但成员并未做到全程参与、积极引导，使信息发布和转发后不长时间就降温，直至被其他信息淹没。而信息宣传效果很大程度上取决于信息的交互性[8]，缺乏互动将无法发挥社会化媒体工具的功能和宣传优势。

最后，项目组应深入一线调研，创造性地开展工作[9]，但成员以大三学生为主，在忙于繁重的学业之余进行科研有些力不从心，导致"悦读书社"有些活动缺乏科学规划和有效管理，缺乏创意，活动结束后没有深入开展调查分析、及时收集反馈信息，对于今后活动的可持续开展造成一定影响。

4. 结语

2014年"两会"期间，李克强总理首次将倡导全民阅读的内容写入政府工作报告中[10]，彰显了阅读对于国家、社会及个人发展的重要性。"悦读书社"的建立，是在校大学生打造个性化阅读空间的尝试。虽然面临多种困难，但其建立仍具有十分重要的现实意义。阅读习惯的养成、阅读文化的培育不是几次读书活动就可以做到的，文化的形成需要长期的积淀。"悦读书社"应充分发挥大学生自主创新的能力，协助高校文化建设部门，建立长效的推动机制，努力营造良好的读书氛围。

【参考文献】

[1] 江姗姗，袁曦临，王琳琳. 当代大学生阅读倾向的实证研究：以东南大学为例[J]. 情报探索，2010（10）：12-16.

[2] 吕晓妍. 高校图书馆长效阅读推广机制的建立："唤醒沉睡的借阅卡"活动实践与反思[J]. 图书馆学刊，2014，36（1）：78-80.

[3] 张彬. 图书馆空间的审美化与阅读环境设计[J]. 大学图书馆学报，2012，30（5）：28-38.

[4] 樊立娜，崔文浩. 我国大学生阅读行为现状的调查分析[J]. 中华医学图书情报杂志，2013，22（12）：14-17.

[5] 傅德岷. 阅读经典提高大学生的人文素质[J]. 长江师范学院学报，2011（1）：73-76.

[6] 彭艳，屈南，李建秀. 试论大学图书馆的经典阅读推广[J]. 大学图书馆学报，2012，30（3）：91-94.

[7] 刘汝建. 我国高校图书馆Living Library活动实践与分析[J]. 农业图书情报学刊，2011，23（3）：101-104.

[8] 李伶，王玮. 新媒介环境下高校图书馆服务宣传模式探析[J]. 现代情报，

2013,33(3):75-77.

[9] 姜长宝. 本科生科研能力培养的途径与方法探讨 [J]. 科技管理研究,2010(8):152-154.

[10] 人民网. 李克强做政府工作报告首次提到倡导全民阅读 [EB/OL]. (2014-03-05).

课后思考

1. 我国专利的种类有哪些？
2. 本科生怎样进行专利申请？
3. 论文发表流程有哪些？

第五章 大学生创业基础

内容摘要

首先，本章介绍了大学生创业的环境，针对大学生创业的优势劣势进行分析；其次，通过对大学生创业所具基本能力的阐述，探讨了大学生创业前需要不断提升自身各方面能力的重要性；最后，具体介绍了大学生创业方法与途径，包括：创业团队建设、创业机会评估、商业模式及计划、企业资源管理等内容。

学习目标

1. 了解大学生创业的社会环境。
2. 熟悉大学生创业的方法与途径。
3. 掌握大学生创业所具备的基本能力。

导入案例

季×，女，某大学艺术设计专业2010级学生，开设一家画室，从事美术类高考考生的考前培训。

季×在创业之前有着非常丰富的勤工俭学的经历，曾先后代理过手机卡的销售、米高轮滑鞋的销售，代理福森造林有限公司的市场拓展业务，自制圣诞礼物出售，还在超市等地方打工。在经历了一系列的兼职后，进入大二学习的季×开始了自己的第一次创业：她投资了10000多元和别人合伙开了一家奶茶店。当时的创业初衷是想为家里谋一些福利，可由于对合伙人的了解不足，在经营中产生了矛盾，不久奶茶店的经营以失败告终，不但没有盈利，还个人亏损了4000多元。第一次创业的失败对季×的打击很大，身心交瘁，病了一个月。但一段时间后，她调整状态，以一种不甘心失败的心态，和同学一起投资办起了一个工作室，主要进行广告板和封面的设计，开始了第二次创业。工作室经营一段时间之后，收回了成本，并且能解决自己的生活费，但因为工作室的业务与自己的学习课程产生冲突而取消经营。在有了两次创业的经验和教训的基础上，季×投资2000多元，办起了一家画室。因为季×本人对美术很有激情，而且具有通过美术考试升学的亲身体会和成功经验，画室的经营目前较为顺利，并有一定的盈利。对于毕业以后将会选择就业还是创业，季×还没有明确的想法，如果画室的发展很好的话，还会继续经营下去。

问题：1. 季某创业具备的优势是哪些？
2. 季某创业成功的因素是哪些？

第一节　大学生创业环境

一、大学生创业优劣势

1. 大学生创业优势

（1）大学生往往对未来充满希望，他们有着年轻的血液、充满激情，以及"初生牛犊不怕虎"的精神，而这些都是一个创业者应该具备的素质。

（2）大学生在学校里学到了很多理论性的东西，有着较高层次的技术优势，而目前最有前途的事业就是开办高科技企业。技术的重要性是不言而喻的，大学生创业从一开始就必定会走向高科技、高技术含量的领域，"用智力换资本"是大学生创业的特色和必然之路。一些风险投资家往往就因为看中了大学生所掌握的先进技术，而愿意对其创业计划进行资助。

（3）现代大学生有创新精神，有对传统观念和传统行业挑战的欲望和信心，而这种创新精神也往往造就了大学生创业的动力源泉，成为成功创业的精神基础。大学生心中怀揣创业梦想，努力打拼，创造了财富。

（4）大学生创业的最大好处在于能提高自己的能力，增长社会实战经验，以及学以致用；最大的诱人之处是通过成功创业，可以实现自己的理想，证明自己的价值。

2. 大学生创业弊端

（1）由于大学生社会经验不足，常常盲目乐观，没有充足的心理准备。对于创业中的挫折和失败，许多创业者感到十分痛苦和茫然，甚至沮丧消沉。大家以前创业，看到的都是成功的例子，心态自然都是理想主义的。其实，有人成功，也还有更多的失败。看到成功，也看到失败，这才能接近真正的市场，也只有这样，才能使年轻的创业者们变得更加理智。

（2）急于求成、缺乏市场意识及商业管理经验，是影响大学生成功创业的重要因素。学生们虽然掌握了一定的理论知识，但终究缺乏必要的实践能力和经营管理经验。此外，由于大学生对市场营销等缺乏足够的认识，很难短时间胜任企业经理人的角色。

（3）大学生对创业的理解还停留在仅有一个美妙想法与概念上。在大学生提交的相当一部分创业计划书中，许多人还试图用一个自认为很新奇的创意来吸引投资。这样的事以前在国外确实有过，但在今天这已经是几乎不可能的了。投资人看重的是你的创业计划和真正的技术含量有多高，在多大程度上是不可复制的，以及市场盈利的潜力有多大。而对于这些，你必须有一整套细致周密的可行性论证与实施计划，绝不是仅凭三言两语的一个主意就能让人家掏钱的。

（4）大学生的市场观念较为淡薄，不少大学生很乐于向投资人大谈自己的技术如何领先与独特，却很少涉及这些技术或产品究竟会有多大的市场空间。就算谈到市场的话题，他们也多半只会计划花钱做做广告而已，而对于诸如目标市场定位与营销手段组合这些重要内容，则全然没有概念。其实，真正能引起投资人兴趣的并不一定是那些先进得不得了的东西，相反，那些技术含量一般但却能切中市场需求的产品或服务，常常会得到投资人的青睐。同时，创业者应该有非常明确的市场营销计划，能强有力地证明盈利的可能性。

二、大学生创业优惠政策

为支持大学生创业，国家各级政府出台了很多优惠政策，涉及融资、开业、税收、创业培训、创业指导等诸多方面。对打算创业的大学生来说，了解这些政策，才能走好创业的第一步。根据国家和上海市政府的有关规定，应届大学毕业生创业可享受免费风险评估、免费政策培训、无偿贷款担保及部分税费减免四项优惠政策，详细包括：

高校毕业生（含大学专科、大学本科、研究生）从事个体经营的，自批准经营日起，1年内免交个体户登记注册费、个体户治理费、经济合同示范文本工本费等。此外，假如成立非正规企业，只需到所在区县街道进行登记，即可免税3年。

自主创业的大学生，向银行申请开业贷款担保额度最高可为7万元，并享受贷款贴息。

（1）大学毕业生做个体户一年免五项收费。

（2）大学生自主创业免费存档2年。

（3）只需凭借身份证及大学学生证即可创办企业。

（4）免费风险评估、免费政策培训、无偿贷款担保以及部分税费减免。

（5）低息贷款。

（6）本科生、研究生可以休学保存学籍创办高新技术企业。

（7）"彩虹工程"将通过多种方式帮助扶持大学生创业带头人。

（8）申请《自主创业证》将提供三大优惠政策，即优先受理，优先办照并简化登记手续；申请从事小规模私营企业的，实行试办期制，试办期间，免收注册登记费、变更手续费、年检费；减免企业所得税。此外还享受贷款担保，贷款金额一般在2万元左右。此证在三年内有效。

三、大学生创业大赛

（一）挑战杯大学生创业大赛

"挑战杯"全国大学生系列科技学术竞赛由团中央、教育部、中国科协、全国学联联合主办，分课外学术科技作品竞赛和创业计划竞赛两类，每两年一届间隔举办，已被公认为中国大学生的"科技奥林匹克圣会"。1999年、2000年、2002年、2004年，第一、二、三、四、五届"挑战杯"中国大学生创业计划竞赛先后在清华大学、上海交通大学、浙江大学、厦门大学和山东大学成功举办。

（二）全国大学生创业大赛

教育部2009年全国大学生创业大赛是一项全面提升大学生创业意识、提升创业能力的综合性赛事。大赛充分结合多种评价方法来综合考评参赛大学生的综合素质能力。

此次大赛以创业计划书为基础，以《经营之道——企业运营电子对抗系统》《创业之星——大学生创业模拟实验室》《金蝶K/3 ERP管理软件》为竞赛平台，结合竞赛平台的经营绩效，并由教育部相关领导、高校专家与国内外知名企业高层管理人员评审团点评的方式进行综合评判，以更好地考查大学生的综合能力与经营水平。

（三）中国科学院青年创业大赛

中国科学院青年创业大赛（CAS Youth Venture Competition，CAS-YVC，以下简称"大赛"）是中国科学院举办的面向全国高校及各科研单位优秀青年的创业比赛。大赛期待每一项创业方案和行动具有经济价值和社会意义，期待以中国科学院青年为代表的广大优秀青年把握时代脉搏，为科学发展和社会经济进步做出贡献。

首届中国科学院青年创业大赛于2005年举办，至今已成功举办三届。大赛得到了全国人大常委会副委员长、中国科学院院长路甬祥院士的肯定和指导。通过建立全国优秀青年与投资者、企业家和社会学者之间合作的平台，促进青年形成和锻炼创新、创业意识，同时为每一项优秀的创业方案找到资金，促进科技成果转化为应有的经济价值和社会意义。

大赛以中国科学院（包括分布在20多个省（市）的12个分院、113个科研院所、研究机构、事业单位）为核心，并与中国著名高校（包括清华大学、北京大学、中国人民大学、中国政法大学、中国传媒大学、复旦大学、南开大学等20余所）展开合作，面向社会开放，接纳上述各方的青年创业团队及青年个人报名参赛。同时主办方将在清华大学、北京大学、中国政法大学等著名高校举办相关品牌活动。大赛还与《科学时报》《中国青年报》《新京报》等知名报刊媒体，与团中央网站、新浪网、人人网、优酷网等主流网络媒体，以及CCTV、BTV等电视媒体建立合作关系，共同推动大赛及相关活动的开展，展现优秀青年人才的风采，展示大赛成果，使更多的青年才俊从中获益。

第二节　大学生创业所具基本能力及硬件

一、创业大学生基本能力

（一）自我认知及科学规划

这一点对年轻人来说，是不容易实现的。尤其是大学生刚出校门，对社会和自己的认识还很有限。要想清楚地知道自己以后发展方向在哪里，仅靠自身的苦思冥想是找不到答案的。最好的办法就是通过自己去观察别人，征求"过来人"的意见，再结合自己的实际情况制定一些小的目标，通过确定和实现这些小目标，再慢慢地开始规划自己的人生。

在创业过程当中，要经常性地提前计划或规划一些事情。在制订计划的时候一定要综合各种因素，形成切实可行的动作分解，要将任何可能的细节都考虑在内。而在实施的过程当中要针对当下的具体情况适时做调整。运营需要强有力的计划管理能力，只有具备这一能力才能让自己更靠近成功创业之门。

（二）管理能力

任何创业都如同经营一家企业一样，需要制定各种制度。制度不在于多，而在于是否让所有相关人都能够明白其道理，并且严格执行。创业者需要针对自己团队实际情况建立各种有效的管理制度，包括店员管理、培训，绩效考核等。同时，针对市场的不断发展变化而完善相应制度，只有这样才能够让创业者及其团队立于不败之地，拥有发展的主动权。在此想提醒大学生创业者，在制定和改进管理制度的时候，一定要基于客观事实出发，而不要想当然，要极力保证制度的可实施性。

创业者每天都会通过不同渠道接触各种信息，如竞争对手又开始降价了，明天要下雨，厂家又有新政策等。如何从大量的信息里筛选与自己相关的，再从与自己相关的信息里找到有效的，这需要长时间的锻炼。只有正确有效的信息才能指导自己店铺的各项工作有序开展。对于大学生创业者而言，由于缺乏社会实践经验，所以在接触各种信息的时候，做出的决定难免会有失偏颇。当大家对信息无所适从的情况下，可以向过来人请教，加以甄别。要在观察和请教别人过程当中，不断提高自身管理信息的能力。

创业必须要有明确的目的性。在不同创业阶段需制定明确的目标，把目标进行细致化的分解。一个团队要想得到长远发展，必须得有长远的发展目标，长远的发展目标又可以按阶段分解成不同的小目标，而这些小目标又可以分解到每个相关人。在这个过程当中，作为创业者、主导者，就需要对不同的目标进行统筹和管理。

（三）谈判能力

在创业者人际交往过程当中，与人谈判的情况必不可少。谈判对创业者的要求是综合多面的，需要创业者有一定的语言能力、心理分析能力、人文素养等。要想在谈判当中占得主动地位，必须要有很强的谈判能力。杰出的谈判能力能够让创业者在谈判过程当中直接获得更多的利益。

（四）学习能力

现代社会要想取得不断的成功，必须具备持续的学习能力。市场和行业的竞争日益激烈，大到一个企业，小到个人要想力争上游，那就必须比竞争对手更快地掌握更多的知识，通过不断地学习使自己处于不败之地。对于大学生创业者而言，除了书本的理论知识，更要重视学习其他方面的综合能力。

二、创业必备条件

（一）经验

大学生长期待在校园里，对社会缺乏了解，特别在市场开拓、企业运营上，很容易陷入眼高手低、纸上谈兵的误区。因此，大学生创业前要做好充分的准备，一方面，去企业打工或实习积累相关的管理和营销经验；另一方面，积极参加创业培训，积累创业知识，接受专业指导，提高创业成功率，避免在创业路上栽跟头。

（二）资金

一项调查显示，有四成大学生认为"资金是创业的最大困难"。的确，巧妇难为无米之炊，没有资金，再好的创意也难以转化为现实的生产力。因此，资金是大学生创业要翻越的一座大山，大学生要开拓思路，多渠道融资，除了银行贷款、自筹资金、民间借贷等传统途径外，还可充分利用风险投资、天使投资、创业基金等融资渠道。

（三）技术

用智力换资本，这是大学生创业的特色之路。一些风险投资家往往就因为看中大学生所掌握的先进技术知识，而愿意对其创业计划进行资助。因此，打算在高科技领域创业的大学生，一定要注意技术创新，开发具有自己独立知识产权的产品，吸引投资商。

（四）能力

大学生由于长期接受应试教育，不熟悉经营的"游戏规则"，技术上出类拔萃，理财、营销、沟通、管理方面的能力普遍不足。要想创业获得成功，创业者必须技术、经营两手抓。建议可从合伙创业、家庭创业或低成本的虚拟店铺开始，锻炼创业能力。

第三节　大学生创业方法与途径

一、创业团队建设

（一）创业团队的构成要素

1. 创业目标

创业团队要有一个明确的目标，它能引导团队成员的思想和行为。没有目标，团队就没有存在的价值。

2. 创业人员

人是构成创业团队最核心的力量，三个或者三个以上的人就可以构成团队。

目标是通过人员具体实现的，所以人员的选择是创业团队中非常重要的一个部分，在一个团队中可能需要有人出主意，有人定计划，有人实施，有人组织协调，还有人监督团队工作的进展，评价团队最终的贡献，不同的人通过分工来共同完成团队的目标，因此在人员选择方面要考虑到人员的知识、能力和经验如何，技能是否互补。

3. 创业团队的定位

创业团队的定位包含两层意思：一是创业团队的定位，确定团队在企业中处于什么位置，由谁选择和决定团队的成员，团队最终应对谁负责等；二是个体的定位，对团队成员进行明确分工，确定各自承担的责任。

4. 权限

在创业团队当中，一是团队领导人的权力。团队领导人的权力大小与创业团队的发展阶段相关。一般来说，在创业团队发展的初期，领导权相对比较集中，团队越成熟，领导者拥有的权力相应越小。二是团队权力。要确定整个团队在组织中拥有什么决定权？比方说财务决定权、人事决定权等。

5. 创业计划

计划是对达到目标所做出的安排，是未来行动的方案，可以把计划理解成目标实施的具体工作程序。

计划只有在认真一步一步落实的情况下，才会贴近目标并最终实现目标。

（二）创业团队的组建

创业者想要达到成功最重要的还是要有坚持的毅力和信念，越来越多的创业者开始组建成功的创业团队，因为想要成功必须和创业团队抱成一团。

（1）知己知彼的团队成员。绝大多数创业团队的核心成员都很少，一般是三四人，多也不过十来人，如此少的团队成员从企业管理角度来看，实在是"小儿科"，因为人数太少，几乎每个从事管理工作的人都觉得能够轻易驾驭。但实际上，这个创业团队成员虽少，但是都有自己的想法，有自己的观点，更有一股藏于内心的不服管的心理情绪。因此，我们对创业团队中的每个成员都不能报以轻视的态度。

优秀的创业团队的所有成员都应该相互非常熟悉，知根知底。《孙子兵法》中云："知己知彼，百战不殆。"在创业团队中，团队成员都非常清醒地认识到自身的优劣势，同时对其他成员的长处和短处也一清二楚，这样可以很好地避免团队成员之间因为相互不熟悉而造成的各种矛盾、纠纷，迅速提高团队的向心力和凝聚力。

（2）才华各异、相得益彰的创业团队。创业团队虽小，但是"五脏俱全"。创业团队成员不能是清一色的技术流成员，也不能全部是搞终端销售的，优秀的创业团队成员各有各的长处，大家结合在一起，正好是相互补充、相得益彰。相对来说，一个优秀的创业团队必须包括以下几种人：一个创新意识非常强的人，这个人可以决定公司未来的发展方向，相当于公司战略决策者；一个策划能力极其强的人，这个人能够全面周到地分析整个公司面临的机遇与风险，考虑成本、投资、收益的来源及预期收益，甚至还包括公司管理规范章程、长远规划设计等工作；一个执行能力较强的成员，这个人具体负责下面的执行过程，包括联系客户、接触终端消费者、拓展市场，等等。

（3）胜任的带头人。在企业管理和市场营销中，我们经常谈论领导者的核心竞争力。事实上，在创业团队中，带头人作用更加重要。

创业团队中必须有可以胜任的领导者，而这种领导者，并不是单单靠资金、技术、专利来决定的，也不是谁出的点子好谁就当头。这种带头人是团队成员在多年同窗、共事过程中发自内心的认可。一个好汉三个帮，红花也需绿叶扶持。无论创业者在某个行业多么优秀，也不可能具备所有的经营管理经验，而借助团队就是拿来主义，他们可以拥有企业所需要的经验。如顾客经验、产品经验和创业经验等。而且人际关系在创业中的比重被放在一个很重要的位置，人际关系网络或多或少地帮助创业者，是企业成功的因素之一。通过团队，人脉关系可以放得更大，可提高创业成功的概率。

一项针对创业者能力的研究报告也指出，组成团队与管理团队是成功创业者需要具备的主要能力之一。由于组成创业团队的基石在于创业远景与共同信念，因此创业者需要提出一套能够凝聚人心的远景与经营理念，形成共同目标、语言、文化，作为互信与利益分享的基础。组成创业团队是一种结合远景、理念、目标、文化、共同价值观的机制，使之成为一个生命与利益共同体的组织。

(三) 创业团队的股权分配

1. 股权分配内容

资金股权的确定需区分投资者的类型，一般来说个人投资要看投资人的个人特性，机构投资则更多有一套价值评估的系统。投资者为什么要投你的团队，最重要的一般都是看重人，其次才是项目。因此，我们也应该首先从人的角度来对待投资资金占的股份比例的问题。

经营股权部分，总的比例定好了之后，就可以考虑每个人在团队中担任的职责和能力了。设立一些简单的虚拟股权绩效评价系统，在创业过程中让股东的股权随着个人绩效的变化有一定调整幅度的激励制度。这个制度是中立的，因此经营股权的分配比例也是按照职责、岗位来分的，而不是按照人来分的。如果觉得还应该考虑创意角度的股份，那把这个方面单列。让最开始提出这个创意的人获得一定的股权回报。

因此，对待股权分配最基本的原则就是必须细谈，股权不谈好，在创业过程必然会发生各种问题。让股权不按照人来分，而是按照客观的资金、职责、岗位、创意等角度来分，能尽量避免随意的拍脑袋分配方式带来的问题。

2. 股权分配计划

有两种主要的股权分配计划：股权分配激励计划（SIPS）和工资扣存储蓄存款计划（SAYE）。这些可能是国内税收核准的方案，并且如果真是这样的话，可以合理避税，也可以把经济奖励和公司的长期繁荣发展联系在一起。

(1) 股权诱因计划。股权诱因计划必须是国内税收部门核准的。他们向员工提供可以合理避税的购买公司股票的机会，公司借此可以增加"免费""合伙人"和"搭配"股份。可以提供给员工的自由股的额度是有限制的（2004年是每年3000英镑）。员工可以用光1500英镑的税前工资来购买合伙人股份。

(2) 节省一如同一挣得计划。节省一如同一挣得计划（SAYE）必须征得国内税收部门核准。它们提供给员工在3年、5年、7年后用今年的价格购买的机会或者是给员工按现在价格高达20%的折扣。购买可以通过每月从员工的账户中扣除既定的数额的方式来实现。每月的存款数目必须在5英镑到250英镑之间。采取此种做法免收个人所得税。

二、创业机会的识别与评估

（一）商业机会的来源

1. 商业机会的定义

商业机会或创业机会，是指有吸引力的、较为持久的和适时的一种商务活动的空间，并最终表现为能够为顾客创造价值或实现价值增值的产品或服务。

2. 商业机会的核心要素

商业机会的核心要素包括顾客、价值以及利润三方面。

3. 商业机会的来源

大学生需要通过有效的途径寻找创业项目。由于创业项目范围甚广，就不得不运用可行的方法来发现适合于自身创业的项目，有以下几种途径可供参考：通过朋友介绍以及口碑效应；通过广告以及自己的了解；另辟蹊径发现创业新商机；通过创业咨询公司的分析与调查了解创业项目；通过网络、报刊、图书等发现创业项目。大学生寻找项目的方法多种多样，应该结合自己的实际情况，发掘各种创业项目的途径。

4. 商业机会的识别

商业机会的识别与评估机会是创业过程中一个具有关键意义的阶段，许多很好的机会并不是突然出现的，而是对"一个有准备头脑"的一种"回报"，或是当一个识别市场机会的机制建立起来之后才会出现。不同的创业者会辨识出不同的商业机会。虽然大多数情况下并不存在正式的识别市场机会的机制，但通过某些来源往往可以有意外的收获，这些来源包括消费者、营销人员、专业协会成员或技术人员等，无论商业机会来源于何处，都需要经过认真细致的评估。

尽管发现了商业机会，但这并不意味着要创业，更不意味着成功就在眼前，创业活动是创业者与创业机会的有机结合，并非所有的创业机会都有足够大的价值潜力来填补为把握机会所付出的成本，也并非所有机会都适合每个人。大部分创业机会仍然存在于传统行业中，工作经验也起到十分重要的作用，最好选择自己所擅长的。对创业者来说，关键在于如何能够从众多商业机会中找寻出有价值的创业机会，并采取有效、快速的行动来把握机会。

有价值的创业机会具有四个主要特征。①有吸引力。商业机会总会带来市场需求，使创业产生盈利，因而受到创业者与投资者的追寻与青睐。②持久性。商业机会取决于市场变化，市场环境的变化是持久的，而商业机会客观存在于一定的市场环境之中，也是持久的。③及时性。商业机会产生于一定条件下，随着环境的变化而变化，消费者需求会发生转移，商业市场机会也会随之改变。为此，创业者必须及时地捕捉机会，科学地加以利用，以取得良好的经济效益。④客观性。无论经营者是否意识到，市场机会总是客观存在于一定的市场环境中。一个企业未能发现的机会，会被另一个企业捕捉和利用。因此，企业应积极从市场环境变化的规律中寻找机会。

（二）商业机会的评估

1. 商业机会的评估方法

定性、定量分析。定性分析侧重考虑：确定该市场机会所需具备的成功条件；分析商业机会所拥有的优势；公司所拥有的竞争优势；与本公司的发展方向和目标是否一致。定量分析主要是商业分析中的经济效益分析，对市场需求量的预测，其任务是在初步拟定营销规划的基础上，从财务上进一步判断选定机会是否符合企业目标。

2. 商业机会的评估准则

行业与市场、获利能力、竞争优势、管理团队、致命缺陷，要求分析顾客群体大小、预期获利能力。创业良机一定是适应市场的，创业时要尽量寻找空白与潜力市场，而市场机会的评估是整个创业过程中的关键步骤，做好市场评估有益于得到最佳的商业机会。

3. 商业机会的市场评估

商业机会的市场评估大致有如下内容：是否具有市场定位；专注于具体顾客要求，能为顾客带来新的价值；依据创业机会的市场评估机构作出的评估，分析创业机会所面临市场的规模大小；评价创业机会的市场渗透力；预测可能取得的市场占有率；分析产品成本结构。

4. 商业机会的效益评估

商业机会的效益评估主要包括四个方面：税后利润至少高于5%；达到盈亏平衡的时间应低于两年；投资回报率应高于25%；资本需求量较低。

三、商业模式与设计

（一）商业模式定义

商业模式是一种包含了一系列要素及其关系的概念性工具，用以阐明某个特定实体的商业逻辑。它描述了公司所能为客户提供的价值以及公司的内部结构、合作伙伴网络和关系资本等用以实现（创造、推销和交付）这一价值并产生可持续盈利收入的要素。

在文献中使用商业模式这一名词的时候，往往模糊了两种不同的含义：一类作者简单地用它来指公司如何从事商业的具体方法和途径，另一类作者则更强调模型方面的意义。这两者实质上是有所不同的：前者泛指一个公司从事商业的方式，而后者指的是这种方式的概念化。持后一观点者提出了一些由要素及其之间关系构成的参考模型，用以描述公司的商业模式。

（二）商业模式的特点

（1）优秀的商业模式是难以模仿的。

（2）成功的商业模式是脚踏实地的。

（3）成功的商业模式是分析整合、系统归纳、探索创新、标准化、流程化的。

（三）商业模式检验

1. 逻辑检验

从直觉的角度考虑故事的逻辑性，隐含着各种假设是否符合实际。如果商业模式创新所讲的故事没有意义，则企业运营中必备的参与方不会按照假设行动。逻辑检验包含下面几个标准。一是能否为客户提供独特的价值和利益相关者实现共赢。商业模式创新过程就是从客户角度出发，发挥想象力来看怎样让事情变得更好的过程，其关键在于营造出一种新的优于现存方法的为客户解决问题的方案。因而能够为客户创造出更多的价值应是其创新成功与否的标准。所以，商业模式创新的目标是以最合适的方式提供给客户产品或服务，并删除客户不要的东西。另外，从长期而言，为了保证企业商业模式创新的成功，企业需要不断地改善与其利益相关者之间的关系，依法履行社会义务，而且承担起相应的社会责任，实现与利益相关者之间的共赢。二是商业模式是否难以模仿。

一种好的商业模式应该能明显呈现竞争优势，而优势将呈现在差异化、专注于利己市场以及具有以低成本创造高价值的能力上。也就是说，一种成功的商业模式能将波特提出的三种创造竞争优势策略，即成本、差异、专注，加以充分地融合运用。总之，商业模式需要显示企业能在利己市场有效率地提供差异化产品，创造价值满足顾客需求。

2. 经济检验

创新追求的是投入资源的更高价值与效益，创新的实践效果自然包括经济效果。在生产领域，利润标准和生产率标准更是成为创新检验的主要标准。这就需要对市场的规模和盈利率、消费者的消费行为和心理、竞争者的战略和行动进行分析和假设，从而估算出关于成本、收入和利润的量化数据以评价经济的可行性。当预算出的损益达不到要求时，则商业模式不能通过经济检验。

商业模式既然是企业价值创造的核心逻辑，那判断其优劣的标准就是创造价值的效率。优秀的商业模式占用一定资源可以为社会提供更有价值的产品和服务；或者具备优秀商业模式的企业为社会提供一定的产品和服务会占用较少的资源。当决定企业的成本结构与收益模式时，也决定企业能拥有多少价值，而这也是商业模式是否可以存续的最关键因子。当然，为顾客创造价值不代表公司就能够获利，利润要与供应商、顾客、竞争者、替代品、互补品之间相互拔河才能决定其归属。而决定公司的利润还需要考虑以下几项因素：专用型资源、资源稀少性、资源可替代性、资源可模仿性、能力不可琢磨性、网络外部性、时间困难性、运用战略对抗模仿、整合关联资源，等等。在考虑利润的同时需要注意成本，利润是指收益与成本之间的差额，能降低成本即表示利润可进一步提升。

在企业实践中经常可以发现，企业家和工程师着迷的技术并不是顾客的需求，创业者或企业所提供的产品或服务并不是顾客真正需要的。摩托罗拉曾经就是手机行业缔造者的代名词，这家以技术领先著称的公司曾经为全球的通信技术带来了一场又一场革命，但是，对技术的过度偏执恰恰也成为摩托罗拉的梦魇，1999年的一场计划的惨败，证实了一味追求技术领先而忽略消费市场有效匹配的沉重后果，摩托罗拉先后投资的数十亿美元化为乌有。

3. 文化检验

不同行业和不同性质的企业生存和发展的环境不同，意味着没有哪两个企业会有着完全一样的商业模式，一个企业的商业模式应当仅仅适用于自己的企业，其他企业不可能原封不动地照搬，要分析其运作的历程，结合自身的资源、能力，打造自己独特的商业模式。人文资源把文化价值、审美价值、生态伦理价值等要素融入商品的开发设计和市场推广中，促其优化升级，实现质变，通过提供创新的深层动力和智力保障，使新的产业形态得以构筑。新经济时代的经济产品将同时是文化性兼容并蓄，文化中折射出经济的要素、商品的属性。文化差异主要是指企业在开展全球化经营的过程中，对商业模式创新需要考虑文化上的差异，将创新与当地文化契合。

4. 法律与伦理检验

当前人们一直把创造利润的多少作为商业模式成功与否直接而唯一的判断标准，这是不完整的。一种好的商业模式当然应关注利润，但同时应兼顾它给所涉及的用户能否带来更大价值，能否给社会带来好处。在当今时代，如果企业只追求利润而不考虑企业伦理，则企业的经营活动会越来越为社会所不容，必定会被社会所淘汰。也就是说，如果在企业经营活动中没有必要的法律意识和伦理观指导，经营本身也许不能成功。如百度公司，其主要的盈利模式是竞价排名。搜索引擎本应该是一个第三方的中立平台，它必须有一个公正的信息甄选机制，这是搜索引擎赖以生存的根本。而搜索功利化的强化使得竞价排名抛弃搜索引擎应有的道德准则，脱离道德的约束，从而发生过多次人工干涉搜索结果，引发垃圾信息，涉及恶意屏蔽，被指为"勒索营销"，并引发了公众对其信息公平性和商业道德的质疑。

西方国家有个理论，即政府只能做法律限定的行为，而公民可以做法律没有禁止的事情。于是在经济腾飞时期就会有各种各样的冒险家，为了追求利润而孤注一掷甚至铤而走险，或者不断地行走在政策的边缘打擦边球。在进行商业模式创新时，类似举动应该是值得注意的，进行商业模式创新者应深谙法律精神，而不仅仅是遵守法律条文，符合社会伦理要求。深深植入社会责任，才能创造一种真正长期有效、能被整个社会所接受的商业模式，总之，商业模式创新仅仅是一种工具或途径，支撑它不断向前的是那些长期以来被人们忽视的伟大力量，如梦想、家庭和爱。

（四）新创企业模式设计

商业模式创新有几个明显的特点：第一，商业模式创新更注重从客户的角度，从根本上实现"客户价值最大化"是商业模式主观追求目标思考设计企业的行为，视角更为外向和开放，更注重和涉及企业经济方面的因素。商业模式创新的出发点，是如何从根本上为客户创造更多的价值。因此，它逻辑思考的起点是客户的需求，根据客户需求考虑如何有效满足客户，这点明显不同于许多技术创新。一种技术可能有多种用途，从技术创新的视角，尝试从技术特性与功能出发，看它能用来干什么，去找它潜在的市场用途。商业模式创新即使涉及技术，也多是和技术的经济因素、与技术所蕴含的经济价值及经济可行性有关，而不是纯粹的技术特性。第二，商业模式创新表现得更为系统和根本，它不是单一因素的变化。它常常涉及商业模式多个要素同时出现大的变化，需要企业组织的较大战略调整，是一种集成创新。商业模式创新往往伴随产品、工艺或者组织的创新，反之，则未必足以构成商业模式创新。如开发出新产品或者新的生产工艺，就是通常认为的技术创新。技术创新，通常是对有形实物产品的生产来说的。但如今是服务为主导的时代，如美国 2006 年服务业比重高达 68.1%。对传统制造企业来说，服务也远比以前重要。因此，商业模式创新也常体现为服务创新，表现为服务内容及方式，和组织形态等多方面的创新变化。第三，从绩效表现看，商业模式创新如果提供全新的产品或服务，那么它可能开创了一个全新的可盈利产业领域，即便提供已有的产品或服务，也能给企业带来更持久的盈利能力与更大的竞争优势。传统的创新形态，能带来企业局部内部效率的提高、成本降低，而且它容易被其他企业在较短期时期模仿。商业模式创新，虽然也表现为企业效率提高、成本降低，但由于它更为系统和根本，涉及多个要素的同时变化，因此，它难以被竞争者模仿，常给企业带来战略性的竞争优势，而且优势常可以持续数年。

（五）互联网商业模式的变革

互联网时代的来临为企业探求突破性的创新发展提供了思路、手段和条件，既是挑战，更是机遇。首先，互联网启发企业以网络式思维取代层级式思维，从而从根本上改变运营和管理的组织方式和资源配置方式，重塑组织内部的激励、约束机制，实现颠覆性的企业组织创新和管理关系创新；其次，互联网推动企业以信息技术创新生产方式、重组运营流程和再造管理决策，从而有效提高运营效率和响应速度，减少运营成本和交易成本。最后，互联网促进企业集成网络信息技术于传统产品和服务中，使产品和服务更加智能化、个性化。谁能抓住这些机遇，谁就能在新的时代背景下独占鳌头。

四、初创企业的资源管理

（一）创业资源整合原则

1. 创业资源定义

创业资源是指新创企业在创造价值的过程中需要的特定的资产，包括有形与无形的资产,它是新创企业创立和运营的必要条件,主要表现形式为:创业人才、创业资本、创业机会、创业技术和创业管理等。

2. 创业资源整合定义

所谓创业资源整合,就是指寻找并有效利用各种创业资源的过程,并且这一过程必须具备两个基本特点:尽量多地发现有利的创业资源;以效率最高的方式来配置、开发和利用这些配置。

3. 资源整合原则

创业者能否成功地把握机会,进而推动创业活动向前发展,通常取决于他们掌握和能整合到的资源,以及对资源的利用能力。许多创业者早期所能获取与利用的资源都相当匮乏,而优秀的创业者在创业过程中所体现出的卓越创业技能之一,就是创造性地整合和运用资源,尤其是那种能够创造竞争优势,并带来持续竞争优势的战略资源。尽管与已存在的进入成熟发展期的大公司相比,创业型企业资源比较匮乏,但实际上创业者所拥有的创业精神、独特创意以及社会关系等资源,却同样具有战略性。因此,对创业者而言,一方面要借助自身的创造性,用有限的资源创造尽可能大的价值,另一方面要设法获取和整合各类战略资源。

(1) 善用资源整合技巧。创业总是和创新、创造及创富联系在一起。一位创业者结合自身创业经历提出了这样的观点:缺少资金、设备、雇员等资源,实际上是一个巨大的优势。因为这会迫使创业者把有限的资源集中于销售,进而为企业创造利润。为了确保公司持续发展,创业者在每个阶段都要问自己,怎样才能用有限的资源获得更多的创造价值?

(2) 学会拼凑。很多创业者都是拼凑高手,通过加入一些新元素,与已有的元素重新组合,形成在资源利用方面的创新行为,进而可能带来意想不到的惊喜。创业者通常利用身边能够找到的一切资源进行创业活动,有些资源对他人来说也许是无用的、废弃的,但创业者可以通过自己的独有经验和技巧,加以整合创造。例如:很多高新技术企业的创业者并不是专业科班出身,可能只是出于兴趣或其他原因,对某个领域的技术略知一二,却凭借这个略知的"一二"敏锐地发现了机会,并迅速实现了相关资源的整合。

整合已有的资源,快速应对新情况,是创业的利器之一。拼凑者善于用发现的眼光,洞悉身边各种资源的属性,将它们创造性地整合起来。这种整合很多时候甚至不是事前仔细计划好的,而往往是具体情况具体分析、"摸着石头过河"的产物。而这也正体现了创业的不确定性特性,并考验创业者的资源整合能力。

（3）步步为营。创业者分多个阶段投入资源并在每个阶段投入最有限的资源，这种做法被称为"步步为营"。步步为营的策略首先表现为节俭，设法降低资源的使用量，降低管理成本。但过分强调降低成本，会影响产品和服务质量，甚至会制约企业发展。例如，为了求生存和发展，有的创业者不注重环境保护，或者盗用别人的知识产权，甚至以次充好。这样的创业活动尽管短期可能赚取利润，但长期而言，发展潜力有限。所以，需要"有原则地保持节俭"。

步步为营策略表现为自力更生，减少对外部资源的依赖，目的是降低经营风险，加强对所创事业的控制。很多时候，步步为营不仅是一种做事最经济的方法，也是创业者在资源受限的情况下寻找实现企业理想目的和目标的途径，更是在有限资源的约束下获取满意收益的方法。习惯于步步为营的创业者会形成一种审慎控制和管理的价值理念，这对创业型企业的成长与向稳健成熟发展期的过渡，尤其重要。

（4）发挥资源杠杆效应。尽管存在资源约束，但创业者并不会被当前控制或支配的资源所限制，成功的创业者善于利用关键资源的杠杆效应，利用他人或者别的企业的资源来完成自己创业的目的：用一种资源补足另一种资源，产生更高的复合价值；或者利用一种资源撬动和获得其他资源。其实，大公司也不只是一味地积累资源，他们更擅长于资源互换，进行资源结构更新和调整，积累战略性资源，这是创业者需要学习的经验。

对创业者来说，容易产生杠杆效应的资源，主要包括人力资本和社会资本等非物质资源。创业者的人力资本由一般人力资本与特殊人力资本构成，一般人力资本包括受教育背景、以往的工作经验及个性品质特征等。特殊人力资本包括产业人力资本（与特定产业相关的知识、技能和经验）与创业人力资本（如先前的创业经验或创业背景）。调查显示，特殊人力资本会直接作用于资源获取，有产业相关经验和先前创业经验的创业者能够更快地整合资源，更快地实施市场交易行为。而一般人力资本使创业者具有知识、技能、资格认证、名誉等资源，也提供了同窗、校友、老师以及其他连带的社会资本。

相比之下，社会资本有别于物质资本、人力资本，是社会成员从各种不同的社会结构中获得的利益，是一种植根于社会关系网络的优势。在个体分析层面，社会资本是嵌入、来自于并浮现在个体关系网络之中的真实或潜在资源的总和，它有助于个体开展目的性行动，并为个体带来行为优势。与外部联系人之间社会交往频繁的创业者所获取的相关商业信息更加丰富，从而有助于提升创业者对特定商业活动的深入认识和理解，使创业者更容易识别出常规商业活动中难以被其他人发现的顾客需求，进而更容易获得财务和物质资源——这正是其杠杆作用所在。

设置合理利益机制。资源通常与利益相关,创业者之所以能够从家庭成员那里获得支持,就因为家庭成员之间不仅是利益相关者,更是利益整体。既然资源与利益相关,创业者在整合资源时,就一定要设计好有助于资源整合的利益机制,借助利益机制把潜在的和非直接的资源提供者整合起来,借力发展。因此,整合资源需要关注有利益关系的组织或个人,要尽可能多地找到利益相关者。同时,分析清楚这些组织或个体和自己以及自己想做的事情的利益关系,利益关系越强、越直接,整合到资源的可能性就越大,这是资源整合的基本前提。利益关系者之间的利益关系有时是直接的,有时是间接的,有时是显性的,有时是隐性的,有时甚至还需要在没有的情况下创造出来。另外,有利益关系也并不意味着能够实现资源整合,还需要找到或发展共同的利益,或者说利益共同点。为此,识别到利益相关者后,逐一认真分析每一个利益相关者所关注的利益非常重要。多数情况下,将相对弱的利益关系变强,更有利于资源整合。然而,有了共同的利益或利益共同点,并不意味着就可以顺利实现资源整合。资源整合是多方面的合作,切实的合作需要对各方面利益真正能够实现的预期加以保证,这就要求寻找和设计出多方共赢的机制。对于在长期合作中获益、彼此建立起信任关系的合作,双赢和共赢的机制已经形成,进一步的合作并不很难。但对于首次合作,建立共赢机制尤其需要智慧,要让对方看到潜在的收益,为了获取收益而愿意投入资源。因此,创业者在设计共赢机制时,既要帮助对方扩大收益,也要帮助对方降低风险,降低风险本身也是扩大收益。在此基础上,还需要考虑如何建立稳定的信任关系,并加以维护、管理。

(二) 估值原理与方法

公司估值有一些定量的方法,但操作过程中要考虑到一些定性的因素,传统的财务分析只提供估值参考和确定公司估值的可能范围。根据市场及公司情况,被广泛应用的有以下几种估值方法。

1. 可比公司法

首先要挑选与非上市公司同行业可比或可参照的上市公司,以同类公司的股价和财务数据为依据,计算出主要财务比率,然后用这些比率作为市场价格乘数来推断目标公司的价值,如 P/E(市盈率,价格/利润)、P/S 法(价格/销售额)。目前在国内的风险投资(VC)市场,P/E 法是比较常见的估值方法。通常我们所说的上市公司市盈率有两种:

历史市盈率(TrailingP/E),即当前市值/公司上一个财务年度的利润(或前 12 个月的利润)。

预测市盈率（ForwardP/E），即当前市值/公司当前财务年度的利润（或未来12个月的利润）。

投资人是投资一个公司的未来，是对公司未来的经营能力给出目前的价格，所以他们用P/E法估值就是：公司价值=预测市盈率×公司未来12个月利润。公司未来12个月的利润可以通过公司的财务预测进行估算，那么估值的最大问题在于如何确定预测市盈率了。一般来说，预测市盈率是历史市盈率的一个折扣，比如说某个行业的平均历史市盈率是40，那预测市盈率大概是30；对于同行业、同等规模的非上市公司，参考的预测市盈率需要再打个折扣，15~20；对于同行业且规模较小的初创企业，参考的预测市盈率需要再打个折扣，就成了7~10了。

投资是对企业估值的大致P/E倍数。比如，如果某公司预测融资后下一年度的利润是100万美元，公司的估值大致就是700万~1000万美元；如果投资人投资200万美元，公司出让的股份大约是20%~35%。对于有收入但是没有利润的公司，P/E就没有意义。

2. 可比交易法

挑选与初创公司同行业，在估值前一段合适时期被投资、并购的公司，基于融资或并购交易的定价依据作为参考，从中获取有用的财务或非财务数据，求出一些相应的融资价格乘数，据此评估目标公司。比如A公司刚刚获得融资，B公司在业务领域跟A公司相同，经营规模上（比如收入）比A公司大一倍，那么投资人对B公司的估值应该是A公司估值的一倍左右。再比如分众传媒在分别并购框架传媒和聚众传媒的时候，一方面以分众的市场参数作为依据，另一方面框架的估值也可作为聚众估值的依据。可比交易法不对市场价值进行分析，而只是统计同类公司融资并购价格的平均溢价水平，再用这个溢价水平计算出目标公司的价值。

3. 现金流折现

这是一种较为成熟的估值方法，通过预测公司未来自由现金流、资本成本，对公司未来自由现金流进行贴现，公司价值即为未来现金流的现值。贴现率是处理预测风险的最有效的方法，因为初创公司的预测现金流有很大的不确定性，其贴现率比成熟公司的贴现率要高得多。寻求种子资金的初创公司的资本成本也许在50%~100%，早期的创业公司的资本成本为40%~60%，晚期的创业公司的资本成本为30%~50%。对比起来，更加成熟的经营记录的公司，资本成本为10%~25%。这种方法比较适用于较为成熟、偏后期的私有公司或上市公司，比如凯雷收购徐工集团就是采用这种估值方法。

4. 资产法

资产法是假设一个谨慎的投资者不会支付超过与目标公司同样效用的资产的收购成本。

比如中海油竞购尤尼科，根据其石油储量对公司进行估值。这个方法给出了最现实的数据，通常是以公司发展所支出的资金为基础。其不足之处在于假定价值等同于使用的资金，投资者没有考虑与公司运营相关的所有无形价值。另外，资产法没有考虑到未来预测经济收益的价值。所以，资产法对公司估值，结果是最低的。

（三）创业企业融资注意事项

1. 确定融资种类与资金结构环节要合理

中小企业的资金运用决定资金筹集的类型和数量。我们知道，企业总资产由流动资产和非流动资产两部分构成。流动资产又分为两种不同形态：一是其数量随生产经营的变动而波动的流动资产，即所谓的暂时性流动资产；二是类似于固定资产那样长期保持稳定水平的流动资产，即所谓的永久性流动资产。按结构上的配比原则，中小企业用于固定资产和永久性流动资产上的资金，以中长期融资方式筹措为宜；由于季节性、周期性和随机因素造成企业经营活动变化所需的资金则主要以短期融资方式筹措为宜。强调融资在资金结构上的配比关系对中小企业尤为重要。有关调查显示，中小企业的融资失败案例中很多并不是直接由于资金不能筹措而致，而是由于经营者不了解各种资金的特性而将短期资金不恰当地用在了长期投资项目上。

2. 融资资料准备与包装要适度

准备硬件材料，展示企业价值。公司的无形资产，如产品的测试和鉴定；企业标准的制定；专利、商标、著作权的申请；科技成果鉴定；科技进步奖的评选、企业信用的评级；重点新产品的申请；重信誉、守合同的评比；出口创汇企业的评选；然后是ISO 9000质量体系认定；高新技术项目（企业）或软件企业的认定；知名专家顾问等都是企业最有说服力的硬件材料。

3. 融资前的需求分析与评估环节要公正

所谓事前评估是指企业对其是否需要融资进行评估。例如，为了资金周转和临时需要，企业需要融资；为了添置设备、扩大规模、引进新技术和开发新产品，企业需要融资；为了对外投资、兼并其他企业，企业需要融资；为了偿付债务和调整资本结构，企业需要融资等。是否需要融资也不是完全由上述原因决定的。比如，企业经常会面临一些临时性的资金需求，但是这些需求所需资金不一定非要通过融资来解决，因为企业完全有可能通过盘活流动资产，通过自有资金来解决这些需要。这时企业就应当比较使用自有资金和使用外来资金对企业的影响，如果有好的影响，就使用；反之则不用。

在决定使用外来资金后，还应该在融资需要的基础上比较投资收益和资金成本及其与之相对应的风险是否相匹配。例如，投资项目未来的年均报酬率（或年均利润率）是多少？通过融资活动占用资金所付出的代价（或称资金成本率）是多少？企业需要承担哪些风险？这是企业管理决策层最为关心的。因此，企业财务人员在开展融资活动之前，必须对未来的投资收益作一个较为可靠的预测，只有当投资收益远大于资金成本且与之相对应的风险可承受的前提下，才可以确定展开融资活动。

4. 融资组织实施过程与管理环节要细致

为了确保企业生产经营正常运行或者确保企业投资项目如期进行，必须使融通的资金按计划的时间、计划的数额进入企业，否则，企业融资就失去了其应有的作用。如果资金提前流入企业，就会增加企业的财务成本；如果资金延后流入企业或流入的数额不足，必将严重影响企业生产经营活动或投资计划。因此，融资决策以后，应及时实施融资计划，对融资活动的全过程进行管理。同时，由于融资活动受制约的因素很多，企业能够把握的只能是企业内部，而企业外部因素的变化，即融资过程中融资环境的变化，企业是无法控制的，除了在融资决策时进行必要的预测外，企业还要对融资过程进行监控，以及时进行融资活动，或及时改变融资计划。比如，在进行银行信贷时，发现费用、时间用去大半，但贷款取得的前景仍不明朗，这时就应该及时调整融资计划。

融资进度管理，应从融资所需的工作量、时间、费用三方面来把握。首先，从融资工作量看，融资项目的完成需要各个子项目的完成来支持，并且各子项目有先有后、有难有易，如企业申请银行信贷，就由企业提出贷款申请、银行审查申请、签订借款合同、企业取得借款和借款的归还五个步骤，而每一步骤又涉及一些具体工作，如在银行审查借款申请阶段，企业要协助银行及时提供相关资料。其次，从时间看，企业应制定融资项目的进度表，使融资在规定时间完成规定的工作量。从费用看，企业应对融资活动中产生的费用进行有效控制，在融资决策考虑总融资成本时，应列出相应的融资活动费用预算，使融资严格按预算执行。

5. 融资风险防范与全程控制环节要敏锐

企业在融资过程中的各个环节都存在风险，企业必须根据金融市场、汇率市场变化和国内国际融资环境等情况，灵活掌握风险规避方法，及时转嫁风险，尽量控制风险的发生及扩散，降低风险损失金额。

五、新创企业的管理

(一) 产品服务的定义

所谓产品服务,是指以实物产品为基础的行业,为支持实物产品的销售而向消费者提供的附加服务。

(二) 新创企业的业务发展

1. 营销过程

在具有不同的政治、经济、文化的国家,营销不应该一成不变。即使在同一个国家,在消费品行业、B2B 行业(business to business industries)和服务业,营销方式也是不同的。而在同样的行业里,不同的企业也有着各自不同的营销方式。营销学是关于企业如何发现、创造和交付价值以满足一定目标市场的需求,同时获取利润的学科。营销学用来辨识未被满足的需要,定义、度量目标市场的规模和利润潜力,找到最适合企业进入的细分市场和适合该细分市场的供给品。营销流程包括机会的辨识、新产品开发、对客户的吸引、保留客户,培养忠诚客户、订单执行,这些流程都能够处理好,营销通常都是成功的,如果哪个环节出了问题,企业就会面临生存危机。

2. 营销要素

一般来讲,市场营销包括 4 个要素"产品、价格、渠道、促销",后来又增加了一个,变成了"需求(即产品)、服务(即配套服务)、成本(即成本和价格)、便利性(即购买渠道)、沟通(即宣传推广和促销)"。

(三) 新创企业的财务管理

新创企业是指刚成立的企业,企业在这个时期的财务制度会直接关系企业的正常发展。企业的发展具有不同的发展阶段,每个发展阶段实际情况的不同决定了每个阶段都有其特征,因此新创企业面临的财务问题与其他阶段的有所不同。自我国实行社会主义市场经济体制以来,越来越多的人开始自创企业,创业初期管理者面临的问题涉及财务、管理和技术等多个方面,财务问题是创业者不得不解决和关注的问题。但是许多新创企业不重视财务管理,忽视财务管理在企业健康发展中的地位和作用,不充分发挥企业财务管理以及风险控制在新创企业中的作用。

1. 新创企业财务管理存在的问题

（1）财务控制被忽视。许多新创企业经营管理者习惯于依靠自己的喜好来制定财务控制制度，且无法形成稳定的制度，经常更换财务管理规则，因此企业的财务管理比较随意和盲目。据研究者调查，新创企业财务控制制度不健全，没有形成完善的财务清查收支审批制度和成本核算制度，虽然建立了几项财务控制制度，但流于形式，在实际工作中并未得到执行。为数众多的新创企业忽视财务控制，没有认真执行账实、账证和账账核对等会计核算流程，从而导致会计资料不真实可靠，使得管理者无法真正把握企业的资金流动。

（2）银行贷款成本高。由于许多新创企业的财务管理制度与财务报告制度不完善，审计部门无法得到真实的财务报表，经营业绩不好，财务资料不完整、不准确，因此银行不容易收集到借款企业完整而准确的财务信息，或者需要消耗很大的成本去收集、鉴别企业的财务信息。银行想审查新创企业财务信息要面临很大的难度，使得银行借贷风险较大，同时管理新创企业贷款的成本也会相对增加。银行缺乏足够信息去评估新创企业能否成功地发展下去，因此许多银行不愿意为借贷款数量低的新创小企业提供贷款。另外，大多数新创企业将面临与成熟企业激烈的竞争，将面临巨大的经营风险，被市场竞争所淘汰的概率比较高，银行融资面临的风险也会增大，获得的投资回报不高，新创企业也不能依照银行的规定提供相关财务信息，从而导致银行无法承受新创企业的信贷。

（3）财务风险管理缺乏。由于新创企业面临的创业环境不明朗、管理者经验不足、企业员工对工作不熟悉、投资者能力不强等一系列因素使得新创企业将面临各种风险。其中最大的风险是财务风险，但是新创企业的管理者很少会事前科学估计和分析将要面临的财务风险，而是主要关注企业经营和生产，没有多少精力来检查财务管理工作，在资金管理、信息获得、资源控制、管理能力等方面都存在缺陷。很多新创业由于欠缺抵御风险的能力，无法成功规避各种风险，最终导致企业倒闭。

（4）流动资金不足。许多有经验的企业管理者都认为新创企业想生存与发展必须要有足够的现金。现金储备不足会对新创企业的盈利和偿债能力产生巨大的负面影响，进而破坏新创企业的市场信誉，使企业资金无法周转，甚至造成资不抵债而使企业破产。新创企业的产品和服务在受到购买者们广泛认可并开始盈利之前，对现金的依赖程度大，此时新创企业保持足够的现金储备至关重要。因为新创企业的销售暂不稳定，企业无法持续盈利，而各项成本花费必须要支出，面临的风险又很多，此时企业如果出现资金短缺，又无法筹集资金保证企业正常运转，将会导致企业最终破产。然而许多新创企业的管理者对现金短缺而造成的风险不够重视，他们过分关注企业的销售增长和盈利状况，忽视企业的现金储备，盲目扩大规模并造成对固定资产需求增加，使企业现金储备不足，缺乏资金预算。

（5）投融资决策不科学。很多新创企业的管理者片面地认为企业能否健康发展下去关键在于要充分利用机会扩大企业规模，只要将企业规模扩大，企业就能在激烈的市场竞争中脱颖而出。但是如果没有理性且科学的财务管理措施和避免风险的措施，企业就会面临巨大的财务风险甚至资金短缺，使新创企业破产的风险增大。在我国资本市场上，不是所有的企业都能够通过发行股票来进行集资和分担风险。新创企业无法满足股票发行的条件，因而无法公开向市场发行债券和股票来进行融资。目前我国许多新创企业的流动资金主要依靠银行贷款，但是由于新创企业的相关风险信息搜集困难，银行的贷款规章制度比较严格，这就增加了新创企业融资困难，同时也增加了新创企业的财务风险。

2. 新创企业财务管理完善措施

（1）优化财务管理机制。主要表现在：一是建立完善的记账系统迫在眉睫。新创企业面临诸多问题，如购买固定资产、准备原材料、提供服务等生产经营活动，创业者不仅要高度重视现金和产品的管理，更要重视对原材料、半成品的管理，对这些企业资产要做到及时入账，从而对接好企业的实际财务活动与账面财务活动。二是企业要明确经营活动中财务管理的对象、目标及管理方式，并且对生产经营过程中的各项财务活动都需要进行管理监督，从而形成良好的内部控制机制，保证财务决策的合理性、科学性。三是融资决策需要明确的企业资本结构分析以及偿债能力分析报告，投资决策需要依据规范的财务资源需求及投资回报情况报表等。四是建立良好的清查分析系统，定期盘查企业自身的财务状况，分析企业的资产负债率、存货周转率、应收账款比例及坏账比率等财务风险指标，将盘查结果形成规范的分析报告并记录存档，作为新创企业日后发展的重要参考依据。

（2）强化现金流量管理。现金流量是评价企业综合素质的重要指标，是企业财务管理的核心内容。新创企业要坚持"现金为王"，高度警惕现金的流向、流量和周转率，以免资金链断裂。同时，新创企业应严格地对安全区内的可供资金量和对资金使用效益进行评估，以作为决定企业发展速度和规模扩张的重要前提。做到现金流入和流出在时间、金额方面的匹配。新创企业要严格限制短贷长用，避免将大量的短期债务资金用于大规模的长期资产购建，要将债务流动性风险控制在合理的范围内，这是新创企业长足发展的重要保障。

（3）建立财务风险预警机制。财务风险预警能及时发现财务管理的问题，提前发出预警信号，警示企业及时分析财务恶化的原因，积极采取措施改善财务状况和财务结构、化解财务风险。新创企业要建立完善的风险防范体系，规范企业内控制度建设，确保财务风险预警和监控制度有效运作，这要求新创企业建立实时、全面、动态的财务预警系统，对企业在经营管理活动中的潜在风险实时监控。要以企业的财务报表、经营计划及其他相关的财务资料为依据，通过对财务指标的分析了解企业的资金运行状况、偿债能力和盈利能力，准确预测出企业财务状况的一些危机所在。

（4）关注财务预测。许多新创企业在发展过程中较少关注财务预测，因而面临极大的不确定性。新创企业若能分清确定与不确定事项，并进行相应的财务预测，不仅能发挥财务管理职能，更能控制财务风险。财务预测是企业对企业花费、成本的合理估算，是对未来增长的合理预测。在企业整体目标确定的情况下，做好各类费用预算等，确定企业维持企业正常运作的现金持有量，及时做好企业的筹资工作。企业在确定各部门费用预算后，就能够在一定程度上合理安排企业各项日常活动，具体把握什么事情应该做，什么事不应该做，从而在最大程度上管理好企业现金的流出，将有限的现金用在刀刃上，实现新创企业的持续发展。

（5）降低企业融资成本。企业融资成本决定了企业融资的效率，对于大多数新创企业而言，选择哪种融资方式具有重大战略意义。一般情况下，基于融资来源划分融资方式，其融资成本的排列顺序依次为：财政融资、商业融资、内部融资、银行融资、债券融资、股票融资。此外，在选择银行融资时，需要充分注意各大银行间信贷政策的差异，最好选择近年来出台了扶持新创企业最为有利、最为优惠的银行。以中国银行为例，它出台了诸多针对中小企业的信贷政策，对新创企业的成长产生了积极的影响。

3. 结论

新创企业建立之后到成为成熟企业之前的这一段时间是新创企业的成长阶段。在企业的成长阶段，企业在市场上基本上已经站稳了脚跟，关注的重点是如何满足市场日益增加的需求。企业进入成长期后，面临的主要风险则是财务风险。当企业处于成长期，由于需要扩大企业规模和维持营销的正常运转，资金需求大量增加，财务风险成为企业面临的主要风险之一。因此，新创企业必须处理好财务问题，才能实现持续的发展和进步。

（四）新创企业组织管理

1. 企业组织管理定义

企业组织管理，具体地说就是为了有效地配置企业内部的有限资源，为了实现一定的共同目标而按照一定的规则和程序构成的一种责权结构安排和人事安排，其目的在于确保以最高的效率，实现组织目标。

2. 企业组织管理内容

关于管理的组织职能，如果从比较抽象的概念看，就是把总任务分解成一个个的具体任务，然后再把它们合并成单位和部门，同时把权力分别授予每个单位或部门的管理人员，或者说，我们可以从划分任务、使任务部门化和授权三方面来论述。企业组织管理的具体内容包括以下两个方面。

（1）确定领导体制，设立管理组织机构。什么是体制呢？体制是一种机构设置、职责权限和领导关系、管理方式的结构体系。确定领导体制，设立管理组织机构，其实就是要解决领导权的权力结构问题，它包括权力划分、职责分工及它们之间的相互关系。当然，在确定领导体制时，形式可以多种多样。

（2）对组织中的全体人员指定职位、明确职责及相互划分，使组织中的每个人都明白自己在组织中处于什么样的位置，需要干什么工作。要设计有效的工作程序，包括工作流程及要求。因为一个企业的任何事情都应该按照某种程序来进行。这就要求有明确的责任制和良好的操作规程。一个混乱无序的企业组织是无法保证完成企业的总目标、总任务的。

3. 企业组织管理性质及特点

（1）性质。企业组织管理属于上层建筑的范畴，是一定社会经济发展的产物，并随社会经济发展水平而逐渐发展变化。它一方面是社会生产力发展水平的反应，或者说，一定的组织管理水平反映了一定的社会生产力，体现在组织管理手段、工具和方法的发展；另一方面又是一定生产关系的反应，体现的是人与人之间的关系，是管理者意志的反应。

（2）任何管理组织都是一定时期、一定条件下为实现预期目标的一种手段，而且是十分重要的手段。因为对于任何一个组织，管理的成败主要取决于两个方面的因素：一是领导人的能力；二是组织管理的有效性。这两个因素是相互依存、相互补充的。在一定时期、一定条件下，即使组织不先进，由于领导人能力很强，也可以暂时凭借领导人的才能来弥补管理组织中的不足，可一旦领导人更换和调整，管理工作就很可能受到挫折和失败，因此任何管理工作的成败，一个健全的组织是必不可少的手段，而且领导人的能力与有效的组织相比，一个良好的管理组织更具长期性和稳定性。

（3）组织结构是一个变量。组织结构是指组织中各部分之间相对稳定关系的一种模式。组织结构不存在一成不变和所谓最好的模式。因为企业发展的目标、环境、内部条件是不断变化的，昨天较好的组织结构也许拿到现在就不适用了，所以组织结构需要不断地调整、改革和不断地完善。任何组织机构都不可能也达不到最优，因为它只是实现目标的一种方案。任何方案有利必有弊，十全十美的方案是不存在的。因此，评价任何组织结构都应根据一定的目标、环境和原则，从中挑选一个较好的方案——满意方案。

组织是一个动态的概念和过程。其原因有：首先，组织结构必须反映目标和计划，而目标和计划是随时在变的；其次，结构反映了管理者可以适用的职权，而这个由社会决定的处理问题的权限是会变化的；再次，组织机构必须同其环境相容，不断变化的经济、技术、政治、社会以及伦理因素构成了组织结构的前提条件；最后，由于组织管理的对象主要是人，即除了研究组织本身的优缺点外，还要考虑组织中人的积极性。如果说一个企业人能力不够，再好的组织也无效果，因此组织管理就是要考虑人和组织机构、人与方案的有机结合，即考虑人的素质。组织管理是一个非常复杂的、动态的概念。

4. 新创企业组织管理要点

（1）目标管理明晰化。目标管理明晰化是指与新创企业的战略目标、市场定位、竞争战略等必须由原来的模糊状态逐步向清晰转化。通过目标的明晰化过程，将企业的整体目标逐级分解，转换为各部门、各成员的分目标。从整体目标到经营单位目标，再到部门目标，最后到个人目标，这些目标方向一致、环环相扣、相互配合，形成协调统一的目标体系。每个成员完成了自己的分目标，整个企业的总目标才有完成的可能。国际品牌网提醒企业家在进行目标管理时要严谨，新创企业最忌亲疏有别，任人唯亲。

（2）组织结构规范化。新创企业成立阶段，组织结构往往也比较模糊，并且处于非正式状态，权责也难以明确，主要是创业者进行初步分工协调的过程。在成长阶段，新创企业要将组织结构逐步正式化和规范化，要根据创业阶段组织成员的分工协调情况，进行分析，总结经验，重新对工作任务的分工、协调合作进行规划和设计，明确各部门及成员的职能和职权，制定规范的规章制度，从而提高组织成员的工作效率。

（3）制定决策程序化。新创企业创立阶段，对于创业者来说，面临的都是新问题，且由于缺乏相关的决策经验，进行的都是例外的及非结构化的决策，往往具有试探性。经过创业阶段的检验，在成长阶段，创业者应该将之前的这些例外的及非结构化的决策进行总结归纳，形成制定决策的程序化流程。以后如果遇到创业阶段出现过的问题，则可以按照程序化决策的流程进行解决。

（4）运作标准化。创业阶段形成的业务模式，实际上也积累了产品或服务生产运作的经验，包括产品设计、生产流程设计等。在成长阶段，创业者应该依据经验将生产运作中的一系列标准制定出来，从而提高企业的生产效率。对于生产型的新创企业来说，生产运作标准化的一个重要体现是机器设备的运用，因此其成长的一个重要标志就是购置机器设备。

（5）组织知识归核化。在创业阶段，对于创业者来说，环境分析、机会识别、资源整合、战略确定、计划制订及创业运营都是创新性活动。在这些创新性活动中，新创企业形成了独特的思考方式、机会识别能力、资源配置方式、核心竞争力等隐性知识及显性知识。在成长阶段，新创企业需要实现知识沉淀、共享、学习、应用和创新的思路方法，将这些知识转化为企业的核心竞争力，并以此为核心形成企业文化。

以上五个方面的企业管理原则是遵循创新与控制统一原则的体现，贯穿于新创企业成长管理的始终，具体体现在新创企业成长管理的人力资源管理、绩效管理、财务管理、营销管理等各个方面。随着新创企业成长管理的进程，新创企业逐渐走向规范，创业者日益成为一个成熟的企业家，新创企业管理也随之迈向企业管理的新阶段。

六、商业计划书

（一）商业计划书的概念

商业计划书是公司、企业或项目单位为了达到招商融资和其他发展目标，在经过前期对项目进行科学的调研、分析、搜集与整理有关资料的基础上，根据一定的格式和内容的具体要求而编辑整理的一个向投资者全面展示公司和项目目前状况、未来发展潜力的书面材料。商业计划书是以书面的形式全面描述企业所从事的业务。它详尽地介绍了一个公司的产品服务、生产工艺、市场和客户、营销策略、人力资源、组织架构、对基础设施和供给的需求、融资需求，以及资源和资金的利用。

编写商业计划书的直接目的是为了寻找战略合作伙伴或者风险投资资金，其内容应真实、科学地反映项目的投资价值。一般而言，项目规模越庞大，商业计划书的篇幅也就越长；如果企业的业务单一，则可简短一些。一份好的商业计划书的特点是：关注产品、敢于竞争、充分进行市场调研、资料说明有力、表明行动的方针、展示优秀团队、良好的财务预计、出色的计划概要等几点。在申请融资时，无论申请对象是风险投资机构还是其他任何投资或信贷来源，商业计划书是至关重要的一环。因此，商业计划书应该做到内容完整、意愿真诚、基于事实、结构清晰、通俗易懂。

（二）商业计划书的形式

1. Word 型

一本装订精美的文本计划书，以文字阐述为主。这种形式的优点是内容完整、结构严谨，能够完整地呈现企业的情况。但缺点是由于篇幅较大，阅读时间较长。

2. PPT 型

以漂亮的幻灯片方式表现，这种形式的优点是生动活泼，重点突出，内容一目了然，易理解，但缺点是不够严谨和完整，难以全面细致地反映公司全貌。

（三）商业计划书的内容

商业计划书应能反映经营者对项目的认识及取得成功的把握，它应突出经营者的核心竞争力，最低限度地反映经营者如何创造自己的竞争优势，如何在市场中脱颖而出，如何争取较大的市场份额，如何发展和扩张。种种"如何"构成商业计划书的说服力。若只有远景目标、期望而忽略"如何"，则商业计划书便成为"宣传口号"而已。它的主要内容有产品与服务、运营计划、资源需求、关键部分。

（四）商业计划书的作用

制定商业计划书有很多作用，其中最重要的有以下几条。

1. 达到企业融资的目的

一份好的商业计划书是获得贷款和投资的关键因素之一。一份高质量且内容丰富的商业计划书，将会使投资者更快、更有效地了解投资项目，将会使投资者对项目充满信

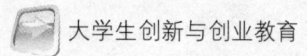

心，并投资参与该项目，最终达到为项目筹集资金的作用。

商业计划书是争取项目融资投资的敲门砖。投资者每天会接收到很多商业计划书，商业计划书的质量和专业性就成了企业需求投资的关键点。企业家在争取获得风险投资之初，首先应该将商业计划书的制作列为头等大事。

2. 全面了解你的企业

通过制订相应的商业计划，你会对自己企业的各个方面有一个全面的了解。它可以更好地帮助你分析目标客户、规划市场范畴形成定价策略，并对竞争性的环境做出界定，在其中开展业务以求成功。商业计划书的制订保证了这些方方面面的考虑能够协调一致。同样的，在制定过程中往往能够发展颇具竞争力的优势，或是计划书本身所蕴藏的新机遇或是不足。只有将计划书付诸纸上，才能确保提高创业者管理企业的能力。也可以让创业者集中精力，抢在情况恶化之前对付计划书中出现的任何偏差。同样，创业者将有足够的时间为未来做打算，做到防患于未然。

3. 向合作伙伴提供信息

使用商业计划书，为业务合作伙伴和其他相关机构提供信息。

在编撰计划书过程中，最重要的目的是找到一个与自己能够成为战略合作伙伴的投资者，以期待企业更加充满活力，达到多方的共同发展。

七、成长中企业的管理

（一）企业成长的动因与来源

在经济全球化、信息化、知识化和市场化的今天，作为经济活动的主体——企业，其形态正在不断地发生着变化，超级大企业的不断涌现和中小企业数量的剧增正在成为一种趋势。虽然大企业是国民经济的支柱，是衡量一个国家经济实力和国际竞争力的重要标志，但是中小企业同样也是国民经济的重要组成部分，是社会经济发展中一支具有极其特殊地位的经济力量。这些数量众多的中小企业在扩大就业、促进技术创新以及调整经济结构、创造国民财富上发挥着难以替代的作用。但是由于中小企业自身实力、发展的稳定性和抗风险能力等方面存在缺陷，其淘汰率非常高，在激烈的市场竞争中往往难逃被淘汰的命运。然而现实中我们又常常看到，随着经济的发展，和大企业相比，中小企业反而能够表现出更强的竞争力。一些小企业在市场的竞争中脱颖而出，甚至在很短的时间内就能够实现大企业曾经实现的业绩，这其中的变化，迫使我们去寻找中小企业成长的动因究竟源自哪里。由于中小企业拥有不同的发展阶段，每个阶段都有其独特性，在不同的发展阶段也就会面临不同的挑战，这就需要解决不同的问题，需要不同的企业家精神与之相匹配。因此，企业家需要根据不同时期的特点，匹配不同的企业家精神，并渗透不同的战略，构建不同时期的竞争优势，结合企业的资源与能力形成企业的核心竞争力，使企业保持长久的活力，不断向前发展。企业持续成长的根本动因在于战略定位与能力推进。在现有竞争优势来源的多种理论交汇点处，构造了基于战略与能力的企业持续成长分析框架。在此框架内，战略与能力对其他各种影响因子都具有支配与统帅功能，尤其当两者互动与融合时，对企业生命周期的演进具有决定性作用。

（二）企业成长的阶段性

一个企业从诞生开始，一般要历经几个大的阶段：生存期、成长发展期、衰败期。这里主要谈谈成长发展期的特点和挑战。

在生存期，有企业新生的兴奋，经过了自己的体验终于初步见到成果了，一切都循规蹈矩、一步一个脚印地努力拼搏。

在成长发展期，企业规模会按照自己的发展模式运行或扩大，提高业绩。要是得益于创建企业时机的天时，或占有了地域优势的地利，或调动各类人脉的人和，往往会产生很大的商业效益。但是处于成长发展期的企业，大有大的困惑，小有小的难处，牵涉到员工、客户、股东、供应商、经销商，甚至地方政府的饭碗和兴衰。

（三）管理体系的概念与内容

1. 管理体系的概念

一体化管理体系有狭义和广义之分。狭义的一体化管理体系如将上述"两标"整合的一体化管理体系或上述"三标"整合的一体化管理体系；广义的一体化管理体系如集约型一体化管理体系。

集约型一体化管理体系，是 QHSE（质量管理体系、环境管理体系、职业健康安全管理体系）等"多标"一体化整合管理的再扩展、再提升。QHSE等"多标"整合而成的一体化管理体系自成系统，是一个独立运行的体系；但若以企业为整体，从全局角度和系统目标来看，QHSE 管理与企业其他诸多专项管理仍是多体系在运行；而在我们所说的集约型一体化管理体系中，质量管理、环境管理系、职业健康安全管理只是管理体系的一个重要组成部分。

集约型一体化管理体系是企业为充分发挥自身整体效能，满足相关的法律法规、国家标准和相关方以及其他要求，履行应尽的经济责任、社会责任和政治责任，实现组织的目标，借鉴"多标"整合成一体化的思路，以企业为整体，将组织所有资源和活动按照过程方法重新整合成一体的一种管理体系模式。其内涵可概括为：以控制论、系统论、信息论理论为指导，全面吸收和广泛应用 ISO 9001 标准的管理理念、原则和方法，从企业全局角度和系统目标出发，将全部活动和相关资源作为过程进行控制，将相互关联的过程或过程网络作为体系来管理，在充分识别企业适用的法律法规、技术性标准及其他要求、分析比较包括我国企业标准体系等在内的不同体系标准特定要素、确定企业内部包括党群工作在内的所有管理过程和相互作用、优化配置管理资源的基础上，通过吸收整合、总结提炼、丰富扩展而形成以过程为基础的、以企业为整体的管理体系，并以文本化形式予以体现，用以规定和指导过程或体系的实施、保持和持续改进。

该体系要求覆盖企业内部管理各个方面，做到"横向到边、纵向到底"，用一套制度支持全方位管理，既能满足多个体系标准认证要求，又能促进各项管理职能有机融合，形成集合协同优势，充分利用有限资源，建立自我完善的运行机制，有利于提高企业整体管理的效率和效果，实现企业的方针和目标。

建立、实施该体系能使企业广泛采用当今国际通用的、公认的 ISO 9000 的管理理念、原则、方法和技能，在企业管理方面逐步与国际要求接轨；并随着体系的持续改进，在企业逐步形成相对统一的管理理念、思想、方法和具有自身特色的管理文化的同时，为企业全面提升竞争能力、实现可持续发展、承担应尽的经济责任、社会责任和政治责任奠定坚实的基础。

2. 企业管理的具体内容

（1）计划管理。通过预测、规划、预算、决策等手段，把企业的经济活动有效地围绕总目标的要求组织起来。计划管理体现了目标管理。

（2）组织管理。建立组织结构，规定职务或职位，明确责权关系，以使组织中的成员互相协作配合、共同劳动，有效实现组织目标。

（3）物资管理。对企业所需的各种生产资料进行有计划的组织采购、供应、保管、节约使用和综合利用等。

（4）质量管理。对企业的生产成果进行监督、考查和检验。

（5）成本管理。围绕企业所有费用的发生和产品成本的形成进行成本预测、成本计划、成本控制、成本核算、成本分析、成本考核等。

（6）财务管理。对企业的财务活动包括固定资金、流动资金、专用基金、盈利等的形成、分配和使用进行管理。

（7）劳动人事管理。对企业经济活动中各个环节和各个方面的劳动和人事进行全面计划、统一组织、系统控制、灵活调节。

（8）营销管理。是企业对产品的定价、促销和分销的管理。

（9）团队管理。指在一个组织中，依成员工作性质、能力组成各种部门，参与组织各项决定和解决问题等事务，以提高组织生产力和达成组织目标。

（10）企业文化管理。是指企业文化的梳理、凝练、深植、提升。是在企业文化的引领下，匹配公司战略、人力资源、生产、经营、营销等管理条线、管理模块。

（四）成长期企业运作原则与要点

创业成功后的企业，顺利地闯过了生存关后，往往会有一段快速成长的阶段。但这时候的企业会相继面临四道坎的挑战，如果企业攀登不过去，就会一落千丈。

企业要做大做强，除了本身的利益外，还有企业的社会效益问题，突显下面提到的是四道坎。

第一道坎：克服自身的单薄体质，有待于锻炼和健壮。

企业刚建立不久，生存期中习惯了靠拼价格、打广告、抓产品、靠人脉销售的企业家，经常遇到自己企业"缺钙"现象：一是缺乏与国际化、现代化接轨的管理机制，即规范的管理制度、流程。包括对人员、业务、资产的科学管理技能的全面提升。

当务之急是抓住有利的时机，居安思危，快速提升自身的经营管理素质，让自己的内涵丰富起来，也就是练好身体、增强体质。在感到企业发展有困惑的时候，不能一意孤行，认为自己什么都是行家，而要博采众长、广纳贤言，勤于思考。好比请医生帮自己体检，不是讳疾忌医，更是防患于未然。

第二道坎：唯我独尊的"自恋"开始滋长。

企业快速发展，是激励人心的重要因素。但是企业长大以后，老板会自觉或不自觉地增长了"自恋"情绪，过分的自恋自爱，在本应该看清楚的地方却熟视无睹，在本应该兼听则明的地方充耳不闻，在本应该为别人、为未来考虑的地方却鼠目寸光、夜郎自大。企业家感到自己是成功的，没人可以影响他；感到规章制度还不如自己一个人决断有效，开始滋长"我行我素"的权威；听不进下层的意见和建议；制度成为一纸空文；看不到企业环境中的机会和威胁而不思进取，或者认为

"小富即安"。

第三道坎：心态躁狂，要么急于求成。

企业快速发展之后，企业家会过多地注重"做大"，这本来并没有错。可是，在这个阶段，资产收益率和利润增长率等指标尚显得不足。看不到这一点的企业家会浮躁而头脑发热、耐不住寂寞，没有把主要精力放在如何维护和扩大现有的市场，而盲目地到处投资，或者涉足自己并不擅长的行业来个"多种经营"，战线拉得较长，顾头不顾尾。有位企业家曾经说过："做企业要如临深渊如履薄冰"，这句话是对的。

企业家应该"留一份清醒不留一份醉"，只有把基础做结实了，才有地面建筑的坚固稳定。

第四道坎：家族式管理模式越来越不顺手。

尤其是民营企业，十分普遍的现象是企业不仅为家族成员所拥有，并且企业为家族成员所控制。家族企业有其一定的生命周期，在企业初建的时候，由于启动资金的需要、管理人员的缺乏，加上外界的信心不足等原因，家族成员曾经起到比较大的作用，家族成员既作为员工的一分子，也担任了一些比较重要的职务。在企业成长发展期，产生了一些与现代企业管理不相适应的现象，比如：家族成员之间财产关系模糊，激励机制难以行有实效；家族成员再也无法进行资本的集聚；由血缘关系连接起来的管理架构，使企业家碍于面子很难严肃管理；所有者和经营者的信息不对称，因而造成管理成本高……如此等等现象严重地阻碍了企业的发展。

八、公益创业

（一）公益创业概念

公益创业，指个人、社会组织或者网络等在社会使命的激发下，追求创新、效率和社会效果，是面向社会需要、建立新的组织，或向公众提供产品或服务的社会活动。

（二）国内公益创业类型

目前在国内已经有的公益创业，大致有以下几个类型：

（1）媒体派。如CCTV-2《赢在中国》《爱心总动员》，上海东方卫视的《创智大赢家》。

(2) 政府派。团中央的"中国青年创业国际计划",劳动社会保障部在全国失业人群中开展的再就业公益培训和公益创业培训。

(3) 学院派。教育部公布政策,大学生可以休学创业。以及随之而来的中国人民大学、清华大学、北京航空航天大学等高校的创业;江西省教育行政部门2003年提出了在高校中开展创业教育的要求。

(4) 民间派。此类主要是一些国外的基金会引进,如光华基金会的"大学生创业接力计划",新富平学校针对弱势人群和民间组织的能力建设培训,上海NPI公益组织孵化器、北京惠泽人等。

(5) 民间+学术派。如上海慈善教育培训中心与光华基金会合作的培训项目,上海杨浦区知识创新区大学生创业指导中心的培训,上海交大的引进美国项目的培训,湖南众悦·滴水恩公益创业项目。

这些培训项目在一定程度上起到了一些积极作用,但是由于本土化不够、形式主义、立项时间短等诸多问题影响了其健康发展。所以,做社会公益创业是很有市场,很有必要,也是很紧迫、很值得从实际出发切实落地的。

(三) 公益性创业的社会价值

中国社会面临现在的改革,政府的职能不断调整,将来需要NGO来承担更多责任。小政府,大社会将是未来趋势。有很多政府想去做,没有办法和没有能力达到的就由NGO/NPO去完成。

其次中国公益组织的发展相对也比较晚,除了目前的政策支持不够之外,还存在着缺少优秀的管理人员、团队建设民主程度低,集权和个人崇拜严重,账目不清晰,缺少优秀项目等问题。社会在不断发展,NGO也将承担更多的责任,社会需要其不断完善和健康发展。

再者,随着公民社会建设口号的提出,已经有越来越多的从温饱中走出来的人期望参与公益慈善,去实现个人、组织的社会责任,去满足在其他领域得不到心灵慰藉。公益,正在逐渐成为一种时尚。同时在另外一方面,人与人之间越来越冷淡,缺少人情味等,需要通过公益来帮助其树立健全的人格,这不仅仅是社会和政府提倡的建立和谐社会相吻合,而且也是推动社会进步的需要。

最后,越来越多的企业要履行社会责任,一方面企业本身不了解公益事务的运作,另一方面政府的基金会效率低下,资金透明度不高,民间组织又没有资质接受企业的捐助,两项矛盾阻碍了企业履行社会责任的发展。地产界潘石屹在一次节目中说"不是企业不愿意做，而是捐了钱，不知道钱被用去做了什么"。

综上所述，我们需要去做社会公益创业，并且帮助那些愿意参与公益事业的年轻人去实现其理想。

第六章 大学生创新创业类竞赛

内容摘要

本章介绍了全国、辽宁省部分较有影响力的大学生创新创业类竞赛，包括比赛的要求、流程、评审标准等，以及如何准备比赛等相关内容，为大学生更好地参与大学生创新创业类竞赛提供参考。

学习目标

1. 了解国家级、省级创新创业类竞赛。
2. 掌握参加竞赛所需准备事项。

第一节 国家级比赛

一、中国"互联网+"大学生创新创业大赛

继教育部2015年5月至10月成功举办首届中国"互联网+"大学生创新创业大赛，2019年3月至10月将举办第五届比赛。2019年4月13日，第五届中国"互联网+"大学生创新创业大赛工作部署会在浙江大学召开。本届大赛主题为"敢为人先放飞青春梦，勇立潮头建功新时代"，赛程为今年3月~10月，全国总决赛将于浙江大学举行。"前四届大赛，累积参赛学生数逾500万，项目数120万支。"教育部高教司长吴岩部署本届大赛，要实现4组数字化成效：做到"五个更"——更全面、更国际、更中国、

更教育、更创新;实现"四新"突破——实现大学生素质教育新突破和中国人才培养模式新探索,为网络原住民大学生提供绽放青春、展现自我、报效祖国的新平台,形成中国高等教育新经验;设定"311"目标——本届大赛力争突破300万大学生参加,组建100万支项目团队参加"青年红色筑梦之旅"活动,吸引100个国家和地区来华参赛;推出一部大电影——《当我们海阔天空》,该影片由教育部高教司指导,以高等教育改革发展为背景,塑造了新时代更有血性、狼性的中国青年英雄形象,向改革开放40年致敬,向建国70周年献礼。

教育部关于举办第五届中国"互联网+"大学生创新创业大赛的通知

各省、自治区、直辖市教育厅(教委),新疆生产建设兵团教育局,有关部门(单位)教育司(局),部属各高等学校、部省合建各高等学校:

为深入贯彻落实全国教育大会精神,全面落实习近平总书记给中国"互联网+"大学生创新创业大赛"青年红色筑梦之旅"大学生的重要回信精神,按照《国务院办公厅关于深化高等学校创新创业教育改革的实施意见》等文件要求,加快培养创新创业人才,持续激发大学生创新创业热情,展示创新创业教育成果,搭建大学生创新创业项目与社会资源对接平台,定于2019年3月至10月举办第五届中国"互联网+"大学生创新创业大赛。现将有关事项通知如下。

一、大赛主题

敢为人先放飞青春梦　勇立潮头建功新时代

二、大赛目的与任务

以赛促学,培养创新创业生力军。大赛旨在激发学生的创造力,培养造就"大众创业、万众创新"生力军;鼓励广大青年扎根中国大地了解国情民情,在创新创业中增长智慧才干,在艰苦奋斗中锤炼意志品质,把激昂的青春梦融入伟大的中国梦,努力成长为德才兼备的有为人才。

以赛促教,探索素质教育新途径。把大赛作为深化创新创业教育改革的重要抓手,引导各地各高校主动服务国家战略和区域发展,开展课程体系、教学方法、教师能力、管理制度等方面的综合改革。以大赛为牵引,带动职业教育、基础教育深化教学改革,全面推进素质教育,切实提高学生的创新精神、创业意识和创新创业能力。

以赛促创,搭建成果转化新平台。推动赛事成果转化和产学研用紧密结合,促进"互联网+"新业态形成,服务经济高质量发展。以创新引领创业、以创业带动就业,努力形成高校毕业生更高质量创业就业的新局面。

三、大赛总体安排

第五届大赛将力争做到"五个更"。一是更全面，做强高教板块、做优职教板块、做大国际板块、探索萌芽板块，探索形成各学段有机衔接的创新创业教育链条，实现区域、学校、学生类型全覆盖。二是更国际，拓展国际赛道，深化国际交流合作，深度融入全球创新创业浪潮。三是更中国，以大赛为载体，推出创新创业教育的中国经验、中国模式，提升我国高等教育的影响力、感召力、塑造力。四是更教育，促进创新创业教育与思想政治教育、专业教育、体育、美育、劳动教育紧密结合，构建德智体美劳"五育平台"，上好一堂最大的创新创业课；深入开展"青年红色筑梦之旅"活动，上好一堂最大的国情思政课。五是更创新，广泛开展大学生和中学生创新活动，助推科研成果转化应用，服务国家创新发展。

第五届大赛将举办"1+6"系列活动。"1"是主体赛事，包括高教主赛道（详见附件1）、"青年红色筑梦之旅"赛道（详见附件2）、职教赛道（详见附件3）、国际赛道（详见附件4）和萌芽板块（详见附件5）。"6"是6项同期活动，包括"青年红色筑梦之旅"活动、大学生创客秀（大学生创新创业成果展）、大赛优秀项目对接巡展、对话2049未来科技系列活动、浙商文化体验活动、联合国教科文组织创业教育国际会议。

四、组织机构

本届大赛由教育部、中央统战部、中央网络安全和信息化委员会办公室、国家发展和改革委、工业和信息化部、人力资源社会保障部、农业农村部、中国科学院、中国工程院、国家知识产权局、国务院扶贫开发领导小组办公室、共青团中央和浙江省人民政府共同主办，浙江大学和杭州市人民政府承办。

大赛设立组织委员会（简称大赛组委会），由教育部部长陈宝生和浙江省省长袁家军担任主任，有关部门负责人作为成员，负责大赛的组织实施。

大赛设立专家委员会，由中国工程院原常务副院长潘云鹤担任主任、国家知识产权局原局长田力普担任副主任，行业企业、投资机构、创业孵化机构、大学科技园、公益组织、高校和科研院所专家作为成员，负责参赛项目的评审工作，指导大学生创新创业。

大赛设立纪律与监督委员会，对大赛组织评审工作、协办单位相关工作进行监督，对违反大赛纪律的行为予以处理。

大赛总决赛由中国建设银行冠名支持，各地教育部门可积极争取中国建设银行分支机构对省赛的赞助支持。大赛由相关组织参与协办（名单经大赛纪律与监督委员会认可后另发）。

各省（区、市）和新疆生产建设兵团可根据实际成立相应的机构，开展本地初赛和复赛的组织实施、项目评审和推荐等工作。

五、参赛项目要求

1. 参赛项目能够将移动互联网、云计算、大数据、人工智能、物联网、下一代通信技术等新一代信息技术与经济社会各领域紧密结合，培育新产品、新服务、新业态、新模式；发挥互联网在促进产业升级以及信息化和工业化深度融合中的作用，促进制造业、农业、能源、环保等产业转型升级；发挥互联网在社会服务中的作用，创新网络化服务模式，促进互联网与教育、医疗、交通、金融、消费生活等深度融合（各赛道参赛项目类型详见附件）。

2. 参赛项目须真实、健康、合法，无任何不良信息，项目立意应弘扬正能量，践行社会主义核心价值观。参赛项目不得侵犯他人知识产权；所涉及的发明创造、专利技术、资源等必须拥有清晰合法的知识产权或物权；抄袭、盗用、提供虚假材料或违反相关法律法规一经发现即刻丧失参赛相关权利并自负一切法律责任。

3. 参赛项目涉及他人知识产权的，报名时需提交完整的具有法律效力的所有人书面授权许可书、专利证书等；已完成工商登记注册的创业项目，报名时需提交营业执照及统一社会信用代码等相关复印件、单位概况、法定代表人情况、股权结构等。参赛项目可提供当前财务数据、已获投资情况、带动就业情况等相关证明材料。已获投资（或收入）1000万元以上的参赛项目，请在全国总决赛时提供相应佐证材料。

4. 参赛项目根据各赛道相应的要求，只能选择一个符合要求的赛道参赛。已获往届中国"互联网+"大学生创新创业大赛全国总决赛各赛道金奖和银奖的项目，不可报名参加第五届大赛。

5. 各省（区、市）教育厅（教委），新疆生产建设兵团教育局，各有关学校负责审核参赛对象资格。

六、比赛赛制

1. 大赛采用校级初赛、省级复赛、全国总决赛三级赛制（不含萌芽板块）。校级初赛由各院校负责组织，省级复赛由各地负责组织，全国总决赛由各地按照大赛组委会确定的配额择优遴选推荐项目。大赛组委会将综合考虑各地报名团队数、参赛院校数和创新创业教育工作情况等因素分配全国总决赛名额。

2. 全国共产生1200个项目入围全国总决赛（港澳台地区参赛名额单列），其中高教主赛道600个、"青年红色筑梦之旅"赛道200个、职教赛道200个、萌芽板块200个。此外，国际赛道产生60个项目进入全国总决赛现场比赛。

3. 高教主赛道每所高校入选全国总决赛项目总数不超过4个,"青年红色筑梦之旅"赛道、职教赛道、国际赛道(国内外双学籍类)、萌芽板块每所院校入选全国总决赛项目各不超过2个。

七、赛程安排

1. 参赛报名(2019年4—5月)。参赛团队通过登录"全国大学生创业服务网"(cy.ncss.cn)或微信公众号(名称为"全国大学生创业服务网"或"中国'互联网+'大学生创新创业大赛")任一方式进行报名。报名系统开放时间为2019年4月5日,截止时间由各地根据复赛安排自行决定,但不得晚于8月15日。

2. 初赛复赛(2019年6—8月)。各地各院校登录cy.ncss.cn/gl/login进行大赛管理和信息查看。省级管理用户使用大赛组委会统一分配的账号进行登录,校级账号由各省级管理用户进行管理。初赛复赛的比赛环节、评审方式等由各院校、各地自行决定。各地在8月31日前完成省级复赛,遴选参加全国总决赛的候选项目(推荐项目应有名次排序,供全国总决赛参考)。

3. 全国总决赛(2019年10月中下旬)。大赛专家委员会对入围全国总决赛项目进行网上评审,择优选拔项目进行现场比赛,决出金奖、银奖、铜奖。

大赛组委会将通过"全国大学生创业服务网"为参赛团队提供项目展示、创业指导、投资对接等服务。各项目团队可以登录"全国大学生创业服务网"查看相关信息。各地可以利用网站提供的资源,为参赛团队做好服务。各院校还可以通过腾讯微校平台进行赛事宣传(weixiao.qq.com/shuangchuang),腾讯云将根据参赛团队的组别提供不同级别的免费云服务支持,给予项目激励和孵化指导。

八、评审规则

请登录"全国大学生创业服务网"(cy.ncss.cn)查看具体内容。

九、大赛奖项

大赛设金奖、银奖、铜奖和各类单项奖;另设高校集体奖、省市组织奖和优秀导师奖(详见附件)。

十、宣传发动

各地各校要认真做好大赛的宣传动员和组织工作。各省级教育行政部门要做好统筹协调,高教、职教和普教职能处室共同参与,组织做好省内比赛和项目推荐工作。各校要认真组织动员团队参赛,为在校生和毕业生参与竞赛提供必要的条件和支持,做好学校初赛组织工作。鼓励教师将科技成果产业化,带领学生创新创业。根据情况组织师生观看大学生创新创业题材电影《当我们海阔天空》,激励更多学生了解"双创"、投身

"双创"。

各地各校要坚持以赛促学、以赛促教、以赛促创,积极推进学生创新创业训练和实践,不断提高创新创业人才培养水平,厚植"大众创业、万众创新"土壤,助力"双创"升级,为建设创新型国家提供源源不断的人才智力支撑。

十一、大赛组委会联系方式

1. 大赛工作QQ群为:460798492,请参赛省(区、市)和新疆生产建设兵团指定两名工作人员加入该群,便于赛事工作沟通交流。

2. 大赛组委会联系人:

全国高等学校学生信息咨询与就业指导中心　石锦澎

联系电话:010-62111870,传真:010-62111780

电子邮箱:jybdcw@chsi.com.cn

地址:北京市海淀区北三环西路甲18号大钟寺中坤广场

邮编:100098

浙江大学　张良　刘鹏

联系电话:0571-88981829　88981236

传真:0571-88981106

电子邮箱:cxcy@zju.edu.cn

地址:浙江省杭州市余杭塘路866号

邮编:310058

教育部高等教育司综合处　吴维东

联系电话:010-66097850,传真:010-66020758

电子邮箱:internetplus@moe.edu.cn

地址:北京市西城区大木仓胡同37号

邮编:100816

二、"创青春"全国大学生创业大赛

2013年11月8日,习近平总书记向2013年全球创业周中国站活动组委会专门致贺信,特别强调了青年学生在创新创业中的重要作用,并指出全社会都应当重视和支持青年创新创业。党的十八届三中全会对"健全促进就业创业体制机制"作出了专门部署,指出了明确方向。为贯彻和落实习近平总书记系列重要讲话和党中央有关指示精神,适应大学生创业发展的形势需要，在原有"挑战杯"中国大学生创业计划竞赛的基础上，共青团中央、教育部、人力资源社会保障部、中国科协、全国学联决定，自2014年起共同组织开展"创青春"全国大学生创业大赛，每两年举办一次。

关于组织开展2016年"创青春"全国大学生创业大赛

（中国青年创新创业大赛大学生组）的通知

为贯彻落实党的十八届三中、四中、五中全会精神和习近平总书记系列重要讲话精神，认真落实国务院《关于大力推进大众创业万众创新若干政策措施的意见》《关于加快发展现代职业教育的决定》和国务院办公厅《关于深化高等学校创新创业教育改革的实施意见》，有效搭建大学生创新创业平台，增强职业学校学生创新创效、就业创业和职业转换能力，发现、培育和选出创新创业人才，进一步推动"大众创业、万众创新"、2016年"创青春"全国大学生创业大赛（中国青少创新创业大赛大学生组）和2016年"挑战杯——彩虹人生"全国职业学校创新创效创业大赛（以下简称2016年"职挑"创新创效创业大赛）等两项赛事将于近期启动。现将大赛有关事项通知如下。

2016年"创青春"全国大学生创业赛事

（一）举办单位

主办单位：共青团中央、教育部、人力资源和社会保障部、中国科协、全国学联、四川省人民政府

承办单位：成都高新区党工委管委会、中国（绵阳）科技城管委会

（二）参赛内容和对象

1. 大赛下设3项主题赛事：第十届"挑战杯"大学生创业计划竞赛、创业实践挑战赛、公益创业赛。

其中，大学生创业计划竞赛面向高等学校在校学生，以商业计划书评审、现场答辩等作为参赛项目的主要评价内容。

创业实践挑战赛面向高等学校在校学生或毕业未满3年的高等毕业生，且已投入实际创业3个月以上，以经营状况、发展前景等作为参赛项目的主要评价内容。

公益创业赛面向高等学校在校学生，以创办非营利性质社会组织的计划和实践等作为参赛项目的主要评价内容。

以上3项主体赛事需通过组织省级预赛或评审后进行选拔报送。有关具体安排将另

行通过书面通知、官方网站等形式和渠道进行公布。

2. 大赛将在符合大赛宗旨，具有良好导向的前提下，设立 MBA、电子商务等专项竞赛，由共青团四川省委协调相关单位负责具体组织，组织执行机构另设，奖项单独设立。

其中，MBA 专项赛：（1）组织形式：由赛事承办方会同部分高校发起，组织和邀请国内设有 MBA 专业的各高校参加；（2）参赛对象：就读于 MBA 专业的在校学生；（3）参赛形式：通过申报创业项目计划书（是否已投入创业及创业领域不限，申报不区分具体组别）参加该项赛事；（4）参赛名额：每所高校只能组成 1 支团队参赛；（5）赛事组织开展时间：2016 年 3 月启动，9 月进行决完事赛。

电子商务专项赛：（1）组织形式：由赛事承办方直接面向国内各高校开展；（2）参赛对象：高校在校学生；（3）参赛形式：通过提交基于电子商务领域的创业项目计划书（是否已投入创业不限，鼓励申报已运营的项目）参赛；（4）参赛名额：每所高校最多可以申报 3 项；（5）赛事组织开展时间：2016 年 3 月启动，9 月进行决赛。

以上 2 项专项竞赛无须组织省级预赛，有关具体事项另行通知。

具体参赛内容及参赛规则详见"创青春"全国大学生创业大赛章程（附件 2）。

（三）推进步骤

大赛的 3 项主体赛事分预赛、复赛和决赛三个阶段进行。

1. 2016 年 4 月至 5 月，各省（自治区、直辖区）针对各高校评审推报的作品，按照大赛下设的 3 项主体赛事，组织本地预赛或评审，并在大赛官方网站（http://www.chuangqingchun.net）进行校级、省级参赛项目网络报名和申报。

其中，大学生创业计划竞赛实行项目分类申报，即分为以创业与未创业两类（具体标准另行通知）。各省（自治区、直辖区）在推报复赛项目时，两类项目的比例不作限制。评委会将在复赛、决赛阶段，针对两类项目实行相同的评审规则；计算总分时，将视已创业项目实行运营情况，在其实得总分基础上给予 1% 至 5% 的加分。

具体事宜届时参见大赛官方网站通知。

2. 2016 年 6 月 9 日前，各省（自治区、直辖区）汇总经预赛产生的参加复赛项目，对项目申报表及相关材料的填写情况进行把关，按照统一要求，报送至组委会办公室（电子科技大学团委）。在 3 项主题赛事中，组委会不接受学校或个人的申报。

报送项目的数量不得超过项目名额分配表中规定的数量。

3. 2016 年 7 月至 8 月，举行全国大赛复赛。评委会对项目进行评审，选出若干优秀项目进入决赛，并书面通知各省（自治区、直辖市）、相关高校。

4. 2016年11月，举行全国大赛决赛。评委会将通过相应评审环节，对3项主题赛事分别评出若干金奖、银奖、铜奖。

复赛、决赛阶段具体事宜届时将另行通知。

（四）联系方式

1. 团中央学校部

联系人：张长宏　邓广宇

电话：010-85212353　85212187（传真）

电子信箱：xuelianban@126.com

地址：北京市东城区前门东大街10号

邮编：100005

2. 电子科技大学

联系人：张军　徐科

电话：028-61830130　61830553　61830131（传真）

电子信箱：xiaotuanwei@uestc.edu.cn

地址：四川省成都市高新西区西源大道2006号学生活动中心104B

邮编：611731

3. "创青春"全国大学生创业大赛官方网站

联系人：李宇杰　段鸿飞

电话号：010-52878507　62672690（传真）

电子信箱：kefu@chuangqingchun.net

地址：北京市海淀区中关村东路66号世纪科贸大厦B座1605

邮编：100190

"创青春"全国大学生创业大赛章程

（2014年经大赛组委会通过，2015年修订）

第一章　总　则

第一条　"创青春"全国大学生创业大赛是由共青团中央、教育部、人力资源和社会保障部、中国科协、全国学联和地方省级人民政府主办，工业和信息化部、国务院国有资产监督管理委员会、中华全国工商业联合会支持的一项具有导向性、示范性和群众性的创业竞赛活动，每两年举办一届。

第二条　大赛的宗旨：培养创新意识、启迪创意思维、提升创造能力、造就创业人才。

第三条　大赛的目的：引导和激励高校学生弘扬时代精神，把握时代脉搏，将所学知识与经济社会发展紧密结合，培养和提高创新、创意、创造、创业的意识和能力，促进高校学生就业创业教育、创业实践活动的蓬勃开展，发现和培养一批具有创新思维和创业潜力的优秀人才，帮助更多高校学生通过创业创新的实际行动，推动大众创业、万众创新，为实现中国梦贡献力量。

第四条　大赛的内容：下设大学生创业计划竞赛（即"挑战杯"中国大学生创业计划竞赛）、创业实践挑战赛、公益创业赛等3项主体赛事。

第五条　大赛的基本方式：大学生创业计划竞赛面向高等学校在校学生，以商业计划书评审、现场答辩等作为参赛项目的主要评价内容；创业实践挑战赛面向高等学校在校学生或毕业未满3年的高校毕业生，且应已投入实际创业3个月以上，以盈利状况、发展前景等作为参赛项目的主要评价内容；公益创业赛面向高等学校在校学生，以创办非营利性质社会组织的计划和实践等作为参赛项目的主要评价内容。全国组织委员会聘请专家评定出具备一定操作性、应用性以及良好市场潜力、社会价值和发展前景的优秀项目，给予奖励；组织参赛项目和成果的交流、展览、转让活动。

在符合大赛宗旨、具有良好导向的前提下，可根据实际需要设立专项赛事，具体规则另行制定和颁布。

第二章　组织机构及其职责

第六条　大赛设立领导小组，由主办单位、承办单位的有关领导组成。

第七条　大赛设立全国组织委员会，由主办单位、支持单位、承办单位的有关负责人组成。全国组织委员会设主任、副主任若干名。

第八条　全国组织委员会的职责如下：

1. 审议、修改大赛章程；
2. 确定大赛承办单位；
3. 筹集大赛组织、评审、奖励所需的经费；
4. 议决其他应由全国组织委员会议决的事项。

第九条　全国组织委员会下设秘书处，负责按照全国组织委员会通过的章程组织大赛活动并向全国组织委员会报告工作。秘书处设秘书长、副秘书长若干名，由主办单位、承办单位有关负责人担任。

第十条　竞赛设立全国指导委员会，由全国组织委员会邀请享有较高知名度并关注青年创业的经济学家、企业家、风险投资界和新闻媒体界等人士担任成员。全国指导委员会设主任一名，副主任和委员若干名。

第十一条　全国指导委员会的职责为：对大赛的组织工作及高校学生创业就业工作给予宏观性、战略性指导。

第十二条　大赛设立全国评审委员会，由全国组织委员会聘请非高校的各相关领域专家学者、企业家、风险投资界人士、青年创业典型等组成。全国评审委员会设主任、副主任和评审委员若干名。全国评审委员会经全国组织委员会批准成立，有权在本章程和评审规则所规定的原则下，独立开展评审工作。

第十三条　全国评审委员会职责如下：

1. 在本章程和评审规则基础上制定评审实施细则；

2. 接受对参赛项目资格的质疑投诉并进行判定；

3. 审看参赛项目，与作者进行问辩；

4. 确定参赛项目获奖等次。

第十四条　各省（自治区、直辖市）、各高校需根据自身实际，逐步举办与全国大赛接轨的届次化的大学生创业大赛。各省（自治区、直辖市）团委、教育部门、人社部门、科协、学联联合设立省级组织协调委员会和评审委员会，负责本省（自治区、直辖市）竞赛的组织协调、参赛项目资格审查和初评等有关工作。

第三章　参赛资格与项目申报

第十五条　凡在举办大赛终审决赛的当年7月1日以前正式注册的全日制非成人教育的各类高等院校在校专科生、本科生、硕士研究生和博士研究生（均不含在职研究生）可参加全部3项主体赛事；毕业3年以内（时间截至举办大赛终审决赛的当年7月1日）的专科生、本科生、硕士研究生和博士研究生可代表原所在高校参加创业实践挑战赛（需提供毕业证证明，仅可代表最终学历颁发高校参赛）。

第十六条　参赛项目的申报条件。

大学生创业计划竞赛：参加竞赛项目分为已创业与未创业两类；分为农林、畜牧、食品及相关产业，生物医药，化工技术和环境科学，信息技术和电子商务，材料，机械能源，文化创意和服务咨询等7个组别。实行分类、分组申报。拥有或授权拥有产品或服务，并已在工商、民政等政府部门注册登记为企业、个体工商户、民办非企业单位等组织形式，且法人代表或经营者为符合第十五条规定的在校学生、运营时间在3个月以上（以预赛网络报备时间为截止日期）的项目，可申报已创业类。拥有或授权拥有产品或服务，具有核心团队，具备实施创业的基本条件，但尚未在工商、民政等政府部门注册登记或注册登记时间在3个月以下的项目，可申报未创业类。

创业实践挑战赛：拥有或授权拥有产品或服务，并已在工商、民政等政府部门注册登记为企业、个体工商户、民办非企业单位等组织形式，且法人代表或经营者符合第十五条规定、运营时间在3个月以上（以预赛网络报备时间为截止日期）的项目，可申报该赛事。申报不区分具体类别、组别。

公益创业赛：拥有较强的公益特征（有效解决社会问题，项目收益主要用于进一步扩大项目的范围、规模或水平）、创业特征（通过商业运作的方式，运用前期的少量资源撬动外界更广大的资源来解决社会问题，并形成可自身维持的商业模式）、实践特征（团队需实践其公益创业计划，形成可衡量的项目成果，部分或完全实现其计划的目标成果）的项目，且参赛学生符合第十五条规定，可申报该赛事。申报不区分具体类别、组别。

第十七条　参赛形式：以学校为单位统一申报，以创业团队形式参赛，原则上每个团队的人数不超过10人。对于跨校组队参赛的项目，各成员需事先协商明确项目的申报单位。对于经授权的发明创造或专利技术，在报名时需提交具有法律效力的发明创造或专利技术所有人的书面授权许可、项目鉴定证书、专利证书等。对于已注册运营项目的，在报名时需提交相关证明材料（含单位概况、法定代表人情况、营业执照复印件、税务登记证复印件、组织机构代码复印件等材料）。

第十八条　参赛项目涉及下列内容时，必须由申报者提供有关部门的证明材料，否则不予评审。动植物新品种的发现或培育，必须有省级以上农科部门或科研院所开具证明。对国家保护动植物的研究，必须有省级以上林业部门开具证明，证明该项研究的过程中未产生对所研究的动植物繁衍、生长不利的影响。新药物的研究必须有卫生行政部门授权机构或具有同等资质机构的鉴定证明。医疗卫生研究必须通过专家鉴定，并最好附有在公开发行的专业性杂志上发表过的文章。涉及燃气用具等与人民生命财产安全有关用具的研究，必须有国家相应行政部门授权机构的认定证明。

第十九条　每个学校选送参加全国大赛的项目总数不超过6件。其中，参加大学生创业计划竞赛的项目总数不超过3件，参加创业实践挑战赛的项目总数不超过2件，参加公益创业赛的项目总数不超过1件，每人（每个团队）限报1件；每个参赛项目只可选择参加一项主体赛事，不得兼报。专项竞赛名额另计。参赛项目必须经过本省（自治区、直辖市）组织协调委员会进行资格及形式审查和本省（自治区、直辖市）评审委员会初步评定，方可上报全国组织委员会办公室。各省（自治区、直辖市）选送全国大赛的项目数额由主办单位统一确定。

第四章 展览、交流、孵化

第二十条 全国组织委员会将在大赛举办期间组织多种形式的交流、展示活动和其他活动，丰富大赛内容。

第二十一条 全国组织委员会拥有组织转让及孵化获奖项目的优先权。成果产权及利益分配由学校和作者协商确定。全国组织委员会可结集出版大赛获奖项目及评委评语。

第二十二条 在每次大赛举办期间，全国组织委员会将联合地方政府、园区及风险投资机构举办项目对接和孵化活动，对大赛中涌现出的优秀项目优先转化。

第二十三条 全国组织委员会将设立大学生创业基金，加强与有关方面特别是金融机构、风险投资机构和创业投资机构等的合作，并通过成立大学生创业联盟等，为高校学生通过参与大赛实现创业提供支持。

第五章 奖 励

第二十四条 全国评审委员会对各省（自治区、直辖市）报送的3项主体赛事的参赛项目进行复审，分别评出参赛项目的90%左右进入决赛。3项主体赛事的奖项设置统一为金奖、银奖、铜奖，分别约占进入决赛项目总数的10%、20%和70%。其中，大学生创业计划竞赛实行分类、分组申报，针对已创业与未创业两类项目实行相同的评审规则，各组参赛项目获奖比例原则上相同；计算总分时，将视已创业项目实际运营情况，在其实得总分基础上给予1%至5%的加分。创业实践挑战赛、公益创业赛等2项主体赛事实行统一申报，决赛实行抽签分组，各组参赛项目获奖比例原则上相同。专项赛事单独设置奖项，不计入所在学校得分。

第二十五条 参加全国终审决赛的项目，确认资格有效的，由全国组织委员会向作者颁发证书，并视情况给予创业资金、专业指导、出国培训等奖励。参加各省（自治区、直辖市）预赛的项目，确认资格有效而又未进入全国大赛的，由各省（自治区、直辖市）组织协调委员会向作者颁发证书。

第二十六条 大赛以学校为单位计算参赛得分并排序。各等次奖计分方法如下：

大学生创业计划竞赛的金奖项目每件计100分，银奖项目每件计70分，铜奖项目每件计30分，上报至全国组委会但未通过复赛的项目每件计10分。创业实践挑战赛的金奖项目每件计120分，银奖项目每件计90分，铜奖项目每件计50分，上报至全国组委会但未通过复赛的项目每件计10分。公益创业赛的金奖项目每件计100分，银奖项目每件计70分，铜奖项目每件计30分，上报至全国组委会但未通过复赛的项目每件计10分。如遇总积分相等，则以获金奖的个数决定同一名次内的排序，以此类推至铜奖。

第六章 附 则

第二十七条 大赛结束后,对获奖项目保留一个月的质疑投诉期。若收到投诉,大赛领导小组将委托主办单位有关部门进行调查。经调查,如确认该项目资格不符者,取消该项目获得的奖励,通报全国组织委员会成员单位;并视情节给予所在学校取消参赛资格或其他处罚。大赛组委会不接受匿名投诉,将保护实名投诉人的合法权益。

第二十八条 大赛承办单位有权以全国组织委员会名义寻求大赛及3项主体赛事的赞助。

第二十九条 www.chuangqingchun.net为大赛官方网站,由主办单位和承办单位共同建设。

第三十条 本章程自全国组织委员会通过之日起生效,由大赛主办单位及全国组织委员会秘书处负责解释。

第二节 省级比赛

一、辽宁省大学生创业计划大赛

辽宁省大学生创业计划大赛以"提高创业能力,追求创业梦想"为主题。旨在通过举办大赛,为大学生搭建"政府引导、高校辅导、学生参与、专家指导"的创业展示平台,激发广大大学生创业热情,增加创业实践锻炼,提高创业能力,发现和培养更多的创新创业型人才,促进创新创业教育工作,实现创业带动就业。

关于举办辽宁省第三届大学生创业大赛的通知

省内各普通高校、研究生培养单位:

进一步激发大学生创业活力,宣传引导大学生创新创业,大力弘扬创新创业文化,在全省高校营造良好创业氛围,帮助大学生培养创新创业意识,提升创业技能,推进大学生创业成果的有效转化,扎实推进我省高校创新创业教育和大学生自主创业工作,现决定于2014年11月至2015年6月举办辽宁省第三届大学生创业大赛,为做好大赛各项准备工作,现将有关事项通知如下:

一、参赛范围

辽宁省内全日制普通高等学校（含高职院校、民办学校）的在校学生（含本专科生、硕士、博士生）。

二、参赛内容和要求

1. 大赛以创业计划书、现场展示与答辩的方式为主要评价内容进行评审和比赛。

2. 参赛作品应力求紧密围绕区域经济发展，突出振兴辽宁为主要方向。重点在以下9个领域，也可以选择其他类别的作品参赛。

（1）装备制造业及机械能源类；

（2）农林、畜牧、食品及相关类；

（3）生物、医药类；

（4）化工技术、环境科学类；

（5）新型材料类；

（6）电子信息及应用类；

（7）互联网技术应用及物联网开发；

（8）现代服务业类；

（9）文化与传媒及应用类。

申报参赛的作品以创业计划书的形式提供给评委会。创业计划书主要围绕企业概况、产品与服务、市场与竞争分析、创业团队、营销策略、生产与运营、财务分析、风险分析及附录等方面撰写。

参赛作品应填写作品申报表和创业计划书，并分别以电子版和纸质版两种方式报送给比赛承办机构。其中，纸质版创业计划书一式二份。（参赛作品申报表格式见附件。）

3. 参赛者应以团队方式参赛，每个创业团队2~5人，每名在校学生只可参加一个项目比赛。团队负责人原则上必须为2015—2016届高校毕业生。每个团队设指导教师1名。

4. 大赛将实行分类申报、统一比赛、适当加分的方式，即参赛作品分为已创业和未创业两类，按照同一标准共同组织比赛。凡是已经创业的参赛项目，大赛评委会在评审过程中将视项目的实际运营情况，给予1%~5%的加分。

5. 参赛作品一律需要经过分区赛（初赛），在分区赛的基础上，由参赛者所在学校推荐参加省级比赛，每所高校申报作品不超过3项。

6. 辽宁省第三届大学生创业大赛评审标准及评分、创业计划书模板、"优秀创业导师"评选办法将在辽宁省高校毕业生就业信息网（www.lnjy.com.cn）公布。

三、比赛进程安排

本届创业大赛共分为分区赛、初赛、复赛、决赛四个阶段。

1. 大赛设立分区赛，由各高校向组委会申报举办（分赛区申请表格式见附件）。组委会将向具备比赛条件的学校授予"辽宁省第三届大学生创业大赛××大学赛区"的牌匾或证书，赋予组织该赛区赛事活动的权力。对于不具备单独组织分区赛的高校，将由组委会协调，组织若干所高校联合承办分区赛。

各高校在获得分区赛授权后方可举办分区赛，并按照组委会的要求成立相应组织领导和工作机构，按照统一的比赛程序和评分标准组织赛事活动。组委会将指派专家和工作人员深入部分高校进行创业辅导和赛事指导，也可应高校的邀请指派专家担任分区赛的评审工作。分赛区竞赛结束后，该赛区所在高校负责向大赛组委会推荐进入省级比赛的作品。

2. 大赛组委会将各分区赛推荐的参赛作品进行评审，从中选出60个作品进入省级复赛。复赛将分为两个赛区进行，组委会将参加复赛的60个作品平均分配到两个赛区，分别产生各自赛区的各项名次，每个赛区的前10个项目进入省级决赛。

3. 大赛时间安排

2014年11月，发布"辽宁省第三届大学生创业大赛"赛事预通知。同时，各高校申报分区赛资格，截止时间11月20日。

2014年12月，发布"辽宁省第三届大学生创业大赛"正式通知。

2014年11月~2015年3月底，辽宁省第三届大学生创业大赛分区赛。3月31日前各高校报送推荐项目名单。

2015年4月~5月，辽宁省第三届创业大赛初赛、复赛。

2015年6月，辽宁省第三届创业大赛决赛和颁奖典礼。

复赛、决赛具体事宜届时将另行通知。

四、赛事奖励

1. 本届创业大赛决赛共设置：

特等奖2项，颁发证书和奖金；

一等奖6项，颁发证书和奖金；

二等奖12项，颁发证书和奖金；

三等奖40项，颁发证书。

2. 大赛将评选"优秀创业导师"20名，颁发证书和奖金。

3. 大赛将评选"优秀组织奖"20个，颁发奖牌和奖金。

五、项目扶持

1. 资金和场地扶持。进入决赛阶段比赛的团队,准备实体创业的,可直接入驻省大学生创业教育实训基地和规定的校园分基地,享受资金和场地扶持。资金扶持方式为无息借款和股份投资,无息借款额度为5万~10万元,股份投资额度为5万~30万元。省大学生创业教育实训基地将为进驻基地的每个团队提供40平方米为期2年的免费创业场地扶持。

2. 创业风险投资。组委会在比赛期间将安排创投专家和风投机构人员在现场进行投资咨询和洽谈,投资金额最高为100万元,并将聘请律师对合作的全过程提供法律咨询。

六、免责声明

凡涉及参赛作品的相关报道,属于参赛者(个人或团队)自行把参赛方案中技术及商业内容进行披露的,由参赛者自己负责,与大赛主办方无关;参赛团队中涉及方案中的发明创造或专利技术的所有人之间的法律纠纷,由参赛者自己承担责任。大赛组委会和参赛评委不得泄露参赛作品中涉及的技术和商业秘密。本次大赛的信息将不定期发布在大赛指定网站,其他媒体和网站发布大赛的有关信息必须经大赛组委会授权确认。

七、联系方式

联系部门:辽宁省大学生就业局创业部

联系人:陈淼、王宏、刘静萱

联系电话:024-86866972、86844524

电子邮箱:lncy_org@126.com

辽宁省第三届大学生创业大赛
参赛作品申报表

项目名称:

项目负责人:

项目类别:(已经创业/计划创业)

指导老师:

推荐学校:

申报日期:

二〇一五年三月

填表须知

1. 本表所填各项内容以打印为好，语言应规范，字迹要清晰易辨。
2. 申报表报送一式两份；栏目空格不够时，可另行加页。
3. 每项目负责人仅限一名。项目参赛团队成员5人以内。
4. 为便于联系，项目负责人联系方式须详细填写。
5. 本申报表可以复制。

一、概况

项目名称					
作品所属领域	（1）装备制造业及机械能源类； （2）农林、畜牧、食品及相关类； （3）生物、医药类； （4）化工技术、环境科学类； （5）新型材料类； （6）电子信息及应用类； （7）互联网技术应用及物联网开发； （8）现代服务业类； （9）文化与传媒及应用类； （10）其他				
是否获得专利					
负责人姓名		性别	民族	出生日期	
学校名称				联系方式	
通讯地址				邮政编码	
团队成员资料	姓名	性别	专业	团队职务	联系方式
指导老师			所在部门		
职务（职称）			电话（手机）		

二、创业项目简述（可参考计划书摘要）

不超过300字

三、有关方面意见

指导教师意见（项目优劣势分析）：   签名： 年　月　日
推荐报送单位意见：   （盖章） 年　月　日
组委会资格审查意见：   签名： 年　月　日

创业计划书格式及写作参考

一、格式要求参考

（一）各级标题的字号、字体和编号

文章标题：仿宋GB2312，小二号，加粗。

一级标题：仿宋GB2312，小三号，加粗；编号为"一""二""三"等。

二级标题：仿宋GB2312，四号，加粗；编号为"（一）""（二）"等。

三级标题：仿宋GB2312，四号，加粗；编号为"1""2""3"等。

四级标题：仿宋 GB2312，四号，不加粗；编号为"（1）""（2）""（3）"等。

（二）正文内容字体、字号：仿宋 GB2312，四号。

（三）页边距：上、下：2.54 厘米；左、右：3.17 厘米。

（四）行间距：选"固定值"，26 磅。

（五）页码：统一为阿拉伯数字，页脚居中，封面及目录无页码。

（六）排版格式：用 Word 格式。

二、基本内容参考

（一）封面

（二）目录

（三）摘要

包括公司简介、产品（服务）简介、创业项目特色、目标市场分析、营销策略、创业团队、财力管理、风险评估等内容。

（四）企业概况

包括公司的宗旨和理念，公司名称，拟成立时间，注册地点，企业的法律形态，公司法人代表，注册资本，股份比例，公司的近、中、长期发展目标等。

（五）产品与服务

公司的产品体系，向投资人展示公司产品线的完整和可持续发展，将更多的笔墨放置在产品的盈利能力、典型客户、同类产品比较等内容。

（六）市场与竞争分析

公司的盈利模式，产品（服务）的特性、用途、研究过程（服务过程），产品的成本分析、竞争力、市场前景预测、翔实的市场调查，竞争对手分析，目标客户和目标市场等。

（七）创业团队

公司的组织机构、各部门职责、各部门负责人及主要成员、公司报酬体系等。

（八）营销策略

营销渠道选择、营销队伍组建与管理、促销计划、价格决策等。

（九）生产与运营

企业的生产策略、厂址的选择、生产计划制定的依据（注意：不一定是生产计划本身）及生产运作管理考虑的因素等。

（十）财务分析

现金流量表、预计损益表、资产负债表、资金使用和收入等情况。

（十一）风险分析

政策风险、市场风险、经营管理风险、财务风险、人才流失风险、不可预见的风险等及应对方式。

（十二）附录

有关技术资料或专利证书复印件，市场调查问卷及其定性分析材料，有关法律文书，如协议书等。

二、辽宁省大学生创新创业训练计划项目

（一）大赛简介

1. 大赛的起源与目标

根据《教育部财政部关于"十二五"期间实施"高等学校本科教学质量与教学改革工程"的意见》（教高〔2011〕6号）和《教育部关于批准实施"十二五"期间"高等学校本科教学质量与教学改革工程"2012年建设项目的通知》（教高函〔2012〕2号），教育部决定在"十二五"期间实施国家级大学生创新创业训练计划。通过实施国家级大学生创新创业训练计划，促进高等学校转变教育思想观念，改革人才培养模式，强化创新创业能力训练，增强高校学生的创新能力和在创新基础上的创业能力，培养适应创新型国家建设需要的高水平创新人才。

2. 大赛的计划内容和级别

国家级大学生创新创业训练计划内容包括创新训练项目、创业训练项目和创业实践项目三类。一般要求实施期限为一年，有三次理论答辩过程，分为前期立项——中期检查——后期结题审查。

大赛分为校级、省级、国家级，逐级上报评选，校级分为校一级、二级、三级等；省级分为省级甲类和省级乙类。各高校在公平、公开、公正的原则下，自行组织学生项目评审，上报备案并对外公布。项目结束后，由学校组织项目验收，并将验收结果上报。验收结果中，必需材料为各项目的总结报告，补充材料为论文、专利、获奖情况以及相关支撑材料。

3. 大赛的经费支持

国家级大学生创新创业训练计划面向中央部委所属高校和地方所属高校。中央部委所属高校直接参加，地方所属高校由地方教育行政部门推荐参加。国家级大学生创新创

业训练计划由中央财政、地方财政共同支持，参与高校按照不低于 1∶1 的比例，自筹经费配套。中央部委所属高校参与国家级大学生创新创业训练计划，由中央财政按照平均一个项目 1 万元的资助数额，予以经费支持。地方所属高校参加国家级大学生创新创业训练计划，由地方财政参照中央财政经费支持标准予以支持。各高校可根据申报项目的具体情况适当增减单个项目资助经费。对中央部委所属高校创业实践项目，每个项目经费不少于 10 万元，其中，中央财政经费应资助 5 万元左右。项目经费由承担项目的学生使用，教师不得使用学生项目经费，学校不得截留、挪用及提取管理费。

（二）创新训练

创新训练项目是本科生个人或团队，在导师指导下，自主完成创新性研究项目设计、研究条件准备、项目实施、研究报告撰写和成果（学术）交流等工作。

1. 创新训练项目申报

（1）申报书的撰写。大学生创新训练项目申请时必须有书面申请书，申请书包含了项目名称、人员信息基本情况、立项依据、经费预算、导师意见等。这部分的主要作用是立项依据，其他部分按照实际情况填写即可。

由于各省下发的文件通知有所不同，但立项依据的主要内容一样，主要立项依据有以下几项。

①项目内容简介：包括项目立项的背景，研究的内容和目的；

②项目的创新点及特色；

③项目的技术路线，拟解决的关键问题；

④项目的进度安排和预期成果。

（2）立项评价标准。从项目的研究内容上，主要考察项目内容、目标叙述清楚的程度；项目能使学生受到科研训练的完整程度；项目所具有的创新性和实用性的程度；项目预期成果表述的明确性；项目申请文件的规范性。

从项目团队方面，主要考察项目成员组成的合理性（成员分工明确、组合优化）；立项现场答辩的表现（负责人对项目内容表述的清晰程度、成员对专家提出的问题的解答、每位成员对项目任务的熟悉程度）；指导老师资格、能力、水平和责任心。

从项目可行性方面，主要考察技术路线的可行性；学生兴趣及学生具备的知识和技能的可行性；项目实施时间的可行性；项目经费预算的合理性等。

2. 创新训练项目中期检查

（1）中期报告的撰写。中期报告是对学生所做项目立项半年后的一次检查，由正文和附件组成。正文主要内容如下所示；附件是已取得的研究成果，如发表论文、科技创新或参加其他竞赛获奖等。

主要检查内容：项目主要进展；下一步工作；经费使用情况和经费安排计划；存在问题、建议及需要说明的情况。

（2）中期检查评价标准。从项目的进展情况，主要考察已完成的工作与计划进度是否符合，项目获得的初步成果，项目成员自身能力、素质等的提高以及合理使用经费等。

从问题及解决措施，主要考察是否根据项目的进展情况检查并调整技术路线；对出现的问题正确分析其原因；对出现的问题是否有明确的解决方案和措施；是否需要对项目的难度和进度进行相应的调整；指导教师对项目成员的指导是否到位。

3. 创新训练项目结题验收

（1）结题报告表的填写。结题报告表上的基本情况如实填写，除此之外还有以下主要内容。

①项目执行情况简介。研究过程中财务执行情况；团队成员分工和合作情况；研究报告、研究日记的完整性；项目研究的目的、意义；研究成果的主要内容、重要观点或对策建议；创新特色、实践意义和社会影响；发表论文及获得专利情况等。（限定在1500字左右，附件另附。）

②研究总结报告。预定计划执行情况，项目研究和实践情况，研究工作中取得的主要成绩和收获，研究工作有哪些不足，有哪些问题尚需深入研究，研究工作中的困难、问题和建议。（限定在1000字左右，附件另附。）

③经费使用情况。完成项目的过程中每一笔开销花费详细记录。

（2）结题研究报告的撰写。此处的结题研究报告和机械设计大赛的作品设计说明书近似，更接近挑战杯课外学术科技作品赛的作品研究报告。学生撰写该结题报告时可以参考，在此不再赘述。

（三）创业训练

创业训练项目是本科生团队在导师指导下，团队中每个学生在项目实施过程中扮演一个或多个具体的角色，负责编制商业计划书、开展可行性研究、模拟企业运行、参加企业实践、撰写创业报告等工作。

创业训练作品的申报书撰写：申请书包含了项目名称、人员信息基本情况、立项依据、经费预算、导师意见等。这部分起主要作用的是立项依据，其他部分按照实际情况填写即可。

由于各省下发的文件通知有所不同，但立项依据的主要内容一样，主要有如下几项。

主要立项依据：
（1）项目来源；
（2）行业及市场前景；
（3）创新点与项目特色；
（4）生产或运营（从生产或运营方式、材料、劳动力、设备需求、质量保证、生产成本方面考虑）；
（5）投融资方案；
（6）管理模式（合作计划、实施方案、机构设置、人员管理、销售策略等）；
（7）风险预测及应对措施；
（8）效益预测（未来三年至五年的销售收入、利润、资产回报率等）。

创业训练也经过前期立项、中期检查和后期结题验收。中期检查和创新训练类似，但结题验收有所不同：主要考查学生通过创业训练项目在创新性思维、创业实践能力、团队合作能力和创业综合素质方面的培养情况，以及项目所取得的成果，包括创业计划书、调研报告、各种总结报告以及获奖等，其中创业计划书应包括产品与服务、市场分析、商业模式、战略规划与管理、运作、财务与风险分析等部分，计划书需在产品服务或者商业模式两方面有明显创新。

（四）创业实践训练

创业实践项目是学生团队在学校导师和企业导师共同指导下，采用前期创新训练项目（或创新性实验）的成果，他们提出一项具有市场前景的创新性产品或者服务，以此为基础开展创业实践活动。

1. 创业实践训练申报书

创业实践训练作品的申报书撰写：申报书包含了项目名称、人员信息基本情况、立项依据、经费预算、导师意见等。这部分起主要作用的是立项依据，其他部分按照实际情况填写即可。

由于各省下发的文件通知有所不同，但立项依据的主要内容一样，主要有如下几项。

主要立项依据：
（1）实体运行机构名称或公司注册名称；
（2）项目背景；
（3）创业计划书主要内容；
（4）行业及市场前景；
（5）技术或商业模式；
（6）创业过程、机会与商业分析；
（7）创业团队组建；
（8）管理模式；
（9）创业投融资计划；
（10）企业成长预测；
（11）风险防范；
（12）预期效益分析。

2. 创业实践训练检查评价

（1）前期立项评价。主要考察项目目标与内容明晰性，参赛人员接受创业实践的条件具备性，项目在技术或商业模式方面具有的创新性及先进性。

队伍建设应考虑：团队成员需有专业背景，导师要具备相关专业知识等。从项目技术核心竞争力考虑，项目团队是否具有对技术研发和项目风险的科学分析与合理规避能力。竞争力体现在与同类产品相比的技术优势是否拥有专利，是否能在技术上形成竞争优势等。

（2）中期检查。主要考察团队对项目市场发展方向的分析及把握，团队对项目市场调研的相关成果。后期计划安排中是否对前期遇到的困难和问题做出后一阶段工作调整及计划安排。

（3）结题验收。从项目实践程度主要考察项目注册成立公司的相关法律证书，包括工商营业执照、税务登记证、机构注册代码等；创业实践项目的落实程度，包括固定办公室场所、是否正常开展业务等；项目所获风险投资意向等。

从项目市场表现方面主要考察项目市场盈利情况、项目市场拓展能力和项目市场反应。

从项目成果方面主要考察项目整体实践成果，包括注册资本、盈利能力、员工数量、业务范围、企业运营状况等。

大学生创业训练项目

申报书

项目类别：□创业训练项目 □创业实践项目

项目名称：_____

项目负责人：_____

项目成员：_____

所属院系：_____

指导教师：_____

填表时间：_____

××××大学　制

项目名称						
负责人	姓名	专业	学号	班级	电话	邮箱
项目成员						
指导教师	姓名			单位		
	职称			联系电话		
企业导师	姓名			单位		
	职称			联系电话		
项目来源	□前期创新项目成果　　□导师的科研项目　　□创新性的课题 □已有产品的继续研发　□企业的需求　　　　□竞赛获奖作品 □科技计划资助　　　　□其他					
项目技术成熟度	□发明专利　　　□实用新型（设计）专利　　□著作权利 □科技成果鉴定　□成熟的设想　　　　　　□初步测试成功　□其他					
创业团队介绍	（团队各成员的知识背景、分工、指导教师、企业导师情况）					
项目的基本情况及创新内容	（产品介绍，产品技术水平，产品的新颖性、先进性和独特性，产品的竞争优势）					

行业及市场前景	（行业历史与前景、市场规模及增长趋势、行业竞争对手、未来市场销售预测）
产品制造	（生产方式、生产材料、劳动力需求、设备需求、质量保证、生产成本）
项目投资预算及融资计划	（资金需求量、用途、使用计划，融资途径）
项目运营模式	（合作计划、实施方案、机构设置、人员管理、销售策略等）

项目风险预测及应对措施	（项目实施可能出现的风险及拟采取的控制措施）
财务预测	（未来三年或五年的销售收入、利润、资产回报率等）
指导教师意见	（从项目可行性、可操作性和成效性加以评价） 指导教师签字：　　　　　　　　　年　　月　　日
院系评审意见	 负责人签字：（盖章）　　　　　　　年　　月　　日

学院评审意见	
	签章：　　　　　　　　　　　年　月　日

第七章 大学生创新创业实例

内容摘要

本章选择了部分大学生创新创业计划的实际案例,分享给使用本教材的大学生,供他们参加比赛或者实际创业时作为参考。

第一节 音乐防丢狗创业策划方案(精选)

21世纪,人们的物质生活水平提高了,GDP不断高涨,但是人们的生活节奏不断加快,生活压力不断提升。这时候,人们总是忙中出错,丢三落四在所难免。当你睡眼惺忪地走出宿舍准备上课时,突然发现放在宿舍的饭卡却怎么找也找不到,于是一早上的心情便被破坏了;当准备出门面试求职时,你的交通卡放在包里却怎么找也找不到时,面试的好状态便被打破……这样的情况,你碰到过吗?

据调查分析,29.5%的大学生以及中小学生存在丢失饭卡的现象,52.4%的大学生存在过饭卡明明就在身边却怎么也找不到的现象。各种卡片由于体积小,质地轻薄,很容易被遗落在书本里、床底、墙角等地方,是十分容易被遗落的东西。大学生亟须一款能够帮助他们找到遗落的饭卡的电子产品,来给他们的生活增加便利,同时丰富生活的情趣。于是,"防丢音乐狗"应运而生。

防丢音乐狗有限责任公司是由南京审计学院六名学生共同筹资组建的一家创意电子产品公司。公司现阶段的主要产品是"防丢音乐狗"。这是一款帮助主人找到遗失在身边某处物品的一种创意微型电子产品。

防丢音乐狗适用于使用卡类产品,并且容易遗落的消费群体,主要针对在校大学生。防丢音乐狗的设计理念迎合了现代人的审美观、消费潮流和生活时尚,为人们提供了方便快捷的创意电子产品，同时为公司取得了良好的经济效益和社会效益。

一、目标市场分析

（一）目标市场的细分

为了开发学生消费市场，我们对大学生和中小学生最常丢失的物件情况进行了调查，由表7-1可知，在最常丢失的物件中，饭卡所占比例最高，高达总人数的1/3。

表7-1　　　　　　　　　　　学生常丢失物件调查情况

物品名称/学生种类	中、小学生	大学生	丢失该物品占总数量的比例	总人数
饭卡	13	50	29.5%	63
钥匙	2	15	22.5%	45
其他	23	10	26.5%	53
极少丢失	34	25	19.5%	39
丢失物件群体人数占总人数的比例	33%	37.5%		200

从总体上看，小学生虽受教育程度较低，但由于父母的经常提醒以及诸多外在工具的帮助，如将钥匙等物品统一放置在一个地方，并随身携带，物品丢失率略低于大学生。而由于饭卡在大学里使用普遍，饭卡基本上是每人一张，吃饭、借书甚至购物都可以通过饭卡解决，因而一旦饭卡丢失，里面的资金被人随意盗用，难免带来诸多麻烦。为能够及时找回遗失的饭卡，并缩短寻找时间，我们对大学生饭卡丢失情况做了进一步的调查，如表7-2所示。

表7-2　　　　　　　　　　　大学生丢失饭卡情况调查

饭卡丢失次数	同意增加提醒装置	同意增加
小于2次	3.63%	29.37%
大于等于2次	7.33%	53.4%

根据饭卡丢失情况调查问卷统计数据显示，除去自身原因，11.1%的大学生认为可通过技术手段，在饭卡上增加某种提醒装置；89.9%的大学生则认为，可通过技术手

段，在饭卡上增加某种丢失寻找装置以达到目的。

（二）目标市场的选择

根据对宏观营销环境和问卷调查的分析，防丢音乐狗做出以下分析。

防丢音乐狗采用的是人口细分和心理细分，采取的细分变量是年龄和消费者的个性情况。根据年龄，把市场细分为中、小学生和大学生；根据消费者的个性，把市场细分为冲动型和稳定型。最终将市场细分为个性稳定的大学生、个性稳定的中小学生、个性冲动的大学生、个性冲动的中小学生。防丢音乐狗瞄准的目标市场是江苏省南京市的高校消费者市场，针对的目标顾客是个性冲动、丢失饭卡次数大于等于2次的大学生；创业的首选城市是江苏省南京市。除了充分的地利人和，它还是中国科教第三城，其高校数量在全国名列前茅。选择南京市的具体原因有如下几个。

（1）市场容量大。南京高校数量多。根据教育部批准的高等学校名单、新批准的学校名单，南京地区的共有54所，在全国排名前十。

（2）市场需求量大。饭卡的数量理应和本大学的学生人数持平，但据问卷数据显示，近一半的大学生至少丢失过一次饭卡，平均下来，饭卡的数量是大学人数的1.5倍，其中重要的原因就在于自身的原因所造成的饭卡遗失。而大学生的生活费在800~1500元，有一定的购买能力。

（3）消费能力强。大学生的生活费普遍集中在800~1500元，除去伙食费600~1000元，生活费剩余200~500元，即大部分同学有较多剩余的钱购置其他生活用品。南京各大高校办理一张饭卡，普遍价格为20元，而防丢音乐狗平均价格在10~20元。因此，南京大学生有足够的消费能力。

（4）浓厚的创业氛围。南京市是江苏省创业和创意产业比较超前的地方，各类创业园区的生机勃勃就是最好的例证。政府宽松的政策支持，在2012年5月10日，南京市委市政府发布《关于实施万名青年大学生创业计划的意见》，南京要扶持1万名青年大学生创业，带动5万人就业；建成大学生创业园（基地）20万平方米，并明确在未来几年将从资金、场地、投融资等7个方面为青年大学生创业进行政策层面的扶持，并且这些优惠将在现行的创业优惠政策外添加。

（5）优越的人文环境。南京高校总数在全国名列前十，人力资源丰厚。同时，团队成员全都在南京高校就读，有深厚的情愫和人脉基础。

（三）目标市场分析

大学生生活方式的改变扩大了对外在辅助工具的需求。大学活动丰富，最直接的影响便是学生们活动范围的扩大，而频繁的移动易造成物件的丢失，也增大了寻找物件的难度，因而不得不借助外在的工具，如相关组织的帮助等进行找寻工作。饭卡因其体积小，使用频繁最常被人遗落。因此，为饭卡增加找寻装置是日益扩大的需求之一。饭卡找寻消费具有明显的"刚性需求"。饭卡是大学校园内的必备品，而饭卡体积小、使用频繁难免造成丢失，找寻饭卡是大部分大学生的"必修课"。

二、消费者行为分析

（一）购买需求分析

随着物质生活的日渐丰富，人们往往在不经意间会丢失这样那样的东西。小到一串钥匙、钱包，大到手机、电脑等。很多丢失物由于本身的特性，不易发现，难于寻找，一旦丢失便再也难寻踪迹，给人们的生活带来不必要的麻烦，甚至是一些经济上的损失。所以对于一个可以方便自己寻找物品的防丢音乐狗，具有很大的需求。下面就以大学生丢失饭卡为例，对防丢音乐狗的购买需求进行分析。

理性的大学生对校园卡的使用创造了广阔的市场需求。目前，大学校园基本实现了校园一卡通，"一卡在手，行遍全校"。校园卡方便了同学们的日常生活，提供了各种便利，学生们也习惯将其随身携带。校园卡外表千篇一律，不便于区分，因此，很多同学尤其是女生，都会给校园卡装上卡套，或贴上卡贴，或佩戴一个小挂饰，彰显个性和个人喜好的同时，又能一眼辨别，一举两得。这为防丢音乐狗提供了安身之所，因而开创了广阔的市场空间和需求。

特殊的人群消费提供了良好前景。正是因为随身携带、抽拿频繁，这样一张薄薄的卡片一不留神便会不知所踪。校园卡一般都是直接使用，不需要密码，所以一旦丢失可能会被人冒领，造成财产损失。即使没有被人捡到冒用，补办一张新的也会造成额外开支。长此以往，若一不小心多丢几次，学生在校园卡丢失问题上花费的开支会越来越多。同学们希望有一样电子追踪器，帮助他们找回无意中遗失的饭卡。调查显示，目前一所大学的学生中，约50%的学生至少丢过一次饭卡。更有甚者，丢过2~3次饭卡。

大学生对新兴事物的接受能力较强。一旦有防丢音乐狗，只要条件允许，他们一般都会选择尝试一下这种新的技术。不仅满足了好奇心，也能够防止饭卡再一次丢失得无影无踪。

(二) 其他方式为何不能满足消费者需求（表 7-3）

表 7-3　　　　　　　　　本产品与其他找寻方式优劣比较

其他寻找方式	寻找特点	不足	我们的优势
网络媒体	传播快	上网人群转发，范围有限	缩小查找区域
同学帮忙	人数有限	范围有限，效率低下	缩小查询区域，提高效率
失物招领	地点固定	没有人交到该处，无法找到	主动寻找

(三) 消费者心理分析

减少了丢失校园卡的担心。一旦丢失校园卡，学生往往会很焦急。因为平时吃饭、打水、去超市，都需要用到校园卡。缺少了它，生活必然会有诸多不便。如果给校园卡安装上这个小小的装置，不仅美观，还可以减少许多因为丢卡而带来的担心。

满足了追求新鲜事物的好奇心。给校园卡装一个追踪设备，从一定程度上可以满足目前学生们对于新鲜事物的一种猎奇心理。毕竟在此之前，并没有人做出这样的东西。一张小小的饭卡也有如此奥秘，令人兴奋。

大学生对于该产品的实际需要。它美观便捷、便宜实惠，小小外壳，带来巨大的方便，大大满足了大学生丰富生活、减少寻找麻烦的需求。

不管对于大学生，还是其他年龄层次的人群，一个防丢音乐狗可以极大地方便人们的生活。一方面减轻了丢失东西难以找寻的顾虑；另一方面它外形美观独特，功能丰富多样，携带轻便简单，可以满足不同人多样化需求。在市场上，具有广阔的需求前景。

三、完整产品说明

(一) 产品简述

防丢音乐狗是帮助失主找到遗失在身边某处物品的一种高端微型科技数码产品。现代人由于生活节奏快，很多人难免出现丢三落四的时候，很多东西，如钥匙、银行卡、饭卡等，都是人们经常遗失的物品。防丢音乐狗主要针对目前大学生容易遗失的饭卡、交通卡、银行卡等卡类产品设计的一款防丢失的数码产品。防丢器由母机和子机组成。子机安放或粘贴在卡类产品身上，作为音乐或录音存储物，一般形式为卡贴、卡套、挂件等；主机携带在主人身上，以遥控器的形式遥控子机，当找不到卡类产品时，只要按遥控器，子机上的音乐或录音就会响起，主人即可通过声音判断遗失物的位置，然后找到遗失物。20%~30%的防丢器形式为项链、手链、挂件等。安全范围：可以自由调节，最近20~30厘米，最远10米左右。

（二）产品功能概述

FINDER防丢音乐狗，主要是一套设备，有两个主要的设备，一个是音乐录放设备，另一个是遥控设备。音乐录放设备在技术上支持音乐的发生，而在遥控技术的控制下，音乐设备就会发出之前消费者或者厂家设定的声音，这样就形成一种不是丢失者找丢失物，而是丢失物在"喊"丢失者来取它。FINDER防丢音乐狗，子机的发声设备不是单独发声，而是在收到母机给的指令之后才会进行发声，这样的遥控技术在现在的科技背景下，很容易实现。现在在轿车上运用的比较多的"铁将军"技术，就是该技术的一种比较普遍的表现。而它实现的距离也在不断地扩大，一个在方圆10米范围就能够感受到信号的遥控设备，最简单的设备价格在7~8元，真可谓是"旧时王谢堂前燕，飞入寻常百姓家"。

随着电子电路技术、电路集成技术和遥控技术的发展，遥控器和音乐录放设备的体积越来越小。以音乐录放设备而言，现在民用的，价格在普通消费者能接受的范围之内的最小的音乐录放设备，就是普通的音乐贺卡中的音乐播放器，大小只有小拇指的指甲盖的大小，而遥控器的体积也大体相似。

在音乐录放设备的设计上，FINDER防丢音乐狗有两个不同方向的设计，一种是不可擦写的，就是出厂时候设计录入的音乐，在整个设备的生命周期中是不可变更的，而这样的音乐也只是在丢失物的寻找上起到一个"用声音定位的作用"；而另一种是可擦写的，就是说录制的声音信息是根据消费者个人的喜好录入的，消费者可以在音乐设备中录入自己的姓名、联系方式等，这样就可以很好地解决FINDER防丢音乐狗因为遥控距离的限制，不能去寻找丢得比较远的丢失物的问题。有了这些信息，捡到丢失物的人可以按照上述的声音信息，去寻找失主，就好像很多人捡到饭卡之后，会根据饭卡上的信息去寻找失主一样。

公司致力于寻找一条方便快捷的道路去找丢失物。寻找丢失物的过程，就好像失主去打开一扇扇门，而遥控器就像我们要去开的这些门的钥匙，只有把钥匙放在身边才有可能去打开这一扇扇门，然而钥匙也是有丢的可能性的。为了解决该问题，就用这"钥匙"一直"绑"住自己。于是我们用手链这一载体，将遥控器和我们真正融为一体，让找寻物的钥匙不再离开我们。

随着文化的不断开放，现在的消费者越来越多地想突出自身的个性。为了顺应这一潮流，FINDER防丢音乐狗在电子内核设备的外接载体的设计上也充分考虑到这一趋势。音乐录放设备（如卡套卡贴）和遥控外部承载设备（手链）的图案或者款式，除了厂家设计的以外，还可以直接接受消费者的图案或款式预订，可以为其单独定制出来。当然这样的定制服务的收费也是不一样的，会高于普通设备的价格。

（三）后续产品构想

在第一期的产品能够销售不错的前提之下，按照消费者心理学的推理，大多数的消费者开始寻求更加便捷、可靠、智能的产品。消费者对于防丢音乐狗的要求也是如此，所以在后续产品的构想上面要更多地考虑到方便性和实用性。

根据实际调查得出，很多人（普通大学生）都不习惯戴手链手镯这类饰品，于是就遥控设备的载体形式进行了改进。

1. 便携型遥控承载设备

我们每天带在身边的几样常见的东西里面，手机应该算是我们接触到的次数最多的物件了，而且手机因为其智能性，成为很多产品的遥控装置，很典型的有"物联网"，大到热水器的提前升温，小到走道灯光的开关，都可以通过手机软件实现远程直接控制。防丢音乐狗也可以采用这种形式，在有了这样的技术和资金支持的条件下，可以把机械化的电子控制系统变成软件化控制，这样就很好地解决了很多消费者不愿意购买和携带饰品的不足了。

2. 固定型遥控承载设备

通过调查发现，很多人会存在这样的疑问，既然防丢音乐狗的消费人群是粗心大意的人，那为什么可以判定，遥控器在他们的手上就不会被弄丢呢？原先的手链等承载设备其实已经能很好地解决该问题了，但是消费者的心理上接受起来还是比较困难，所以在遥控器的承载设备上，转变了设计思路，将便携型的设计思路转变成固定型的设计，可以将遥控器做得比较平整一些，在遥控器的背后附上一定的强力胶水，可以粘贴在消费者比较常出现的地方,如书房、起居室等地方的墙面上,或者冰箱的外面都可以,这样的设计能够很好地解决两方面的问题:第一,防止遥控器丢失;第二,遥控器的体积问题。因为体积方面不再受到限制,所以在遥控器上就可以考虑科技含量更高的一对多式的遥控设备(即一个遥控器可以控制多个音乐录放设备)的设计。

3. 组合型遥控承载设备

所谓组合型遥控器承载设备,就是一种让遥控器"消失"的设计思路。现在在一户普通的家庭中会出现电视遥控器和空调遥控器等这些最普通的遥控器,FINDER 公司准备在做出一定规模的情况下,与大多的电视机生产厂商和空调生产厂商进行联合,在其遥控板上多安一个或者多个键,作为丢失物寻找键。这样就能够避免寻找丢失物遥控器作为一个单独的物件出现,而是将其融合到其他日常生活必不可少的遥控器中。这样既减少了遥控器丢失的可能,也减少了所占空间。

四、生产流程

本公司拥有防丢音乐狗的核心技术,并已向国家知识产权局专利局受理处申请专利。防丢音乐狗的具体生产通过外包模式——本公司掌握核心技术,具体生产承包给其他厂商,负责各部分的生产、组装。防丢音乐狗的生产主要包括大规模生产和小规模定制两种形式。防丢音乐狗配件主要由音乐录放器和遥控器两部分构成,这两部分分别交付给两家厂商生产。卡套卡贴手链等装饰性物品则由工艺品制造商生产。最后由代加工工厂负责产品的最终组装,将音乐录放器和遥控器与卡套卡贴手链等装饰物进行组装。大规模生产即为批量生产、固定形式,而小规模定制则根据消费者的需求,与厂商联系,进行特殊定制生产。生产流程如图 7-1 所示。

声音录入小规模定制。在提供固定的可选发声内容的基础上,本公司可以提供具体的发声内容。根据消费者的特殊需求,跟 A 厂商进行实时交流,将消费者提供的发声内容,交由 A 厂商,如消费者提供的音乐、铃声、个性声音等。

外包装饰小规模定制。外包装饰拥有卡贴、卡套等形式。消费者可以提供自己喜欢的照片图案等,交由 C 厂商负责印制生产,然后将特制图片印在卡贴和卡套外观。

特别说明:由于小规模定制相较于大规模批量生产,成本较高,所以在统一销售价格基础上,要适度加上部分特殊加工费,价格略有差别。

```
┌─────────────────────┐
│ 音乐录放器生产      │
└─────────────────────┘
交由录放器A生产厂商负责，并长期保持联系，为具体生产提供具体需求

┌─────────────────────┐
│ 遥控设备生产        │
└─────────────────────┘
交由录放器B生产厂商负责，生产过程中注重产品的创新，在外形构造上不断创新，生产出多样化的遥控设备

┌─────────────────────┐
│ 外包装饰            │
└─────────────────────┘
交由录放器C生产厂商负责，外包装饰主要为卡贴、卡套、手链等小装饰物。在生产之前做好沟通工作，与厂商确定好产品设计图，生产出可以安置音乐录放器和遥控设备的外包装饰。

┌─────────────────────┐
│ 组装                │
└─────────────────────┘
将 ABC 厂商生产的产品最终交由D厂商负责组装，将音乐播放器和遥控生产设备嵌入外包装饰中，产出最终的商品。
```

图 7-1　生产流程

五、营销策划

（一）产品策略

防丢音乐狗是一款专为生活中丢三落四的人在短距离内寻找丢失的小物件设计的寻找设备。而这样的设备并不仅仅是一个光光的芯片和遥控器这么简单，在一个简简单单的电子电路的外板上有很大的文章可以做。在外包装上，可以有很多的形象和样式。在遥控器的主要配置上面，准备把一个微型的传感器放在一条手链或者钥匙扣上，以便人们能时时刻刻带在身边。而在附加产品的选择上，也可以有较多的选择余地。

（二）外观差异化

防丢音乐狗的音乐发生器大约只有一个指甲盖的大小，所以这样一个小小的东西可以镶嵌在任何一个外观产品中。而这样的载体可以有很多的选择方向。公司在当前市场主流的载体中，详细分为以下两大类：第一大类是钥匙扣挂坠大类，第二大类是卡贴卡

套大类。当然两者在形式形态上的区别还是应该突出的，项目组认为钥匙扣挂坠大类里的音乐发生器偏向于立体型形态，而卡贴卡套类的音乐发生器主要是偏向于扁平的形态发展，主要是要避免在卡套中有异物感，放在口袋里应该是平顺的。

1. 钥匙扣挂坠类

钥匙扣挂坠类又包括公仔类、金属质感类、水晶玻璃质感类以及其他。因为这样的外包装线是外包出去的，所以可以和相关的产品制造厂商取得联系，现今市面上有什么挂坠类型，就能生产或者批发到什么挂坠类型的防丢音乐狗。

2. 卡贴卡套类

卡贴卡套类又包括美女主题、风景主题、城市主题、创意主题、影视主题、情感主题、动漫主题、视觉主题、机械主题、动物主题、运动主题、男人主题、艺术主题以及其他主题。卡贴卡套类的制作工艺可以分成两种具体的方式：一种是现有卡套粘贴模式，另外一种是外包整体制作模式。第一种模式是直接购买现在市面上就有的卡贴，由人工贴在电子感应芯片上面，形成新的带有电子感应性质的卡贴。第二种模式就是直接把电子感应器镶嵌在卡套之中，整体生产。

（三）产品附加值设计

产品的附加值主要体现在微型遥控器载体的设计上。微型遥控器主要可以搭载在手链或者钥匙链以及其他一些人身体的挂件上，当然最主要的是手链，这样的设计是基于两方面的原因：第一，手链或者钥匙链携带方便，我们走访了大量的学生消费者群体，询问随身携带的几件必备的物品，手链挂坠和钥匙链是排名靠前的三个；第二，以这些物品为载体，很大程度上考虑了产品的附加值可以随之增长的可行性。我们智能化的防丢音乐狗，在某种意义上可以认为是一条有科技含量的手链。而这样的组合，即使对核心技术不进行改进，只是进行外观的改进就能产生更新换代的效果。

（四）定价原则和依据

从当前的现状来看，小型民用寻物设备市场基本上是一片蓝海市场。在市场中唯一有的竞争对手是音乐钥匙扣，可是音乐钥匙扣因为定位错误几乎没有任何市场。所以防丢音乐狗几乎没有任何成型的产品可以为其定价提供参考。作为一款新型的产品，公司准备以差别定价法为原则对该产品进行定价。

防丢音乐狗，主要由以下几个部分组成：小型音乐录放设备；微型遥控器和接收设备；卡贴卡套或钥匙扣等音乐录放器承载设备；手链等遥控器承载设备。

整体产品成本导向定价法。按照最低的价格进行产品生产和销售，所有的部件基本上采用最廉价的设备，用直接累加法，可得最终的价格在 17 元上下。

产品形式差别定价法。即公司对于不同的型号或者形式的产品，分别制定不同的价格，但是不同的型号或者形式的产品的价格差额和成本费用之间没有明确的比例关系。例如，可以根据最近的流行趋势制定不同类型的音乐录放器承载设备，就可以产生下面的区别定价（如表 7-4 所示）。

表 7-4　　　　　　　　　　产品的区别定价

单位：元 播放器类	奥巴马公仔 金属系列	奥巴马公仔 陶瓷系列	奥巴马公仔 硬塑系列	奥巴马公仔 软塑系列
可擦写播放器	22	20	18	16
不可擦写播放器	35	33	31	29

第二节　【我 fun】大学生服务平台创业计划（精选）

面对大学生的消费者，【我 fun】平台发布职业规划、生活与企业面对面等方面的信息，引入"围脖儿"作为会员交流的平台。并与周边商家合作推出【我 fun】优惠卡与外卖服务，为会员提供便利和优惠。还可以组织南京高校之间的交流，促进南京高校学子的沟通。面对企业客户，在拥有庞大客户群体的基础上，与商家进一步合作。致力于将网络与实体经营相结合，为商家提供庞大的用户数据，为商家提供信息专业的平台，作为企业快速客服的通道，并且提供顾客调研信息、与其他商家交流等有针对性的服务，可以让企业深度了解大学生的信息，构建良好的口碑监测系统。

【我 fun】将服务体系分为信息收集、信息整合、信息供应、信息反馈四个阶段，针对各个阶段提供全面优质的一站式服务，竭力为商家提供较为准确的二手数据。贯穿所有阶段的核心理念是人性化，以顾客（商家和大学生）需求为导向，运用产业链模式，通过换位思考、交流反馈，形成一种循环的网络结构，更好地拉近商家和大学生的距离，争做顾客的管家、商家的朋友。

【我 fun】在注重经济效益的同时，也不忘自身的社会责任，通过创立"金陵大学生创业基金"，鼓励大学生自强自立，承担社会责任。另外，在宣传过程中，将传单等传统的宣传方式改为网络等新型宣传方式，倡导环保理念，响应国家构建的资源节约型和环境友好型社会的号召。

同时，【我 fun】采取俱乐部化的管理模式，通过完善的准入原则、可靠的质量保证、专业权威的指导，获取良好的核心利益与价值。面对激烈的市场竞争，以优质独到的核心服务与产品争取树立良好的品牌形象，以专业客观的分析和预测来策划该项目营销方案。

一、目标市场分析与预测

（一）针对大学生的调查

1. 问卷调查

我们的校园大使利用闲暇时间对南京不同高校学生进行了抽取问卷调查。在南京随机抽取具有代表性的 10 所大学，对不同院系约 2000 名学生发放了问卷调查表，回收有效调查问卷 1950 份，经过对所得数据的分析，在大学生消费倾向和其对不同高校整合信息的需求等方面得出了一些结论。经过问卷调查所得到的结论为我们在目标市场的合理定位、营销策略的正确选择等提供了参考依据（调查问卷见附录）。通过这次问卷调查，得出了以下几点结论。

南京的大学生之间的沟通相对较少，往往仅局限于了解本校的信息。在校大学生对其他高校的最新时讯、校园信息等的了解渠道比较闭塞。比如某高校举办的校园招聘会、名师讲座等信息，急需一个专业的信息平台对其进行整合发布。并且，高校之间缺乏一个直接沟通交流的平台，这使得大学生的交际圈更加狭隘，不同院校、不同专业的学生难以在学习生活中找到更多志同道合的朋友。

随着电脑、网络的日益普及，越来越多的人通过互联网来了解信息。据了解，95%的学生每天花在网上的时间在 2 个小时左右，他们发布信息、交流信息的主要平台是论坛、QQ 和门户网站，而这些网站上的信息过于繁杂且没有针对性，致使大学生在网络上漫无目的地闲逛，浪费了大量的时间，如图 7-2 所示。

高校大学生的大多数时间都待在学校里，这导致他们与社会缺少联系，与企业脱节，大学生对企业所需人才不了解，企业对大学生现状也不熟悉。对于现在的大学生，增加其社会阅历，使其具备现代企业所要求的能力显得尤为重要。因此双方都需要一个加强彼此沟通交流的信息平台。

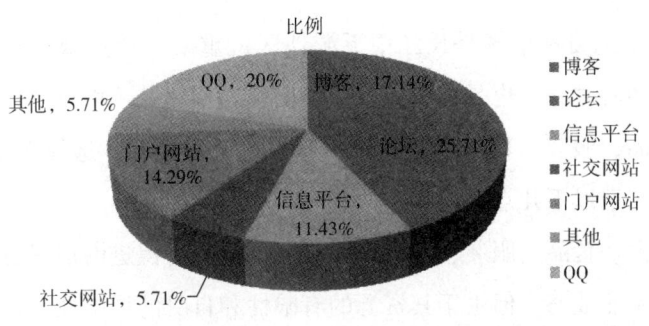

图 7-2　大学生发布信息的地方比例

资料来源：www.askform.cn。

2. 走访调查

通过对大学生的随机走访调查，发现他们对其他高校的最新时讯动态几乎一无所知，更有人对本校的情况也不是很了解。并且，在校大学生对企业的人才需求信息求之若渴，期望能够加强跟社会上各类企业的交流，并从中学到有用的知识。

3. 电话调查

通过电话随机联系在校学生，与他们在消费倾向和其对不同高校整合信息的需求等方面进行了简单的交流，发现他们主要关注的信息类型在新闻娱乐方面，但同时取得了一些有价值的信息，调查出他们对其他高校信息了解的程度不深。

（二）针对企业的目标分析

1. 目标市场细分

企业消费者需求的差异性。【我 fun】所针对的消费对象是对大学生市场十分重视的食品、服装、数码等行业中的企业。这些企业所处行业与其他行业有着明显的差异性。主要体现在这些企业相比较其他行业更加看重消费者的需求信息，他们的生产方向很大程度上由消费者的兴趣爱好所左右，而大学生毕业后对品牌有持续的偏好与认知，是现在和未来的一个重要消费群体。因此，相比较其他企业，此类企业在调研考察消费者的消费倾向上要花费大量的人力、物力和财力。

企业资源的有限性。由于市场外部环境的不可控性和企业资源的有限性，任何一个企业都不可能满足市场上所有顾客的需求。食品、服装、数码公司等企业相比较其他行业而言，更专注于大学生市场。由于他们资源的有限性，他们无法对大学生市场的信息做到与时俱进。

2. 目标市场选择

【我 fun】瞄准的目标市场是长江中下游地区最重要的产业城市和经济中心，中国重要的文化教育中心之一，也是华东地区重要的交通枢纽——南京市，针对的目标客户是江苏地区的食品、服装、数码企业。除了充分的天时地利，选择南京市食品、服装、数码企业的原因基于以下几点。

市场需求量大。食品、服装、数码企业必须依靠与时俱进的消费需求信息来调整自己的生产目标和企业战略。但由于其资源的有限性和自身的局限性，这些企业对大学生市场了解比较少。因此，有关大学生对产品服务的消费倾向信息对于食品、服装、数码企业来说是相当重要的。

市场容量大。由于南京特殊、优越的地理位置，一直是长江中下游地区最重要的经济中心之一。据不完全统计，江苏省的企业数量约为100万家，南京的企业数量约为10万家。

浓厚的创业氛围。南京曾获全国"科技兴市""科技进步先进城市"等，积极创新一直是南京政府大力支持倡导的。

优越的人文环境。南京是六朝古都，曾获得联合国人居署荣誉奖，亦是第二届夏季青年奥林匹克运动会的举办城市。因此南京具有全国其他城市所没有的优越的人文环境。

二、竞争格局分析

（一）总体市场规模

随着市场细分，大学生市场成为企业的必争之地，对于食品、服饰、数码等行业来说，大学生市场是其重要市场之一，而且大学生毕业后对品牌有持续的偏好与认知，因而企业对大学生市场关注程度日益提高。南京高校总量为全国第三，在校学生人数大约54万人。这是一个庞大的信息群体，对于需求大学生信息的企业来说，南京大学生市场是他们必须重视的一块重要市场，因而企业十分需要我们整合的大学生消费信息。由此可见，市场规模足够大，盈利空间也比较广阔，总体经营前景乐观。

（二）竞争状况

基于对南京10所大学约2000名学生所做的调查，目前大学生网络存在各类咨询交流网站，如人人网、各学院的 BBS、西祠胡同等网站。这些网络平台的缺陷主要在于：面向全国，缺少一个区域性信息的整合；没有针对大学生这一独特的消费群体；信息较为繁杂，缺少针对性；有些网站的信誉度难以保证。

【我 fun】作为南京高校大学生的信息交流平台，与其他同类网站相比优势主要在于以下几点：

（1）整合南京高校信息。分门别类地整合南京各大高校的信息，为大学生提供职业规划、日常生活、名企面对面、围脖儿四个板块的信息。

（2）南京大学生本土团购。联合南京商家推出【我 fun】打折优惠卡与外卖服务，最大限度地为南京大学生提供服务。

（3）南京大学生之间交流。【我 fun】为不同高校的学生提供交流机会，通过线下活动，彼此交流，共同进步。

（4）企业与大学生的交流。高校学子与企业之间的交流，拓宽了南京高校大学生的视野，使他们能更好更快地熟悉社会。

主要竞争对手如表 7-5 所示。

表 7-5　　　　　　　　　　主要竞争对手分析

品牌	人人网、腾讯等大型互联网社区	仙林 7788、各学院等高校信息发布网站	西祠胡同等地域性交流网站	应届生、考研教育网等专门给大学生提供分门别类信息的网站	拉手网、糯米网等网购网
主要提供服务	即时聊天、信息交流、游戏	大学生生活的交流，各学校信息的发布与交流	地域性论坛讨论网站，针对南京市民	求职、考研信息	团购、折扣活动
劣势	针对性不强，种类太繁杂；主要是交流工具，并不是专门的信息发布平台；地域性不强，普遍忽略了信息的地域化差异	只是校方的信息发布；主要是本校内或相邻大学城的信息，不同学校的信息很难互通交流；学生交流占多数，娱乐性太强，难以收集到有价值的信息	针对南京市民，多是信息的讨论；对于大学生没有针对性，难以找到有针对性的信息	只是一方面的信息，难以吸引全部大学生，提供服务单一；地域性不强，普遍忽略了信息的地域化差异	只是单纯的团购网站，缺少信誉

（三）竞争优势

企业核心竞争力综合分析：【我 fun】相对于其他信息发布平台的核心竞争力在于以下几点。

区域化优势：【我 fun】是立足于南京高校，涉足符合学生利益的项目，从而收集到有地区独特性的大学生信息，从而为企业整合的信息有独特性、针对性，达到"特区式"的区域经营。

受众亲近优势：【我 fun】的目标受众群体是高校的学生，诚心为高校学生提供各种贴心服务，有利于拉近与学生的距离，有亲近感，同时基于学生的服务将得到目标高校学生的大力支持。在获得学生支持的基础上，可以收集到全面的信息，从而能为企业提供更贴近大学生心理的市场调研报告。

先行性优势：目前这类专注于高校的特色平台还是比较少的，【我 fun】有着先行者的优势，正是这种优势，将会赢得更多的关注，这比一般的信息平台来说是更具有优势的。

特色经营优势：【我 fun】是将南京所有高校的信息进行整合发布，同时根据不同院校的不同情况，为他们提供针对性的信息。通过这一平台建立起企业和学生沟通的桥梁。全方位和人性化的服务是我们的特色经营优势。

贴心服务的优势：【我 fun】贴心关怀会员，只要成为网站的友好商户和会员，将会得到网站的各种特色化的贴心服务和人文关怀。这种关爱会员，贴心服务会员的做法将是我们竞争优势的一大资本。

三、消费者行为分析

（一）购买需求分析

1. 【我 fun】市场需求分析

随着信息网络的不断发展和完善，越来越多的人更加倾向于通过互联网来获取信息，【我 fun】以其专业的网络服务平台提供给大学生学习、生活娱乐、职业生涯规划所需，能够把南京大学生聚集起来，一起感受南京这座城市的魅力。另外，企业可以利用本平台具有创新性的营销模式，并且利用庞大的用户群开展市场调研，还可以成为企业快速客服的通道。

（1）南京大学生。据调查，南京大学数量位居全国第三，南京在校大学生人数约54万人。【我 fun】针对南京各个高校大学生的情况，综合收集各方面的服务信息，力求成为他们学习、生活的风向标。

在市场经济不断发展的情况下，各种新兴理念对大学生的生活、学习方式产生着越来越多的压力，大学生需要一种新的生活方式和消费理念，缓解其压力。

学生喜欢方便快捷、价格实惠的服务或产品，偏好对自己有用的信息。对服饰、数码、食品等方面的咨询特别关注。南京大学生由于缺乏整合此类信息的实时资讯，无法满足其偏好。

南京大学生主要处于三个分散的大学城，首先大学城离市区较远，交通较不方便并且交通拥堵，出行困难。另外，大学城提供的服务不成熟，南京大学生希望能够通过一个便捷的平台使其足不出户，感受到城市的气息。大多数学生在大学处于人生的迷茫期，针对南京大学生特别定制的网络职业生涯规划能够使一部分有志向大学生更有动力迎接未来，让另一部迷失的大学生走出失意，重新看到希望。

大学生对各种信息获取困难，难以获得全方位的信息，他们的性格特点极其渴望获得有整合性、针对性的信息，以满足其学习、生活的需要，但寻找过程复杂，浪费了大量时间，使大学生放弃了搜寻，不利于学生知识的扩展。

现在类似的网络平台对于南京大学生没有针对性，只能满足大学生一部分需求，南京大学生需要一个专业、细致的网站为其提供日常所需。随着校园数字化时代的到来，电子商务的发展前景十分广阔，并且日趋成熟、完善。大学生也十分喜欢通过网络来满足自己各方面的需求，足不出户，一键完成。

（2）企业。企业都想开拓大学生这个极具潜力的市场，但是，没有一个专业的平台为其提供专门服务，而企业都想掌握主动权，赢得大学生这块市场份额。并且，企业缺乏针对大学生市场调研的信息，难以很好地把握好这块市场。

企业需求：想要了解自身消费者满意度、客户关系满意度、品牌知名度、形象、品牌资产与核心价值以及市场占有率，另外还想了解消费者的价格敏感度、价格与市场价格潜量、市场潜力与可行性调查、商情趋势、竞争对手调查、市场机会分析、市场分析和定位，还包括自身商圈与选址调查、零售普查、消费行为分析等。

例如：服饰企业想要了解大学生可以接受的服饰价格范围；对服饰款式的要求及对大学生更新速度的把握；大学生每季度喜欢的服饰材质，对品牌认知度的看法，对品牌层次定位的要求，对服饰图案的要求等。大学生食品企业，比如卫岗奶业：想要了解学生可以接受的鲜奶、酸牛奶价格；了解学生喜欢牛奶的口味和能够接受的口味（黄桃、草莓）；了解学生更喜欢接受牛奶的甜度、浓度、纯度、口感细腻度；了解学生更乐意购买何种包装的牛奶，包装的材质、形状等。

面包集团企业，比如冠生园想要了解学生喜欢的面包、糕点的种类；了解学生偏好的面包、糕点的口感、松软程度、甜咸程度；.可以接受的面包、糕点的价格；了解学生喜欢的包装形状、材质等。

数码产品企业，想要了解各类数码产品学生可接受的价格；学生对品牌的认知度、偏好度；学生想要得到的数码产品的功能、配置、寿命；学生喜欢的数码产品的款式、颜色等外观信息；数码产品的综合性价比率的接受范围等。目前针对学生的企业都以实体店为主，缺乏与之相结合的创新性营销模式，并且针对其广告也没有一个专业的平台为其宣传，这样难以实现大学生这一市场潜在的优势。

企业市场调研也缺乏一定的群体，企业可以利用大学生为自己的产品或服务调研，获取对自己有用的信息。大学生作为一个有潜力、有消费能力的群体，企业希望大学生能够对其品牌产生偏好和认知度，等大学生步入社会后，能够继续购买其产品。面对渴望人才的企业，也可以通过名企面对面等活动发现高素质的人才。

2. 现有市场为何不能满足消费者需求

（1）大学生。现有市场上为南京大学生提供服务的团体鱼龙混杂，不能高质量地满足大学生消费者的需求，与大学生的日常生活相距较远。无论是针对性、服务质量、学术性还是信息潜在价值、地域性方面，【我 fun】的综合指数高于其他竞争对手。【我 fun】针对南京市场大学生，有高效的服务质量，较强的学术性，对于大学生来说信息潜在价值高，拥有针对南京地区的极强地域性。

【我 fun】"嗨，朋友；嗨，未来"的先进经营理念引导大学生形成积极的人生观、价值观、消费观和生活方式，这是现有市场有待完善的。

（2）企业。企业没有很好的专业平台来整合南京大学生的信息，面对这一被动的情况，【我 fun】平台将打破这种局面，转被动为主动，让大学生通过本平台自主地提供信息交流，从而使企业能够更好地获得大学生的需求信息。

通过推荐活动，可以弥补企业拓展市场份额的面不广不全面，为企业争取更大的市场份额。

企业需要大学生这一青春活力的群体为其企业注入新鲜血液，帮助企业更好地发展。

（二）客户心理分析

1. 大学生

【我 fun】将为他们提供最全面、最贴心的服务，不仅有实体服务，还有与他们生活、学习、工作息息相关的信息。因为【我 fun】是与南京大学生最贴近的，信息更新快、发布信息量大，能最大限度地了解大学生需要什么并为此做出努力。

当代大学生注重理性消费，【我 fun】的团购等服务，能帮助大学生节省开支、形成正确的消费观。当代大学生生活、消费方式电子化、网络化，【我 fun】大学生服务平台正好顺应其偏好，为南京大学生提供了良好的网络服务平台。

2. 企业

【我 fun】是面向大学生的网络平台，在其上发布相关广告信息能最大地扩大信息的辐射面。因而，对企业而言，在网络平台上发布广告信息是他们最好的选择。并且，本网络平台通过每日推荐、品牌推广、新品介绍等栏目，收集大学生信息动态，整合后提供给企业，能够便于企业进行二手数据的板块性分析。而且通过线下活动，其可以进行市场调研、发掘人才、品牌推广等活动，不乏吸引力。

3. 企业与大学生

在满足消费需求的同时，【我 fun】还将是一个情感交流、延伸社会关系的平台。在这里，企业和大学生、企业和企业、大学生和大学生之间能够获得一个交流的平台，并且这将促进积极的消费观和生活态度的形成。

四、完整产品说明

（一）产品定位说明

【我 fun】的目标市场主要是在校大学生（南京）以及相关合作企业，与其他竞争对手相比，【我 fun】为顾客提供更加优质、更加人性化的服务。【我 fun】为南京在校大学生提供学习、生活和职业生涯规划等各方面的资讯，为合作商家提供了一个优质的商业 B2C 平台和大学生消费群体的信息。【我 fun】依托专业网站为顾客提供的舒心、贴心、人性化的服务将领先于同类竞争者。目标客户所能得到的价值和利益体现在以下几方面。

1. 对于南京在校大学生

（1）提供全方位最新资讯。【我 fun】从职业规划，生活和企业面对面等板块为南京在校大学生提供全方面的资讯，并且重视信息的及时更新。

（2）俱乐部式的经营模式。【我 fun】采取会员制的经营方式。会员将有完整的信息记录并建立数据库，这些信息将得到尊重。

定期活动。发送信息告知会员优惠活动等资讯，并且开展针对会员的进店打折活动。通过每月一次的名企面对面满足商家和学生的需求。

不定期活动。进行会员抽奖活动，企业酒会和南京高校嘉年华等线下活动信息发布，对会员发出邀请。

（3）提供一个经验沟通与情感交流的平台。【我 fun】通过线下举办南京高校嘉年华活动，加强南京不同高校同学的合作与交流。【我 fun】的学生客户群对人际交流与人脉建设具有特殊的需求，建立广泛的人际网络对于他们格外重要。公司提供了这样一个学生群体交流的平台，以满足学生群体对增加学习经验、休闲乐趣、交友沟通的需要。

2. 对于合作企业

（1）积累庞大的用户数据。在【我 fun】信息平台上，众多的用户公开个人信息，而这些用户数据和信息数据都值得深层次挖掘，因此，企业可以得到有价值的数据和信息，可以批量跟踪这些用户。

（2）作为企业的信息发布平台。【我 fun】是一种更快、更有效、更经济接触客户的企业信息的发布平台。

（3）作为企业快速客服的通道。用户在对企业的产品或服务发出了质疑、请求帮助等信息时，对【我 fun】用户实时跟踪的企业便可以快速地了解到，并通过"围脖儿"或邮件或电话等方法回复，避免用户因为不满而大规模地在网上传播，快速解决用户的问题，能够较为有效地提高客户的满意度。

（4）方便企业深度了解消费者的平台。【我 fun】是企业较好地聆听、了解客户的有效平台。大学生在本信息平台上记录了自己日常的真实想法、爱好、需求、计划、感想等，真实地表露了自己的消费需求、偏好、生活形态、品牌态度等，使企业一定程度上能够了解消费者对产品的态度、需求和期望、购买渠道、购买考虑因素，有助于企业深度了解消费者，从而制定或者优化产品策略、营销策略。

（5）企业口碑监测的平台。对于企业的市场公关人员来说，互联网上的"公关危机"就如洪水猛兽般袭来，令人胆战心惊。互联网特有的病毒式传播，使得用户对某些产品或企业服务的负面言论、品牌的负面评价都有可能导致企业的公关危机。因而，广告主对【我 fun】用户的品牌口碑实时监测尤为重要。而本信息平台具有的搜索功能，以及相关的实时监测功能，使企业实时监测品牌的口碑成为可能。

（6）提升商家利润。在南京各大学周围，除【我 fun】之外，尚未有其他专业的网站为他们提供面向全南京在校学生的网络宣传平台，针对当代大学生消费水平的提高，以及南京各大学的实际分布情况。【我 fun】的出现，能为商家提供信息发布的平台，提升认知度，增加客源，从而提高利润。

（7）提供隐蔽性市场调研。通过对【我 fun】网站各板块访问情况的汇总，对南京在校大学生对各种产品和服务的偏好性进行分析，促使商家能够及时调整产品体系和营销策略，使之更好地适应市场需求。

（8）促进企业间的交流。【我 fun】定期举办商业酒会，促进客户群体同为在校大学生提供服务的企业更好地交流。例如，进行捆绑性销售、营销模式探讨以及其他领域的合作。

3. 双赢、互利的经营模式

【我 fun】定期举办商家、消费者嘉年华，不仅会给消费者带来实惠，提升商家的销售空间，还将大大增进两者之间的交流，达到互惠互利的效果。通过举办与名企面对面活动，加强在校大学生与商家之间的交流。

（1）网站与现实的"生物链"循环模式。通过【我 fun】网络平台发布信息，客户通过网络预定得到相应的产品或服务；另外，在客户体验完网站和商家的双重服务后，在网站上对二者的服务和产品作出相应的评价以及建议，促使二者共同提高，也便于商家了解消费者需求。

（2）围脖儿。【我 fun】与围脖儿合作，设立南京大学生交流平台，加强大学生之间的交流。南京大学生可以通过围脖儿发表自己心情，对同一话题进行交流、讨论。企业通过围脖儿宣传自己的产品，成为快速客服的通道。

（3）整合一个区域信息，整合一个群体信息。【我 fun】整合信息有针对性，整合南京大学生区域市场信息，服务于南京大学生，又整合南京大学生信息提供给企业，双向整合模式，更好地服务于顾客。

（4）虚拟市场和实体市场相结合。【我 fun】不仅拥有网络服务平台，在线下实体中也服务于顾客，线上活动与线下活动相互联系、互相带动，通过这一模式把大学生和商家结合起来。

（5）公益基金建设。在【我 fun】整体项目运作步入正轨后，每年拿出利润的 5%

成立"金陵大学生创业基金会",以此支持南京大学生创业项目。得到支持并步入正轨的创业团队,也可发展为【我 fun】的固定合作客户,帮助【我 fun】进一步拓展市场业务。

(6) 人性化的网站设计。在网站首页发布每日天气信息和兼职情况;关注客户所需,在客户反馈栏填写反馈信息;为了方便客户,引进了站内搜索平台,方便顾客搜索所需信息。会员论坛也同样方便了会员间的交流,为会员的互动提供互动空间。美食及其他业务的点评栏目,更贴心地服务于客户了解店家的情况。在商家方面,我们根据商家所能承受的风险程度不同,采取限时免费发布广告或者消息的措施,从而减少商家的不必要风险。

人性化的线下活动。【我 fun】在各大高校设立校园大使团队,进行校内宣传和活动的组织,深入学生群体,充分了解学生群体的需求。另外,通过举办南京高校嘉年华、与名企面对面、商业酒会等线下活动,加强学生与商家两个群体间的交流与合作。

(7) 完善的网站准入规则。按照法律法规筛选【我 fun】信息平台的商家广告信息,包括其营业执照、卫生合格证等一系列合法资格,规范信息平台,杜绝不良以及虚假信息,以及损害客户利益的行为。与商家签订合同,明晰各项条款,避免出现条款歧义。

(8) 与各高校大型社团的密切合作。通过组织会员活动,联系多个高校大型社团,共同举办活动。【我 fun】和社团主要以此进一步提高知名度,并且获取一定的活动资金。会员可以通过此类合作结交好友,扩大自身人脉,为自己的未来打下良好的人际基础,从而形成三方的共赢局面。

(二) 具体服务项目

【我 fun】是着眼于打造面向南京在校大学生和周边商家的多元化高效资讯平台;同时,根据顾客需要,创造性地将网络与现实相融合,在提供顾客感兴趣的信息、的服务同时,将商家及大学生充分联系起来,为他们提供更专业、更贴心的多元化服务。【我 fun】提供的具体服务项目有如下几项。

1. 具体服务说明

对于学生提供的服务项目包括下列内容。

(1) 为学生提供各种信息。【我 fun】是服务于南京大学生的一个信息资讯平台,致力于为南京高校学生提供全方面、多层次、宽领域的信息。将信息分为职业规划板块、生活板块、与名企面对面板块与其他附加业务。职业生涯规划板块，从求职、考研、留学、考公务员、志愿服务等方面为大学生提供职业生涯规划信息，整合南京高校资源，提升南京高校毕业生的综合素质和求职竞争力，让他们在这里找到同城有共同志向的朋友，相互交流共同进步。具体板块内容如表 7-6 所示。

表 7-6　　　　　　　　　　　职业生涯规划板块

	子板块	具体业务	备注
职业生涯规划	求职之行	发布校园招聘信息	便于南京高校学生了解南京范围内的校园招聘信息和感受
	考研天地	考研辅导班信息，考研信息发布	考研学子的交流，寻找未来的好友
	留学	出国考试信息发布，资源共享，寻找出国路上的同路人	便于交流出国考试信息，申请过程的交流
	考公之路	考公辅导班推荐，考公最新消息发布	便于考公务员的大学生交流
	志愿服务	组织志愿活动，例如，与 AISEC（国际经济学商学学生联合会）合作	让大学生服务于社会、回馈社会

生活板块。将生活板块细分为美食、服饰、美发、旅游、数码、租房、小说等子板块，并根据各个商家的地理分布，划分板块，提供订购、团购等业务，让大学生更好地劳逸结合。具体板块内容如表 7-7 所示。

表 7-7　　　　　　　　　　　生活板块

	子板块	具体业务	备注
生活板块	食尚金陵	美食资讯、外卖业务	满足学生对美食的渴望，学会追求高性价比的食物，感受金陵美食——盐水鸭、鸭血粉丝等
	穿出风格	打折信息、干洗店合作	让学生穿出风格、穿出品位
	从头开始	优惠信息、美发组合、潮爆发型推荐	让学生从头开始，节省开支
	数码先锋	团购、以旧换新、时尚数码分享	促进资源的回收再利用，节省学生开支
	游山玩水	组团旅游、驴友结伴、实地攻略、景点简介	节省学生开支、扩大学生人脉，感受金陵文化
	跳蚤市场	二手商品信息发布	推动环保事业的进行，解决学生的需要
	租房兼职	招聘信息发布	倡导学生自力更生的精神

名企面对面板块。为进一步拓展大学生的视野，了解当下就业的形势；同时，进一步明确当下社会真正需要的人才，【我 fun】将定期举办企业高层见面会，在加强在校大学生对企业的了解、完善个人职业生涯规划的同时，也有助于企业对大学生的了解，制订合适的人才招聘计划。

围脖儿。通过【我 fun】注册会员立即获得相应的"围脖儿"账号，会员登录围脖，引入"checkin"（签到），实现了会员间的即时信息交流。会员们通过图片、文字、音乐等形式，发布状态、晒心情。现今南审"围脖儿"试运营成功，在南审同学中，成功推广。

（2）会员卡销售。【我 fun】与各个企业合作，推出面向南京大学生的打折优惠卡，即【我 fun】卡。【我 fun】卡分为一年款、两年款、VIP 款，价格分别为 15 元、20 元、100 元。采取定点销售、专业团队销售、网络销售、短信销售相结合的销售方式，在南京各大高校推广。【我 fun】卡在南京已初步推广，与南京周围的商家建立了稳定的合作关系，销售情况良好。

（3）生活便利：外卖服务。我们与商家合作，力求最大限度地为在校大学生提供便利。在原有【宅时代】的基础上，进一步拓宽我们的外卖服务。在【我 fun】网站上，发布外卖预定信息，与商家取得联系，进行外卖订购。在送餐完毕后，在【我 fun】上对商家的此次服务进行评价。

（4）与商家之间的交流。【我 fun】通过组织学生与商家的交流会，拉近学生与商家之间的距离，让学生进一步了解企业信息和文化；并提供和著名企业家交流的机会，与企业合作，提供企业的实习和兼职岗位。

对于商家提供的服务项目包括下列内容。

（1）提供隐蔽性市场调研信息。【我 fun】是面向于大学生的信息发布与整合，网站的浏览者大多为南京高校大学生。通过组织线上与线下的活动，分析大学生的现实情况，进一步分析大学生市场。

线上：在【我 fun】上发布行业信息，对信息的访问和回复情况进行收集、整理和分析。从服饰、大学生食品、数码电子三个行业对其运作进行具体说明。

服饰：在生活板块发布最新时尚服饰信息，一方面通过分析关键词搜索和限制来区分不同价格、款式、材质、品牌、图案的服饰；另一方面分析访问和回复情况，探讨这些要素对于大学生购买力的影响程度。服饰商家可以据此分析，更好地了解市场，确定自身公司下一季服饰时尚趋势和走向。

大学生食品：在这里，主要面向的食品厂家是具有南京本土气息的卫岗和冠生园。卫岗牛奶，在生活板块发布相关信息，对访问情况和回复信息进行分析，分析大学生对于卫岗牛奶的价格、口感、包装等要素的要求。冠生园食品，同样是在生活板块发布信息，分析大学生对于其种类、口感、价格、包装等要素满意程度和倾向性。

数码电子：商家在生活板块发布数码电子信息，通过分析各帖子的访问情况和回复情况，进一步了解大学生对于数码电子产品的价格、品牌、功能、外观、性价比的要求。线下，通过组织各种交流会，在交流会上由商家提供食物等各种试用产品。例如食品试吃，现场考量其受欢迎程度，更为直接地了解消费者对于产品的感受和要求。优势是当场看出新品的效果，更为直接地给商家提供参考。采用俱乐部的经营模式，通过积分制对会员进行考核和管理。达到一定积分的会员，由商家免费提供试用产品，试用完毕后，在线提交试用问卷，商家可以通过此问卷进行市场分析。

(2) 宣传商家信息。线上，在【我 fun】网站上发布商家的产品广告，宣传产品信息，使得消费者更好地了解产品，按照各高校的地域特征，有针对性地向大学生推荐周边的商家店铺；在生活板块设置"每日推荐"的子板块，对于合作商家的特色产品，单独进行推荐，扩大其影响力；帮助商家在大学生中进一步推广品牌形象，可以代为负责品牌的校园推广活动。线下，负责商家的校园新品发布会，依托校园大使接近与校园市场的优势，代办校园新品发布会，使得商品能够更直接、更便捷地进入校园市场；组织商家和学生的交流，进一步推广品牌，宣传企业文化，宣传商家信息。

(3) 提供商家与商家之间的交流。【我 fun】通过组织商家交流会，努力促成商家之间的合作，例如捆绑销售。并且可以共同探讨大学生市场的特质，交流对于大学生市场的了解和市场策略，共同努力把大学生市场做大。

(4) 提供商家与学生之间的交流。【我 fun】通过组织商家与学生的交流会，使得商家能够更好地推广品牌与产品，进一步宣传企业文化，以此来吸引人才；这种形式的交流会，商家也可以进行市场调研，及时调整产品战略，使自身产品更好地适应市场需求。

(三) 盈利模式

1. 商业模式

【我 fun】基于庞大的大学生用户群，具有巨大的商业价值，是在 WEB3.0 时代电子商务蓬勃发展大环境下产生的，其商业模式主要有以下几个方面。

（1）团购模式。团购+个人网店团购。为每个大学生注册的 ID 提供专门的团购页面，方便其开展团购活动。这为一些企业提供了一个操作简便的渠道和通路。每一个人参加团购，从商家收取一元钱。网店根据企业的盈利情况，收取平台管理费或者交易佣金实现盈利。

网店：借助团购模式，发展移动网店。【我 fun】作为南京大学生信息发布平台具有移动性强、用户黏性高的特点，当团购业务帮助人们赚到第一桶金的时候，【我 fun】可以拓展其商务特性，发展移动网店，帮助用户赚钱。当大学生电子商务平台成长成熟以后，盈利也就不是问题了，盈利方面主要参照淘宝目前的盈利模式。

（2）隐蔽性市场调研模式。监测服务收费模式。通过技术手段对不同品牌、不同产品的消费者需求进行记录与统计，对品牌或产品的评价进行分类记录与统计，形成相关的监测服务，为企业实时了解用户需求与品牌口碑提供动态工具。通过卖"具有真实价值"的报告来盈利。

用户数据库盈利模式。在网站交流板块和"围脖儿"，众多的用户公开个人信息，这些用户数据和信息都值得深层次挖掘。因此，可以为利用【我 fun】对大学生市场进行营销的公司提供有价值的数据和信息，让营销者可以批量跟踪这些用户，【我 fun】收取平台管理费或者交易佣金实现盈利。

（3）品牌广告收入模式。【我 fun】通过建立南京大学生信息交流平台，通过为大学生提供的服务吸引大学生点击网站，从而获得较多的用户量带来较多的点击率，可以吸引品牌广告的投放以及为企业建立企业"围脖儿"。为企业提供一个广告展示页面，根据用户的盈利情况，收取平台管理费或者交易佣金实现盈利。

（4）网站分成模式。通过 APP 等形式，和其他网站进行收入分成。【我 fun】利用所拥有的广泛的大学生用户，建立搜索、连接等方面的工具，将大量的用户转移到其他网站上，进而和其他网站进行广告分成。

（5）营商分成。随着 3G 的正式商用，移动媒体将迎来快速发展，【我 fun】推出大学生喜爱的"围脖儿"板块，"围脖儿"在后期推出手机版，可以与移动介质良好融合，从而和移动运营商进行流量和短信分成。

（6）社交网络模式。维护大学生对网站的忠诚度。通过互动活动和一些更为直接的利益来进行驱动。开发签到应用，并把签到服务与大学生互动联系起来。通过签到，给予分析相应的荣誉，同时，荣誉能够换取相应的特权，比如团购能打折、定期免费领取礼物，高等级会员的专享标志等。

SNS：参照开心网等 SNS 网站的模式，开发属于自己的应用插件，以增加用户黏性。在以上应用成果的情况下，收取平台管理费，以交易佣金来盈利。

2. 服务定价

（1）定价目标。【我fun】的定价目标主要是获取合理的利润以及以竞争价格占据较大的市场。定价方法的选择，服务的定价主要采取价值导向、需求导向和竞争导向相结合的方式，大力发展撇脂定价法，并配合折扣定价一起使用。产品的定价主要采取成本导向与竞争导向相结合的方式，同时有的放矢地辅之以折扣定价方法。恰到好处地利用时间序列，不同阶段采取不同定价。

（2）具体服务及定价说明。线上，隐蔽性市场调研报告。通过收集整合网站不同板块产品的点击量、大学生的交流信息以及通过"围脖儿"用户发布的公开观点，对大学生的消费情况进行一定的分析，继而将信息反馈给对应的企业，根据信息潜在价值的大小，对其进行相应的定价，每次调研信息的反馈定价原则上不低于1000元，再根据网站运营的情况和收集的调研信息的价值性，给予一定的调整。

品牌广告收入。根据CPM定价，即每千人成本网上广告收费。即按照有多少人看到企业投放的广告来收费。我们规定一个广告横幅的单价是50元/Cpm，每个月根据访问量来收取费用。

企业"围脖儿"。为企业提供企业"围脖儿"，每个ID账号注册收取5000元。后期根据企业发布的信息收取平台管理费或者交易佣金。

团购+网店。团购：每一个人参加团购，从商家收取一元钱。网店根据企业的盈利情况，收取平台管理费或者交易佣金实现盈利。

营商分成。"围脖儿"在后期推出手机版，可以与移动介质良好融合，从而和移动运营商进行流量和短信分成。

线上，【我fun】利用所拥有的广泛的大学生用户，建立搜索、连接等方面的工具，将大量的用户转移到其他网站上，进而和其他网站进行广告分成。

线下，将企业的新品免费给大学生使用，再将试用反馈的信息进行整合分析，提供给企业。每次组织产品使用，平台从企业处收取3000元以上的费用。定期组织企业与企业、企业与学生之间的交流。在这个过程中，得到企业一定规模的赞助。

（四）渠道模式，整合营销传播

1. 产业链模式（图7-3）

【我fun】作为连接学生与企业的桥梁，一方面通过网站的信息与交流为大学生提供信息服务；另一方面通过网站上的信息收集将大学生的需求信息反馈给企业，为企业

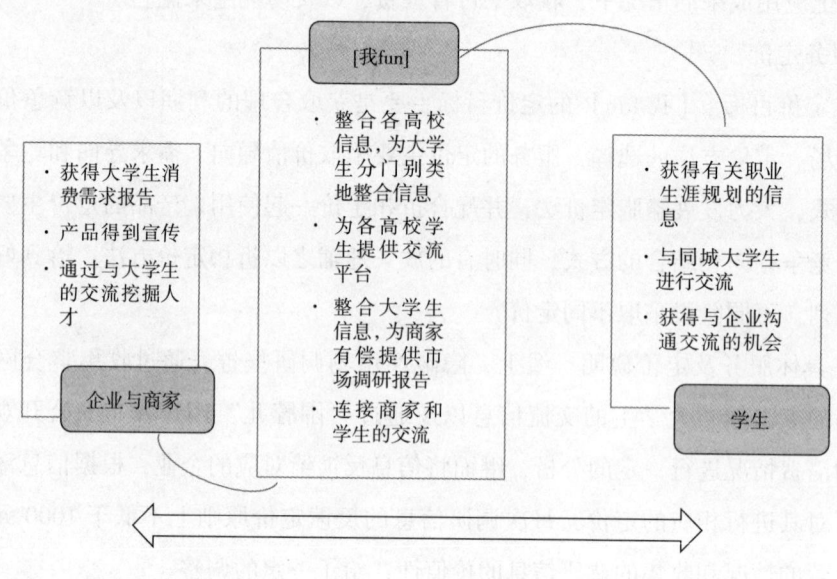

图 7-3 产业链关系

提供市场调研报告。通过生活、职业生涯规划、名企面对面等板块来收集大学生的信息，经过后期整理，整合出市场调研报告有偿提供给服饰、数码、食品等注重大学生市场的企业。在网站上，为企业发布商品信息，进行商品宣传。通过线下活动如企业与大学生的交流会为企业推广产品，为学生提供互相交流或与企业交流的机会，从中收取费用。

2. 整合营销传播

整合营销传播的手段包括如下几方面。

（1）人员推销。在各高校设立分支机构，设立校园大使团队。作为大学生的我们，有着进行人员推销的优势：我们了解大学生的需求，了解企业的意愿，能够准确抓住他们所需。

（2）广告。【我 fun】"嗨，朋友；嗨，未来"的经营理念通过广告的形式传播给目标顾客。

（3）营业推广。通过采用会员制活动，在会员享受服务以及购买产品的同时推广公司服务；通过定期举办名企面对面，在加强在校大学生对企业了解的同时借助他们的知名度向密集的大学生群体进行宣传。通过举行"【我 fun】校园推广大使招募会"，从南京各大高校中选出合适的校园大使，组成团队，收集其所在学校的最新校园招聘信息，汇总到数据库，通过整合确定后，提前统一发布。通过举办高校之间的联谊晚会，在各高校进行商业宣讲，让更多的大学生加入【我 fun】。

(4) 公共关系。与学校保卫处、教务处等部门建立互助合作的关系。在遵守法律规范以及道德准则的前提下与学校部门建立长期的合作伙伴关系，不仅从学校得到一些物质行动上的支持，而且在我们的产品及服务推广方面起到一定的辅助作用。与校支教队、AIESEC 项目建立合作联系。在网站上提供高质量的志愿服务信息，来吸引在校大学生走近网站，了解更多的志愿服务内容投入公益服务当中。与宿舍社区管理站建立良好的协作关系。很多商品的推广离不开宿管阿姨的协助，借此也有利于我们更迅速和更直接地了解目标顾客的信息，以及时进行营业推广。

(5) 公益赞助。将在网站发展的后期建立金陵大学生创业基金来帮助有创业意向的大学生，从而提升公众对我们的注意和偏好。与学校各个社团合作，通知赞助他们开展活动的同时来进行有效的宣传，增加大学生对网站的了解。

(6) 口碑销售。作为一个信息发布平台，特别注重对人员的甄选、培训、激励和控制。不仅要严格把控人员的上岗，还要对所招聘的人员进行定期培训，提高他们的各项素质，并且定期加以绩效考核。我们的技术人员不仅需要具备网络管理经验，而且必须有踏实勤奋的精神，乐此不疲地为消费对象服务。此外，我们的营销人员必须具有相应的沟通协作等能力。人员支出和成本相对较高，但是必不可少的，可以从中获得巨大的潜在经济效益。在服务过程中，始终以学生和企业为中心，周到、专业地实施每个环节，让会员充分地投入提供的服务中来。

在我们与消费对象交流的过程中，努力做到一对一服务，询问有无各种特殊要求，保证每个消费对象满意于我们的服务。调查显示，从媒介接触习惯看，电脑和传单依然是大学生每日接触最多的媒介。

视觉媒体——海报。我们定期在各人群集聚的地方摆设海报。此外，通过校内讲座或者大型活动的合作，帮助我们网站的宣传和推广，更进一步提高网站知名度。

视听两用媒体。互联网，我们拥有自己的主页，建立起良好的客户服务平台。会员们可在网站的会员专区进行注册登录，平台将提供 24 小时服务，解决客户的即时烦恼。此外，建立客户数据库，将各大节日活动和优惠项目通过系统发布给会员。

校园传媒。将充分利用食堂与宿舍的电视、广播搭建【我 fun】与学生们的交流互动平台。

补充资料

调查问卷

信息，对于处于 21 世纪的大学生来说越来越重要，并且越来越多的大学生也意识到信息的重要性，迫切地想知道校内校外的信息，想与更多的同龄人交流，所以组建一个可行性的平台来及时提供信息十分迫切。下面我们为征集广大大学生的意见，制作了以下这份调查问卷。感谢您能利用宝贵的时间来帮助我们完成此份调查问卷。参与调查的各位同学，我们【我 fun】（www.woxwo.com）对您的支持致以十分的敬意，谢谢您的帮助和支持！

【我 fun】创业团队

一、基本信息

您的性别：女士口　　男士口

您所在的年级：

A. 大学一年级　　B. 大学二年级　　C. 大学三年级　　D. 大学四年级

E. 本科以上

您所在专业：

二、调查问题

1. 在上网时，您大部分时间会关注什么类型的信息？

A. 新闻　　　　B. 娱乐　　　　C. 学习　　　　D. 生活

E. 就业　　　　F. 优惠　　　　G. 交友　　　　H. 其他

2. 您一般会采取什么途径收集信息？

A. 阅览室　　　B. 聊天　　　　C. 门户网站　　D. 社交网站

E. 信息平台　　F. 搜索引擎　　G. 其他

3. 您在网上发布信息的时候，一般是发布什么类型的信息？

A. 兼职信息　　B. 企业优惠活动信息　C. 学院或协会信息　D. 求助信息

E. 交易信息　　F. 交友信息　　G. 娱乐信息　　H. 其他

4. 在网上发布信息时，一般选择在什么地方发布？

A. 门户网站　　B. 社交网站　　C. 信息平台　　D. 论坛

E. 博客　　　　F. QQ　　　　　G. 其他

5. 您平时关注信息的范围主要是哪里?

A. 本学院　　　　　　　　　　B. 本校

C. 本校周围的其他院校　　　　D. 同一城市的所有高校

E. 所有高校

6. 您是否希望了解到其他学校的一些信息?

A. 希望　　　　B. 不希望　　　　C. 无所谓

7. 是否能轻松地获得其他学院的信息?

A. 十分轻松　　　　　　　　　B. 要费一番功夫

C. 较难获得, 只能获得稀少信息　D. 几乎获得不到

8. 作为在校大学生, 您希望有一个大学生的信息发布平台来获得整合的信息吗?

A. 希望　　　　B. 不希望　　　　C. 不确定

9. 您希望校园信息发布平台上社区功能强大, 并以此来认识志同道合的朋友吗?

A. 希望　　　　B. 不希望　　　　C. 无所谓

10. 您对您大学毕业后的职业生涯规划如何?

A. 考研　　　B. 考公务员　　　C. 出国留学　　　D. 求职工作

11. 会把这个属于大学生的信息发布平台告诉您的亲朋好友吗?

A. 会　　　　　B. 不会　　　　　C. 看情况

12. 您经常访问哪些网站?

若阁下希望得到本次调查的最终结果, 请留下您的 E-Mail:

13. 您对【我 fun】的建设有什么看法?

最后, 再次向阁下致以崇高的敬意, 您对本调查的支持, 我们深表感谢!

【我 fun】(www.woxwo.com)

调查时间: 2011-2-20

第三节　菁英教育创业策划方案（精选）

时下年轻的家长, 特别是身处社会中高层的白领家长, 在孩子的学前教育和巨大的工作压力之间分身乏术。虽然类似于托儿所的一些学前教育机构早已存在, 但其相对单一的功能和缺乏新意的培养模式显然已无法适应当今幼儿教育的需要。

"菁婴教育"特色幼儿教育机构, 是针对 0~6 岁的幼儿经营特色幼儿学前教育和家

长服务的一站式服务机构。设有：lovelybaby 俱乐部、宝宝智力大冲刺、精英 baby 课程三套特色课程。同时针对现在的家长现状，建立了家长俱乐部，为之提供美容 SPA、健身、休闲社交区以及幼儿教育理财规划等服务。在课程体系的设置上，针对不同年龄阶段的特点，借鉴欧美成熟幼教体系的课程设置致力于宝宝的智力开发，让孩子在拥有快乐的同时得到全面、科学、专业的发展。而"菁婴教育"的特色在于，突出强调对幼儿从小进行中国传统文化的教育，举止文雅，从小拥有一颗感恩的心，让孩子从小就能养成良好的行为习惯和独立生存的必备能力。为此，举办了"感恩的心""国学体验"和"室外生存大战"三大精品活动，弥补了我国幼儿教育上的缺失。

在针对家长的外延服务上，校园内精心设计的休闲健身俱乐部能够为父母提供 SPA 服务以及瑜伽、现代舞、有氧搏击等健身服务。让校园不仅成为孩子的最爱也成为父母休闲、交际的好去处。同时目标顾客对人际交往与人脉建设具有特殊的需求，建立广泛的人际网络对于他们格外重要。因此，提供一个高端人士交流的平台，满足目标顾客育儿经、生意经、财富经的经验沟通。成才和理财规划对现在的年轻父母也是很重要，所以同时引进育儿专家和理财人士，进行专业、个性化的服务。

一、菁婴教育介绍

（一）菁婴教育简介

古话说："三岁看大，七岁看老"，基础教育包括幼儿教育、小学教育、普通中等教育，而早期教育是最重要的基础教育。菁婴教育正是一家专注于幼儿教育的机构。菁婴教育以现代幼儿教育模式为依托，迎合父母希望孩子赢在起跑线上的心理，强调婴幼儿早期的智力开发、生存能力发展和道德修养的养成，拥有涵盖 0~6 岁婴幼儿完整学习体系。菁婴教育致力于为中国 0~6 岁婴幼儿家庭提供系统专业与高品质的早期教育服务——在借鉴美国等西方先进国家教育经验基础上，尤其强调中国古典文化的熏陶。菁婴教育结合中国宝宝发育的特点，集齐专家团队研发了本土化教育方案及婴幼儿发育测评系统，建立了属于菁婴教育的特色方案，更具有个性化与针对性，力求打造中国制造的精英宝宝。菁婴教育团队中的组织团队包括：宝宝天地、家长休闲区、中国传统文化窗口。为婴儿期的小宝贝与世界的交流提供环境，使父母成为宝贝与复杂的外界环境之间的桥梁，更为新手爸妈帮助宝贝建造"智慧大厦"打造了坚实的基础。为了打造代表中国人的精英宝贝，课程体系兼具了"专业性、系统性、进阶性和民族性"等四大特点。将婴儿分为三个阶段，根据 0~6 岁婴幼儿身心发展特点和成长需要，开发出最适合中国宝宝的孕育、母婴、探索、启蒙、音乐、科学、数学、艺术、英语 9 大课程体系，帮助宝宝在专注力、语言、情绪、社会交往、音乐、美术等方面得到全面的提高；同时致力于大动作、精细动作、语言、认知、社会适应能力等五大能力，帮助宝宝成为新世纪的快乐精英宝贝。

"给孩子们一个现在，让他拥有更好的未来"是每个家长共同的信念，也是我们创立菁婴教育的目标。秉承全球视野，服务中国，打造精英宝贝的经营理念，将推动我们为中国婴幼儿教育服务品质注入源源不断的动力。

（二）Logo 介绍

幼教是孩子成长成才的第一步，我们的 Logo 选用了一只可爱的、稚嫩的小脚丫。中间用可爱的卡通字体印上了"菁婴教育"的名称。运用特色的中国红，富有传统文化的气息。整体给人亲切、可爱、充满韵味的感觉。这个 Logo 中流露出我们全体"菁婴"人对宝宝深切的爱与责任，我们希望宝宝人生的第一步像这只小脚丫的颜色一样，绚烂、夺目、精彩。我们也希望"菁婴教育"的品牌深深烙在每一个宝宝成长的过程中，烙在宝宝幼小心灵的深处，烙在宝宝成功人生的起点。

（三）企业文化：核心价值观——责任和爱心

幼儿期是生命过程中一个独特的和有价值的重要阶段，最重要的责任就是为幼儿提供安全、健康、有价值的和应答性的教育环境。我们致力于儿童的发展——通过尊重个性差异、帮助他们学会共同生活和工作，以及培养他们的自尊来支持他们的发展。

二、市场背景

"婴幼儿产业"被称为 21 世纪的朝阳产业。其中，婴幼儿教育市场所呈现的巨大商机也已经凸显无疑。依据我国第五次人口普查统计结果：中国 0~6 岁的婴幼儿达到 1.4 亿，其中城镇 0~6 岁婴幼儿为 5200 万左右。并且，我国 0~6 岁学龄前儿童正以每年 2000 万~3000 万的速度增长。据调查显示，每个婴儿月平均用于教育的费用为 150 元，那么全国学前教育总的市场约为 500 亿的市场空间。一项针对北京、上海、西安、成都、广州五城市的调查结果显示，这些城市儿童的月消费额已超过了 39 亿元。这一情况从儿童消费的绝对量方面证明了儿童消费市场的巨大。消费者调查机构公布：儿童消费在家庭总支出当中所占比例超33%的已占到家庭总数的90%，其份额已构成了家庭消费不可忽视的重要组成部分。而事实上，随着我国城镇居民生活消费水平的不断提高，家长在婴幼儿身上每月的投入远远不止于此。有关专家断言，在未来五六年中，我国婴幼儿教育市场消费额将达到上千亿的规模。面对如此美好的市场前景，各种各样的婴幼儿教育项目如雨后春笋般涌现，然而，目前众多婴幼儿教育项目存在办学特色不鲜明、没有自身课程体系、婴幼儿教育市场运作经验不足、优秀企业文化及办学模式缺乏等诸多弊病。

近几年来，婴幼儿早期教育受到世界范围的重视。联合国儿童基金会2001年《世界儿童状况》报告，首次以"早期儿童"为主题；2002年召开的联合国大会儿童特别会议，将早期儿童发展放在了突出的地位；许多发达国家已经把婴幼儿潜能开发教育作为在21世纪的第一竞争战略。我国国民经济发展"十五计划"中首次提出"要重视儿童早期教育事业"；2001年9月，北京市颁布了全国首部《学前教育条例》，将北京人受教育的法定年龄，从3岁提前到零岁；2003年9月，《中华人民共和国民办教育促进法》颁布，该部法律的重要突破之一，就是确认对教育的投资可以得到合理的回报。北京幸福泉教育集团总裁程淮指出，婴幼儿教育不属于义务教育和学历教育的范畴。这样一来，定价上有着很大的空间。2004年4月，《中华人民共和国民办教育促进法实施条例》颁布，该实施条例规定：民办学校对接受非学历教育的受教育者收取费用的项目和标准，只需报价格主管部门备案并公示，并不需要物价部门的审批，《民办教育促进法》的颁布，实质上表明了政府对吸引民间资本、运用市场经济手段促进教育发展的决心。这也为婴幼儿早期教育创造了一个良好的政策环境。

我国正处于快速发展的黄金时期，对人才的需求有增无减。随着科教兴国口号的喊出，对教育的重视程度与日俱增，随着《中华人民共和国未成年人保护法》《九十年代中国儿童发展规划纲要》《幼儿园工作规程》《全国幼儿教育事业"九五"发展目标实施意见》的发布，幼儿教育真正走上了以法治教、以法兴教的健康道路。

我国幼儿教育的目标是：

（1）促进幼儿身体的正常发育和机能的协调发展，增强幼儿的体质，培养幼儿良好的生活习惯、卫生习惯和参加体育活动的兴趣。

（2）发展幼儿的智力，培养幼儿正确运用感官和语言交往的基本能力，增进幼儿对环境的认识，培养幼儿有益的兴趣、求知的欲望、初步的动手能力。

（3）萌发幼儿爱家乡、爱祖国、爱集体、爱劳动、爱科学的情感，培养幼儿诚实、自信、好问、友爱、勇敢、爱护公物、克服困难、讲礼貌、守纪律等良好的品德行为和习惯，以及活泼、开朗的性格。

（4）培养幼儿初步的感受美、表现美的情感和能力。

就幼儿身心两方面的发展来说，我国更重视幼儿身体的成长；就幼儿体、智、德、美几方面的发展来看，我国更关注幼儿的美育；就幼儿能力的发展来论，我国重视培养幼儿的思维能力、语言表达能力和对环境的认识能力，并且我国更注重提高幼儿的动手能力和艺术表现能力。但是婴幼儿的心理健康、德育，以及提高幼儿的合作能力和创造能力却被忽视了——将幼儿教育的重心从智育转向个性的培养，是我们需要攻克的新的幼儿教育的难题。

早在1981年，中国教育部就制定了《幼儿园教育纲要》（试行草案），把幼儿教育的内容分为"生活卫生习惯""体育活动""思想品德""语言""常识""计算""音乐""美术"八个方面。由此可见，我国比较重视对幼儿进行健康、语言、音乐和美术教育。所以要重点提出的是，我国似乎更重视幼儿的思想品德教育、计算教育，而幼儿的人际关系教育和环境教育却被摆放在不起眼的位置，这为幼儿以后的生存和适应能力埋下了雷区。

幼儿教育的策略。中国强调要遵循幼儿身心发展的规律，因人施教；以教师指导、安排的有目的、有计划的幼儿教育活动为中心；以游戏为基本活动，通过组织体育活动、上课、观察、劳动、娱乐和日常生活等多种活动来对幼儿进行教育；在幼儿的一日活动中，注意动静交替、一贯性和灵活性相结合、集体活动与个别活动相结合。

这样的教育确实能教育出优秀的儿童，但某种程度上却忽略了幼儿的年龄特征和个性差异。通过环境来进行教育，以幼儿的自主活动为中心，对幼儿进行教育；通过游戏活动对幼儿进行综合指导；把长期计划和短期安排有机地结合起来；寓教育于幼儿的一日活动之中，更能塑造一个优秀且有个性的幼儿。

幼儿教育的师资。我国幼教师资队伍基本上是女性一统天下，男教师占少数，不足教师总体的1%。他们的学历以中专为主，大专、本科为辅，幼儿教师在中等师范学校和高等师范院校接受过培训，学习的课程主要有：《幼儿卫生学》《幼儿心理学》《幼儿教育学》《幼儿语言教学法》《幼儿科学教学法》《幼儿数学教学法》《幼儿音乐教学法》《幼儿体育教学法》《幼儿美术教学法》等，此外还要参加幼儿教育实践活动。幼儿教师通过自学、函授等形式来进行在职进修，以不断提高自己的学历和专业水平。其实，幼教师资队伍中男女两性性别比例合理调配才有利于幼儿身心的和谐发展，幼儿教师在职进修也可以从园内培训发展为园际间研修交流、假期培训班等多种形式。

三、完整的产品说明

菁婴教育是一家针对 0~6 岁的学龄前儿童和家长提供服务的教育机构。开创了"儿童+家长"一体化的服务需求。在吸收借鉴国外先进教育方式的基础上，根植于中国文化，将古代教育中的礼、义、仁等融入我们的教育体系之中，进行全面、专业、安全、民族特色的婴幼儿早期教育。针对家长，也为之提供美容 SPA、健身、交流体验区，以及教育理财等服务，使之同时获得健康、人脉以及理财方面的收益。

（一）具体服务说明

日常课程设置

0~6 岁的儿童分为三阶段，分别是亲子期（0~1 岁），探索和启蒙期（1~3 岁），以及完整教学期（3~6 岁），为此开设了：lovely baby 俱乐部、宝宝智力大冲刺，以及精英宝贝三个课程阶段。

（1）lovely baby 俱乐部（0~1 岁）。

幼儿特点：此阶段幼儿的发展伴随着运动敏感期及语言敏感期，这一阶段的幼儿喜欢抓握、触摸，进入从翻身到爬行，站立到行走的过程，开始了独立探索世界之旅。

环境创设：随着婴儿运动能力发展，对于周围环境的探索欲望更加强烈，环境中的桌椅等可扶物必须稳而重；地面软硬适中，适于爬行和学步；幼儿触手可及物的材质安全、无隐患；同时，也为新生儿提供了循序渐进的感官引导，味觉（辅食添加）、听觉（音乐环境）、视觉（追踪视物）、触觉（手眼协调）、平衡觉等多感官环境，以促使感觉统合。

课程简介：母婴课程通过爬行、问好、膝上童谣、父母时间等为宝宝提供一个适宜的环境和刺激，学会与人交往的能力，培养观察力和初步解决问题的能力，激发宝宝的愉悦情绪，促进宝宝的动作协调发展；同时让家长学会尊重和观察宝宝，了解其心智发展的特点和规律，配合宝宝成长的需要，建立良好的依恋关系。

相关配备：提供宝宝和家长一起活动的场所以及玩具等用品；场地内配备相关的指导老师三名，提供辅导；定期举办专家讲座和父母育儿经验交流会。

盈利方式：针对于这一年龄段宝宝，不收取任何费用，免费提供场地给孩子和家长。

(2) 宝宝智力大冲刺（1~3 岁）。

幼儿特点：此阶段的幼儿处于大运动、精细动作、体能飞速发展期。可以蹲下再站起，有跑的前期征兆，喜欢爬楼梯；主动配合穿衣、懂得再见、欢迎，出现自我意识，有强烈的自我意愿表达，如要、不要；对语言的理解和驾驭能力提升，能够叫简单的名字，能够对于亲近人发出的指令联想出相应的动作等；具备握笔涂鸦的能力。课程设计理论支持：大脑的健康发育需要安全、自由、富有教育意义的成长环境和适宜的教育经验。最佳的大脑发育依赖于良好的健康条件、抚养者正确的经验和适当的刺激。丰富多样的经历会构造婴儿大脑的结构；丰富的环境能充分利用孩子发育过程中的敏感期，有利于挖掘孩子的学习潜能，为孩子的健康成长打下坚实的基础；适宜、系统的教育经验能促进宝宝全面、均衡地发展。

环境创设：随着大运动、精细动作、体能的飞速发展，此阶段的儿童好奇心与探索能力成正比。由于其认知能力有待进一步提升，环境中易碎、尖锐物品的放置要安全，桌椅等可移动物品的重量需以儿童方便使用为准（儿童要按照自己的需求挪动桌椅，所以不能过重）。

同时，专门设置了日常生活区，通过丰富的日常操作学会照顾自己照顾环境，从而达成自我构建。此阶段的另一重要区域就是它提供了比 lovely baby 期更为丰富的感官体验，丰富的感官教具会给儿童带来更为丰富的感官刺激。

课程简介：启蒙课程通过教师教育启蒙，宝宝的自由操作，体操和游戏等活动，帮助宝宝学会并掌握基本的生活技能技巧，建立初步的秩序感和专注力，在大动作、精细动作、语言、认知、情绪和社会行为五大能力的全面提高，具备初步的观察问题和解决问题的能力，学会与人交往。启蒙课程的设置如表 7-8 所示。

表 7-8　　　　　　　　　　启蒙课程设置

空间感知	发展宝宝的手部精细动作，提高行走能力，学习听指令并能用表情、手势和简单的语言表达自己的情绪和愿望。让宝宝绘画，做简单的手工，玩填充玩具，由此增强宝宝的空间感
形状认知	通过拇指、中指、食指的熟练配合和初步控制，增强宝宝的形状认知，并通过亲子游戏来促进其语言和全身动作技能的发展
审美意识	孩子通过尝试用颜色、材料来表达内心的感受和观察的结果。以三原色为基础，训练孩子认识颜色的能力，区分各种颜色。通过各种手工训练孩子的精细动作，粘贴的动作，提高其涂、画、写的能力。通过食品创意等内容，训练孩子的想象力、创造力，培养和开发孩子艺术方面的兴趣和能力

续表

数学逻辑	教会宝宝简单的计算、归纳、分类，让宝宝接触几何图形，在游戏中学习。注重实物体验，使用教具鼓励孩子体验具体的感官知觉（视觉、触觉、运动知觉、味觉、嗅觉和听觉）。探索大小、颜色、形状、质地等之间的关系。由分类、配对、排列顺序等一系列认知活动，孩子可以获得学习数学知识时所必须认知的某些概念的实际体验，如模式识别、排序和一一对应等。结合实际生活环境，由分解、部分到整体的结构性学习，自然地帮助孩子理解抽象的语言与空间概念，为数学与科学心智作最佳启蒙种子，更无形之中培养了孩子逻辑思考上分析、判断之精致度
音乐课程	以律动为主，训练宝宝的肢体协调性。通过学习不同文化的歌曲，感受不同的音乐风格、结构、调性、节奏、模式。通过乐器、基本声势学习，以及对古典乐曲的欣赏，充分体现了音乐教育的综合性
探索体验	让宝宝走到户外，亲近自然，了解自然知识，培养宝宝的探索精神；让宝宝练习平衡、协调能力，控制自己的力量，锻炼速度和身体韧性，从而达到让宝宝强身健体、增强抵抗力的目的

（3）菁婴baby课程（4~6岁）。

4~6岁是孩子真正独立的开始，儿童在这个过程中，获得最珍贵的专注力、自信心、独立的能力、自我表达能力、选择的能力，当然园中的课程能够支持小孩进入下一阶段的拥有社会群体生活的小学生活阶段。为小孩从自我照顾到照顾环境奠定基础，使儿童的感受性更加敏捷、准确、精练。

课程简介：适宜的教育经验是系统的，应包括逻辑创造、语言、交往、艺术和动作等各个领域。宝宝需要全面均衡地发展，适宜的逻辑创造、语言、交往、艺术和动作等各个领域的经验有助于宝宝大脑的健康发育；科学的早期教育注重培养孩子良好的行为习惯、性格意志、交往能力，寓教于生活，寓教于游戏，寓教于交往，不以传授知识技能为目的。对于不同年龄的宝宝将选择不同的培养着力点。

4岁幼儿特点：4岁的宝宝探索方式丰富，欲望强烈；基本掌握了母语口语表达，也喜欢自己创造一些精彩词语，喜欢听故事，也能简单复述故事；开始寻找伙伴，注意力转移到周围年龄相仿的小朋友身上，并试着主动建立友谊，分享玩具等社交活动；初步建立抽象概念。

培养着力点：4岁的宝宝正处于探索和感知世界的第一步，首先他们需要接受中国传统的仁、德观念的熏陶，与仁、德观念并重的还有感恩教育。因此，仁、德、感恩将成为我们对四岁的宝宝培养的着力点。这一时期的课程设置如表7-9所示。

表7-9　　　　　　　　　　　　益智课程设置

逻辑创造	以益智游戏为主，如拼图、迷宫、种子画等项目，激发孩子思维
语言	以拼音和汉字教学为主。以《三字经》《弟子规》等简单的国学经典为基础，在提高宝宝语言能力的同时，让宝宝充分接受传统的仁、德观念的熏陶，孝敬父母，尊敬长辈，常怀感恩之心
同伴交流	《弟子规》中有言：凡是人，皆须爱，天同覆，地同载。同伴交流课程，鼓励宝宝向同伴讲述发生在自己身上的有趣故事，分享自己的秘密和感受，在交流中感受同伴的珍贵，与合作的必要
艺术（以音乐课程为主）	以奥尔夫儿童音乐教育体系为核心，配以中国传统的听音乐培养孩子的音乐细胞与气质
动作	以游戏为主，配以一些中国传统的扎马步、武术等

5岁幼儿特点：5岁的宝宝已经能够熟练地表达自己的意愿，针对我国目前独生子女教育中存在的问题，溺爱、娇惯、独立生活能力差等现象，适当设置一些困难情境，培养幼儿不畏艰难、勇于探索的精神，增强他们面临挫折的心理承受能力。

培养着力点：日本幼教中的一些方式和机制值得学习。日本的幼教对宝宝的独立生存能力培养十分重视。例如，组织三岁的宝宝远足，鼓励宝宝独立上学减少家长陪同等。反观中国宝宝这方面的能力十分的欠缺，因此生存能力和独立意识将是我们对5岁宝宝培养的着力点。这一时期的课程设置如表7-10所示。

表7-10　　　　　　　　　　　生存和独立意识课程设置

语言课程	双语教学（中文和英文），教授拼音和英文字母，简单的汉字和单词，教学形态由团体、小组与个别指导相结合，充分融入活泼的中英文歌谣、中外成长励志奋斗小故事，让每个孩子都能快乐地学习，并且对未来抱有憧憬、怀有梦想
情景课程	设置特殊情景，特别是困难情景的设置，让孩子进行角色扮演。培养他们在困难情境下的应变能力，对立处置能力
户外课程	组织宝宝共同完成一项任务，以此来锻炼宝宝的独立能力、合作能力、沟通能力，如宝宝大探险、宝宝寻宝活动。培养宝宝的方向感与探索精神，同时也能增强宝宝的体质

续表

数学课	当孩子经过了我们前期感官教育多元化的配对、分类、序列、空间等抽象具体化联系后，建构了孩子逻辑思考的能力。这样的数学教育配合了孩子的身心发展历程，有系统地规划孩子学习数学的顺序，帮助孩子一步一步构建具体高抽象的数学量化概念，通过具体的探索活动对抽象概念有了认识从而进一步理解基本的算数概念。进行算数教育时，先引入具体的量，其次是抽象符号（数字），最后才是符号与量的结合。通过用手指触摸数字的轮廓，孩子开始识别数字的形状及其名称。大量的串珠和符号（数字）卡片使孩子熟悉十进法的基本结构，包括加、减、乘、除运算的具体体验。凭我们的数学教具，在孩子掌握了具体的算术概念之后，能够用更抽象的概念如分数、几何和代数的基本原理进行算数练习和解决书面问题
艺术课程	欣赏中西方经典音乐，能够指认中西方乐器，辨别各种乐器所发出的声音，从而使宝宝增强自身音乐素养
	教授简单的绘画知识，欣赏中西方名画，培养宝宝对于绘画的兴趣爱好，促使宝宝多才多艺
兴趣课程	包含舞蹈、围棋、武术等不同课程（此课程可由家长自由选择）

6 岁幼儿特点：6 岁的儿童好学好问好探究，抽象概括能力开始发展，初步理解事物的因果关系。可以也应该进行简单的科学教育，引导他们去发现事物间的各种内在联系，促进智力发展。他们也开始能够控制自己，做事也不再"随波逐流"，显得比较有"主见"，对人、对己、对事物开始有了相对稳定的态度和行为方式。

培养着力点：宝宝充满了想象力，然而传统的教育往往忽略了对宝宝想象力和创造力的重点开发。有时不恰当的教育方式甚至扼杀了宝宝的创造力，因此，创造和创新能力是我们对 6 岁宝宝培养的着力点。这一阶段的课程设置如表 7-11 所示。

表 7-11　　　　　　　　　　创造和创新能力课程设置

语言课程	双语教学（中文和英文），简单的汉字和单词，教学型态仍由团体、小组与个别指导相结合，鼓励宝宝发挥想象力，进行一些简单的造句和文字描写
手工课	带领宝宝进行手工制作，也可以进行一些简单的 DIY 创作。培养宝宝的动手能力、创造能力与创新能力
户外课程	组织宝宝共同完成一项任务，锻炼宝宝的独立能力、合作能力、沟通能力、创造能力。这个阶段的户外活动课程鼓励宝宝发挥主见，减少老师干预，让宝宝充分开动脑筋，完成任务
情景课程	鼓励宝宝发挥想象力，根据自己知道的童话故事，排演一些简单的小话剧、歌舞剧等

续表

艺术课程	欣赏中西方经典音乐，对音乐特别感兴趣的宝宝要重点发掘他的天赋
	教授简单的绘画知识，欣赏中西方名画，对绘画特别感兴趣的宝宝要重点发掘它的天赋
兴趣课程	包含舞蹈、围棋、武术等不同课程（此课程可由家长自由选择）

（二）延伸服务

1. 为家长提供一个健身休闲的场所

面对高压力的工作、超容量的工作负荷，身体健康变成了更多人的追求。我们引领健身风潮，享受 SPA 时尚，为行走在都市间的广大精英家长提供更有质量的生活方式。

绿色健身场馆，全方位加湿系统，随处可见的绿色植物，加强环境的净化和美化，营造清新自然的运动天地。欧美一流健身器材，专业的健身教练，与国际化接轨的个性化健身训练方法，一对一体适能测试。理想身材的减肥班，轻松快乐的运动舞蹈，开设瑜伽、有氧拉丁、健身球操、杠铃塑身、有氧搏击、踏板操、形体操、舞韵健身、芭蕾舞、现代舞、身体平衡等课程。让你在繁忙的都市生活中享受难得的闲适，并在陪伴孩子、等待孩子的过程中合理规划自己的时间。

2. 为家长提供一个经验沟通与情感交流的平台

目标顾客主要是年轻的白领父母，作为社会的中高层，对人际交往与人脉建设具有特殊的需求。建立广泛的人际网络对于他们格外重要。因此，提供这样一个高端人士交流的平台，满足目标顾客育儿经、生意经、财富经的经验沟通。希望这些家长们在这里不仅能够为自己的宝宝找到快乐，也能为自己积累更广泛的人脉，为自己的工作和事业提供帮助。

3. 提供为孩子的将来做好规划的团队

或许这个阶段的孩子对于自己的未来发展还处在一无所知的阶段，但是随着年龄的增长他们马上就会对自己的未来有初步的憧憬。作为家长，尽早对孩子的未来进行初步的规划，对孩子未来的发展做好财务规划都是十分必要的。然而矛盾在于很多年轻的家长缺乏这方面的意识，或者有些家长对于这样长达十余年的规划缺乏经验。首先"菁婴"联合了银行等一些金融机构，我们的 VIP 贵宾也将是我们合作银行的 VIP 贵宾，他们将为这些家长配一位专业的理财顾问；同时他们也会根据家庭的收入情况，以及家长的偏好提供一些风险适度、投资收益率较高的理财产品，确保孩子未来的发展有经济上的支持。我们还与专业的教育与留学机构合作，无论家长对宝宝的未来有什么设想（如留学、上名校、着力培养艺术等），我们都可以提供专业的规划与指导意见。

（三）品牌活动

1. 感恩的心——教育是为了教孩子学会"笑"和"感谢"

孩子生日前，预先与他的父母联系，借来孩子自出生以来的照片在班上展览，并请孩子的母亲写信谈谈孩子出生时的情况，让孩子了解生命的由来，懂得诞生与成长的艰辛、喜悦，并感恩于父母。每个月举行一次主题班会，集体给孩子们讲述关于感恩的小故事，并做一些活动指导，让孩子们将感恩落实到行动中去。

2. 儒家学派体验——使通文行武功，正其身以行直言谨思明

通过对国学经典的学习和实践，使学生对传统文化产生兴趣，体味中国传统文化之美，接受熏陶的同时开发潜质，逐步完善品格，树立有信心、爱心、积极的生活态度和理想，懂得为人处世的道理。以古礼教学，突出孝悌教育，以感恩父母，团结亲友，回报社会，成为仁义敦厚的事业继承人。在北京大学、国子监、孔庙等国学胜地，参照中国古代皇家教育模式，从严治教；趣味课程丰富，注重音乐、美术、体育综合培养，以使其成栋梁之材；游学、授课相结合，注重学以致用，培养面向未来的青年英杰人才。

3. 室外生存大作战——模仿日本幼教的成功经验，培养宝宝的独立能力和独立意识

将增加宝宝户外活动和户外课程的比重，对于年龄在 5~6 岁的宝宝，我们将定期组织他们去远足（确保安全的情况下），过程中创设一些困难情景（老师在背后监控宝宝的安全），鼓励宝宝用智慧和勇气去克服这些困难。对于年龄稍小一些的宝宝，主要是在学校通过一些情景课程，模仿在户外遇到的困难和恶劣环境，由老师教授如何去面对。当然宝宝也要在之后的课程中在无人提醒和帮助的情况下独立完成一遍。

4. 成长的印记——定期成果展示和成长纪念

老师会记录下宝宝在上课和活动中的点点滴滴，通过照片和视频的方式定期进行展示，并邀请家长一同参加。让所有人见证宝宝的成长并分享其中的快乐。每年学期末或适逢节日，会组织孩子们排练一些小节目，并会邀请家长参与其中，与孩子共同合作，增加彼此默契，分享喜悦。我们与无锡校友会纪念品公司合作，专门为宝宝们定制具有特殊成长价值的纪念品，用特殊的实物记录成长的点滴，值得家长和孩子以后珍藏。

四、竞争者分析

未来十年是早教行业发展的黄金期,婴幼儿早期教育行业被誉为"永远的朝阳行业"。从全球范围看,早期教育经济发展迅速,有关机构预计今后10年内,婴幼儿早期教育的经济收入将以7%~8%的速度增长。在国内,早期教育应该是一个新兴行业,算作是朝阳产业。各个品牌之间存在一定的差异性是目前国内早教市场的一大特点。所以,国内的早教行业热仍在探索、摸索阶段,还并未成熟,未来5~10年时间,将是国内早教市场发展的黄金时期。中国婴幼儿早期教育是刚刚兴起的产业,可以开发的空间还很大。目前国内早期教育市场主要集中于经济比较发达的一线城市,如北京、上海、南京、深圳等地。随着中国经济快速发展,早期教育将慢慢向一些沿海省份扩展。以南京早教市场为例,虽然不少早教机构的课程费用居高不下,但是仍然受到了不少家长的热捧。还有一部分家长选择了购买与早教机构同步的教材在家自己早教。那些被知名早教机构列为教材的早教用品一度卖到断货。

相比父母对于幼儿早教知识的一知半解,专业早教机构更能从专业的角度通过课程或者是早教产品辅助开发儿童早期潜能。这一点受到大多数"80后"父母的认同,尽管他们中的大多数认为早教收费存在暴利的可能,但90%以上的年轻父母仍然愿为孩子的早期教育"买单"。有需求就有市场,南京早教市场正迎来一波又一波的投资高潮。幼教市场主要的竞争对手如表7-12所示。

表7-12　　　　　　　　　　幼教市场主要竞争对手

幼教机构	成立时间	规模、影响力	主要分布地	培养方式
新爱婴	2003年	分布于70个城市、拥有200家机构	全国	专业的"蒙台梭利"教育方法
亿婴天使	2005年	分布于80个城市,拥有150家机构	全国	"EBST-最佳开端"方法
南方贝贝	2002年	拥有近百家教学中心	全国	"PAP新思维亲自潜能"教学方式
创意宝贝	2005年	拥有90家加盟商	全国	"美术式思维"教育方式
金宝贝	1976年	拥有700家早教中心	全球40个国家	分阶段多层次教学

注:这些机构大多成立时间较晚,这也说明早教市场还处于新兴阶段和发展阶段。因此我们选择进入这个市场是合理的。

与其他竞争者的优劣势分析如表7-13所示。

表 7-13　　　　　　　　　菁婴教育与其他竞争者需求满足对比

竞争者	优势	不足	我们提供的利益
新爱婴	教育与服务品质位居行业首位	对孩子行为规范和良好道德的培养的教育还不够突出,有些急功近利	我们注重孩子道德修养的养成,从小受传统文化的熏陶,并培养他们感恩的心
亿婴天使	有着良好的教学理念和课程体系,注重孩子自身能力培养	专业型不强,缺乏权威认证,管理制度不健全	以人为本,会员制管理,有正规专业的管理人员
创意宝贝	课程种类多样,双语课程是特色,注重孩子智力开发	知名度还不够,并且硬件设施一般,而且价格较为昂贵	提供高档的教育环境,会员制收费,并且有很多优惠
金宝贝	实力雄厚,有很强的经济支柱,并且市场广阔	太过于注重孩子智力开发,多采用西方教育模式	课程借用西方经验,突出中国传统文化力量,并且注重家长的需求

参考文献

[1] 黄保强. 创新概论 [M]. 上海：复旦大学出版社，2004.

[2] 王杨，金新，包蕾. 大学生创新与创业教育 [M]. 北京：北京邮电大学出版社，2013.

[3] 吴晓兵，康桂英，蒋敏蓉. 大学生科研创新与信息素养 [M]. 北京：北京理工大学出版社，2013.

[4] 李乾文，何平，肖久灵. 大学生"三创"案例策划与评述 [M]. 北京：经济科学出版社，2013.

[5] 范宝成，罗鹏. 大学生课外科技创新参赛指南 [M]. 北京：冶金工业出版社，2014.